中国传统村落文化抢救与研究

文化区系列

东南传统村落

吴必虎 罗德胤 张晓虹 汤敏 ◎ 主编

吴荣华 王国栋 郑庆之 黄丽华 ◎ 编著

国家出版基金项目
NATIONAL PUBLICATION FOUNDATION

海天出版社
·深圳·

中国传统村落文化区总图
宋尚周 绘

图书在版编目（CIP）数据

东南传统村落 / 吴必虎等主编. — 深圳：海天出版社，2020.12

（中国传统村落文化抢救与研究. 文化区系列）

ISBN 978-7-5507-2986-5

Ⅰ. ①东… Ⅱ. ①吴… Ⅲ. ①村落－研究－中国 Ⅳ. ①K928.5

中国版本图书馆CIP数据核字（2020）第164974号

审图号：GS（2020）5315号

东南传统村落
DONGNAN CHUANTONG CUNLUO

出 品 人	聂雄前
项目策划	许全军
项目统筹	南　芳
责任编辑	朱丽伟
责任校对	果凤双
责任技编	郑　欢
装帧设计	知行格致

出版发行	海天出版社
地　　址	深圳市彩田南路海天综合大厦（518033）
网　　址	www.htph.com.cn
订购电话	0755-83460239（邮购、团购）
设计制作	深圳市知行格致文化传播有限公司　Tel：0755-83464427
印　　刷	中华商务联合印刷（广东）有限公司
开　　本	787mm×1092mm　1/16
印　　张	25.5
字　　数	320千字
版　　次	2020年12月第1版
印　　次	2020年12月第1次
定　　价	398.00元

海天版图书版权所有，侵权必究。
海天版图书凡有印装质量问题，请随时向承印厂调换。

"中国传统村落文化抢救与研究·文化区系列"
编委会

EDITORIAL COMMITTEE

丛书主编：吴必虎　罗德胤　张晓虹　汤　敏

《中国传统村落概论》

编委会主任：张宝秀、成志芬
编委会成员：朱永杰、刘剑刚、李　扬、
　　　　　　时少华、张　勃、苑焕乔、
　　　　　　周爱华
编写分工：第一章　张宝秀、成志芬
　　　　　第二章　朱永杰
　　　　　第三章　刘剑刚
　　　　　第四章　李　扬
　　　　　第五章　成志芬、苑焕乔
　　　　　第六章　张　勃、李　扬
　　　　　第七章　时少华

《中原传统村落》

编委会主任：丁　华、张　东、
　　　　　　杨　博、郭晋媛
编委会成员：杨晓俊、戴　宏、刘改芳、
　　　　　　栗晓楠、刘　晗、姚　浪、
　　　　　　李羿祥、薛艳青、戴景文、
　　　　　　蒋星怡、朱凯凯、黄静怡、
　　　　　　廖文强、张　悦、陈鑫源、
　　　　　　陈姗姗、陈添珍、高媛媛、
　　　　　　刘丽丽、易远铨、黎燕君、
　　　　　　王　坤、易　雪、萧僖雯、
　　　　　　沈思源、苏小燕

《徽州传统村落》

编委会主任：张云彬、张宏梅、王　娟
编委会成员：张　茹、沈思佳、张业臣、
　　　　　　张小军、闻　飞、方敦礼
编写分工：第一章　张云彬
　　　　　第二章　张宏梅、张云彬
　　　　　第三章　张云彬
　　　　　第四章　王　娟
　　　　　第五章　张云彬、张宏梅、
　　　　　　　　　王　娟
　　　　　第六章　张宏梅

《荆楚传统村落》

编委会主任：龚胜生、何小芊、胡　娟、
　　　　　　陈丽军
编委会成员：伍昌友、李孜沫、魏幼红、
　　　　　　张　涛
编写分工：第一章　龚胜生、何小芊
　　　　　第二章　何小芊
　　　　　第三章　胡　娟、龚胜生
　　　　　第四章　胡　娟
　　　　　第五章　陈丽军
　　　　　第六章　陈丽军
　　　　　第七章　何小芊

《客家传统村落》

编委会主任：陈 川
编委会成员：萧清碧、黄宗焕、李长青、
　　　　　　何烈孝、沈 洁
编写分工：第一章　陈 川、萧清碧
　　　　　第二章　陈 川、萧清碧
　　　　　第三章　萧清碧、陈 川、
　　　　　　　　　黄宗焕、李长青
　　　　　第四章　萧清碧、陈 川、
　　　　　　　　　黄宗焕
　　　　　第五章　萧清碧、李长青、
　　　　　　　　　黄宗焕、陈 川
　　　　　第六章　陈 川、萧清碧、
　　　　　　　　　黄宗焕、何烈孝

《西南传统村落》

编委会主任：刘丹萍、高 璟、吴艳阳、
　　　　　　徐 燕
编委会成员：陈玲玲、刘博宇、郭可欣、
　　　　　　赵昱嫣、郭聪聪、方家刚、
　　　　　　宋尚周
编写分工：第一章　刘丹萍、高 璟
　　　　　第二章　刘丹萍、高 璟
　　　　　第三章　刘丹萍、高 璟
　　　　　第四章　刘丹萍、高 璟
　　　　　第五章　刘丹萍、高 璟、
　　　　　　　　　吴艳阳、徐 燕
　　　　　第六章　刘丹萍、高 璟

《关东传统村落》

编委会主任：朱晓蕾、王福刚
编委会成员：付 卉、甘 静
编写分工：第一章　付 卉、朱晓蕾
　　　　　第二章　朱晓蕾
　　　　　第三章　王福刚
　　　　　第四章　朱晓蕾
　　　　　第五章　甘 静、朱晓蕾、
　　　　　　　　　王福刚
　　　　　第六章　朱晓蕾

《吴越传统村落》

编委会主任：崔 峰、王丽娴、张光明
编委会成员：千继贤、王 瑜、朱晓庆、
　　　　　　尤 峰
编写分工：第一章　崔 峰、朱晓庆
　　　　　第二章　崔 峰、千继贤
　　　　　第三章　王丽娴、崔 峰
　　　　　第四章　王 瑜
　　　　　第五章　崔 峰、尤 峰
　　　　　第六章　张光明

《西北传统村落》

编委会主任：李　丁、苗　红、冶建明
编委会成员：韩雅敏、林　燕、孟　璐、
　　　　　　王文倩、李珍珍、黄　雪、
　　　　　　耿一睿、刘国锋、王　芸、
　　　　　　王　宁、余　洋、王　鑫
编写分工：第一章　李　丁、苗　红、
　　　　　　　　　冶建明
　　　　　第二章　李　丁
　　　　　第三章　苗　红
　　　　　第四章　冶建明
　　　　　第五章　李　丁、苗　红、
　　　　　　　　　冶建明

《滨海传统村落》

编委会主任：裴　丹
编委会成员：黄丽华、严琳霞、李丹洋、
　　　　　　尚珍宇
编写分工：第一章　裴　丹
　　　　　第二章　裴　丹
　　　　　第三章　尚珍宇、裴　丹
　　　　　第四章　李丹洋、严琳霞、
　　　　　　　　　裴　丹
　　　　　第五章　黄丽华、严琳霞、
　　　　　　　　　李丹洋、裴　丹
　　　　　第六章　严琳霞、裴　丹

《黄淮海传统村落》

编委会主任：邢慧斌
编委会成员：魏云刚、孙庆久、佟　薇、
　　　　　　吴　军、马　晓
编写分工：第一章　佟　薇、邢慧斌
　　　　　第二章　孙庆久、邢慧斌
　　　　　第三章　马　晓、邢慧斌
　　　　　第四章　魏云刚、邢慧斌
　　　　　第五章　吴　军、邢慧斌

《巴蜀传统村落》

编委会主任：刘小方、李小波
编委会成员：纪凤仪、冯祉烨、王晓文
编写分工：第一章　冯祉烨、刘小方、
　　　　　　　　　李小波
　　　　　第二章　冯祉烨
　　　　　第三章　刘小方、冯祉烨
　　　　　第四章　纪凤仪

《藏蒙传统村落》

编委会主任：朱普选
编委会成员：明庆中、梁旺兵、曾 谦、
　　　　　　琼 达、罗赟敏、黄 丽、
　　　　　　尚前浪、先 巴、秦 旭、
　　　　　　李 凡、阿荣娜、肖卫东、
　　　　　　史家铭、达 桑、慈尚普、
　　　　　　蒋其平
编 写 分 工：第一章　朱普选
　　　　　　第二章　琼 达、肖卫东、
　　　　　　　　　　史家铭、达 桑、
　　　　　　　　　　慈尚普、蒋其平
　　　　　　第三章　罗赟敏、先 巴
　　　　　　第四章　梁旺兵、秦 旭
　　　　　　第五章　黄 丽
　　　　　　第六章　尚前浪、李 凡、
　　　　　　　　　　明庆中
　　　　　　第七章　曾 谦、阿荣娜

《东南传统村落》

编委会主任：吴荣华、王国栋、郑庆之、
　　　　　　黄丽华
编委会成员：叶乃齐、冯仕晏、曾健鹏、
　　　　　　陈秋晓、邓冰蓉
编 写 分 工：第一章　王国栋
　　　　　　第二章　王国栋
　　　　　　第三章　郑庆之
　　　　　　第四章　吴荣华
　　　　　　第五章　吴荣华、王国栋、
　　　　　　　　　　黄丽华
　　　　　　第六章　吴荣华、王国栋、
　　　　　　　　　　黄丽华

《江淮传统村落》

吴小伟　编著

致谢

林丽琴、姜丽黎、宋尚周、谢冶凤、王梦婷、王定镇、王 琳、周爱清、陈建茂、于小强

序言

PREFACE

  进入二十一世纪的中国，城市化进程发展十分迅速。城市化脚步之快，快过了这个社会的思考的速度。在这样一种背景下，大量的农业人口进城，大量的乡村"空心化"，伴随着相当长的一个时期内地方发展对土地财政的严重依赖，在村集体所有制的宅基地制度基础上农民对乡村规划建设的弱势地位，以及其他一些社会经济和文化原因，导致了中国传统村落大片大片消失。正如一大批分布于全国各地，从事各行各业，痛惜于传统村落的快速消亡，钟情于怀念美丽田园生活里的梦幻童年，致力于利用各种方式抢救濒于困境的故土，投身于丰富多姿的乡村文化遗产研究领域的人们一样，五六年前我们几个志同道合的小伙伴，清华大学建筑学院的罗德胤副教授、北京大学俞孔坚教授的学生、古村之友发起人汤敏硕士，浙江桐乡乌镇和北京古北水镇主理人陈向宏先生，发起成立了古村镇大会，并分别在浙江乌镇、山东滨州、北京古北水镇和山西碛口古镇，召开了四次古村镇大会。在办会过程中，几位会议创办人提起了组织编辑出版一套古村研究丛书的想法，这一想法得到了深圳海天出版社的支持，申报了"十三五"出版规划，并顺利获得批准立项。

这套丛书的框架相当庞大，初步设想包括文化区系列、物质文化系列和非物质文化系列。这么庞大的系列，组织起来难度可想而知。为了增强组织和编写力量，我们又邀请了复旦大学中国历史地理研究所所长张晓虹教授加盟。目前推出的十五册，仅是其中第一辑文化区系列。

为什么要从文化区视角组织第一辑系列丛书？这主要基于中国传统村落形成发展于中国广袤的国土、悠久的历史、多民族共融的文化视角的考虑。

从自然地理角度看，中国南北横跨热带、亚热带和温带三个气候地带，东西纵盖60多个经度，具有东部滨海平原、中部山地高原盆地、西部干旱沙漠和高寒山地高原等多种地貌形态，海拔高度又具有从海平面以下数百米到世界屋脊最高峰8848.86米的最大高差形成的垂直气候带和植被带。在这么广阔、多样的自然地理条件下形成的村落，必然呈现出世界上最为丰富的聚落景观和文化形态。

此外，动辄数千年的悠久历史和历史上波澜壮阔的人口迁移与融合，又为传统村落打上了深厚文化底蕴和丰富民族特色的烙印。

基于以上几个条件，实际上，文化区系列的传统村落，从一个较为宏观的层面，而非村落本身，更非民居建筑单体，来呈现和传承中国灿烂多姿的乡村文明画卷。

第一辑文化区系列的传统村落板块，除了第一册《中国传统村落概论》综述其概，其余十四册基本上放在特定文化区的概述、物质文化、非物质文化，以及传统村落文化保护与旅游活化这样一个基本结构内阐述。其中绝大多数分册表述的是一个较为连续的地域单元，如中原、江淮、巴蜀、客家等文化区，这些文化区虽然具有基本上一致的身份认同，但具体绘制到地图上时，并非易事。

文化区属于一种人类认知的范畴，不仅难以提出统一准确的判别标准，而且即使有一些参数可供核准，但在不同的审视者眼里得到的评价结果也会存在不同。另外，人口迁移、现代化冲击和民族融合，也客观存在着两种甚至更多的文化融合，出现了一些所谓的文化叠合区域。例如，在讨论青藏高原时，可以把青海与西藏视为一个整体区域，但实际上青海除了藏蒙文化，在接近甘肃和新疆的部分，也还有相当多的西北文化。此外，在中原文化区与黄淮海文化区之间、中原文化区与江淮文化区之间、吴越文化区与徽州文化区之间，也都存在一定程度的文化叠合现象。

一般情况下，文化区应该是连续的地域空间，但也有个别情况比较特殊，一个是藏蒙文化，它是按照藏传佛教的分布特点来组织的，藏传佛教影响区的村落或集镇，都有围绕喇嘛庙而建设的特点，它们在空间上地域非常广大。另一个是滨海文化，它是按照临海居岛的地理特点来组织的，涉及中国一万多公里的海岸线，北面涉及黄渤海，中间是东海，南部是南海，这些绵长的海岸线和有人居住的岛屿上，形成的岛居海厝不仅独具一格，而且同样彰显中国自身的海洋文化。关于这一点，过去的传统村落研究，常常并未加以足够重视。

包括传统村落在内的文化景观具有丰富的多样性，区域多样性是其突出表现之一。这套丛书力图通过对进入官方视野、获得几个部委共同颁布的传统村落体系的乡村聚落为主要探讨对象的分析，来获得社会更加广泛的注意，让更多的机构和社会各阶层关注传统村落的传承和发展，唤起更多的部门和公众研究传统村落传承和发展过程中存在的政策、法规、理念与价值冲突，共同寻求其解决之道，为中国传统村落这一特殊文化景观的保护和长期发展贡献一份自己的力量。

吴必虎

2020 年 12 月 11 日

于北京大学逸夫二楼

目录
CONTENTS

第一章 概述 001

第一节　东南传统村落概况 / 002

第二节　东南文化区与地理分布 / 005
一、闽文化区及其地理分布 / 005
二、粤文化区及其地理分布 / 008
三、琼文化区及其地理分布 / 017
四、台文化区及其地理分布 / 020

第三节　东南传统村落的成因与文化变迁 / 025
一、福建传统村落的成因与文化变迁 / 025
二、广东传统村落的成因与文化变迁 / 026
三、海南传统村落的成因与文化变迁 / 028
四、台湾传统村落的成因与文化变迁 / 030

第二章 东南传统村落的类型与价值认知 035

第一节　东南传统村落的分类与主要特征 / 036
一、闽文化区传统村落及其主要特征 / 036
二、粤文化区传统村落及其主要特征 / 044
三、琼文化区传统村落及其主要特征 / 052
四、台文化区传统村落及其主要特征 / 056

第二节　东南传统村落的价值认知 / 064
　　一、历史传承价值 / 064
　　二、经济价值 / 068
　　三、社会价值 / 072
　　四、美学价值 / 076
　　五、科学价值 / 081

第三章
东南传统村落的物质文化景观
085

第一节　选址与格局 / 086
　　一、传统村落选址 / 086
　　二、传统村落格局 / 093

第二节　传统村落民居 / 105
　　一、广府民居 / 105
　　二、海南与雷州半岛民居 / 109
　　三、闽南潮汕民居 / 116
　　四、客家民居 / 124

第三节　公共空间 / 132
　　一、祠堂 / 133
　　二、书舍 / 135
　　三、文塔 / 136
　　四、门楼 / 138

第四节　建筑装饰 / 139
　　一、山墙 / 140
　　二、木雕 / 143
　　三、砖雕 / 145
　　四、灰塑 / 146
　　五、陶塑 / 147
　　六、剪瓷雕与嵌瓷 / 149

第五节　历史环境要素与生产空间 / 150
　　一、古桥 / 151
　　二、古井 / 155
　　三、古树 / 158
　　四、古巷 / 160
　　五、生产空间 / 162

第四章　东南传统村落的非物质文化景观　165

第一节　东南传统村落的非物质文化遗产概述与分类 / 166

第二节　精神家园：东南传统村落的信仰 / 168
　　一、信仰概述 / 168
　　二、宗族信仰 / 169
　　三、宗教信仰 / 172

第三节　瑰宝传承：东南传统村落的民间艺术 / 176
　　一、东南地区国家级非遗：民间艺术类概述 / 176
　　二、音乐类：十番音乐 / 189
　　三、舞蹈类：泉州拍胸舞 / 190
　　四、戏曲类：平讲戏 / 191
　　五、美术类：潮州剪纸、漳浦剪纸 / 192

第四节　本土工匠：东南传统村落的传统技艺 / 193
　　一、东南地区国家级非遗：传统技艺类概述 / 193
　　二、器具类：黎族原始制陶技艺 / 198
　　三、饮食类：儋州晒盐 / 199

第五节 古老的狂欢：东南传统村落的民俗活动 / 200
　　一、东南地区国家级非遗：民俗类概述 / 200
　　二、礼俗 / 204
　　三、特色祭祀：广东飘色与福建抬阁 / 208
　　四、节庆活动 / 210

第六节 悠悠舌尖：东南传统村落的饮食文化 / 212
　　一、食在广东：美食博物馆 / 212
　　二、美食福建：山珍海味 / 217
　　三、舌尖海南：味蕾盛宴 / 220
　　四、宝岛台湾：美食天堂 / 222

第五章 东南典型传统村落 225

第一节 福建典型传统村落 / 226
　　一、闽东北典型传统村落：
　　　　宁德市周宁县陈峭村 / 226
　　二、闽东典型传统村落：
　　　　福州市长乐区航城街道琴江村 / 235
　　三、闽南典型传统村落：
　　　　泉州市永春县岵山镇茂霞村 / 242
　　四、闽北典型传统村落：
　　　　武夷山市武夷街道下梅村 / 246
　　五、闽中典型传统村落：
　　　　三明市尤溪县台溪乡书京村 / 250
　　六、闽客家典型传统村落：
　　　　龙岩市连城县宣和乡培田村 / 253

第二节 广东典型传统村落 / 260
　　一、粤语区传统村落：
　　　　佛山市三水区乐平镇大旗头村 / 260
　　二、潮汕地区传统村落：
　　　　潮州市龙湖古寨 / 270

三、雷州文化亚区传统村落：
雷州市鹅感村 / 274

四、粤客文化亚区传统村落：
韶关市湖心坝 / 278

第三节　海南典型传统村落 / 282

一、琼南汉族典型传统村落：
三亚市崖城镇保平村 / 282

二、琼北汉族典型传统村落：
海口市玉仙东村 / 287

三、琼东汉族典型传统村落：
定安县岭口镇皇坡村 / 292

第四节　台湾典型传统村落 / 298

一、汉族文化典型传统村落：
鹿港古镇 / 298

二、原住居民典型传统村落：
兰屿野银旧部落 / 302

第六章 东南传统村落的保护与活化 305

第一节　福建传统村落的保护与活化 / 306

一、精准扶贫有门道：
宁德市寿宁县下党乡下党村 / 306

二、乡村振兴有妙招：
三明市尤溪县洋中镇桂峰村 / 312

第二节　广东传统村落的保护与活化 / 323

一、活化模式 / 323

二、活化内容 / 325

三、活化成效 / 328

四、典型活化村落 / 332

第三节 海南传统村落的保护与活化 / 346
    一、"渔村＋旅游"：
        三亚西岛渔村（海南本岛离岛型）/ 346
    二、"渔村＋邮轮"：
        三沙市永乐群岛传统村落 / 354

第四节 台湾传统村落的保护与活化 / 363
    一、九份 / 363
    二、澎湖西屿乡二崁村 / 368

参考文献 / 372

附录：东南传统村落名单 / 374

后记 / 389

中国传统村落文化抢救与研究

文化区系列

Chinese Traditional Villages 村落

第一章

概述

第一节
东南传统村落概况

　　传统村落是我国宝贵的文化遗产，因其蕴含着我国农耕时期深厚的历史文化信息，被誉为经典的民间文化生态博物馆、乡村历史文化活化石，是中华民族优秀传统文化的重要载体和象征。然而，伴随着农业现代化、乡村城镇化、郊区城镇化和新农村建设、乡村旅游开发、城乡统筹发展的多重挑战和冲击，传统村落不断遭受建设性、开发性和旅游性破坏。数据显示，传统村落正在不断地消失。2000 年中国自然村总数为 363 万个，到了 2010 年锐减为 271 万个，平均每天消失约 300 个。虽然城镇化和现代化是人类社会发展的必然结果，但并不意味着所有传统村落都要被城镇所取代。这些村落一旦消失了，其所承载的文化多样性将如正在不断消失的生物物种那样，被湮灭在人类发展的历史长河中，不复存在。

　　东南沿海地区是我国改革开放的前沿，城市化的浪潮在这里不断浸润与溶蚀着广大的乡村地区。截至 2016 年底，据有关部门统计，全国常住人口城镇化率为 57.35%，福建省常住人口城镇化率达到 63.6%，广东省为 69.2%，海南省为 56.78%，联合国公布的 2015 年年中台湾地区城镇化率为 76.9%。总体上，除海南省稍低于全国水平外，其他三省都高于全国水平。这种高速的城镇化进程，给乡村地区带来了巨大的冲击。大量农村人口尤其是青壮年劳动力不断外流，农村常住人口逐渐减少，人走房空，人口空巢化、老龄化也正在东南地区发生着。在闽北某山区乡，全乡 17 个村只有 2 所小学、

1所初中，除乡政府所在地有中小学各1所外，其余16个行政村只保留了1所小学。没有孩子的村落就没有生气，没有孩子的村落也正在失去未来。传统村落的保护与活化发展在东南地区刻不容缓。

东南传统村落主要包括我国东南沿海的福建、广东、海南、台湾四省的村落。从住房城乡建设部、文化部（现文化和旅游部）、财政部等联合公布的前四批中国传统村落数量来看，除台湾地区外，东南的传统村落数共436个，占全国的10.5%。其中，福建省最多，达229个，超过了广东省和海南省的总和。传统村落的数量多寡可以大致反映出当地的地形地势与地方民俗文化的差异性。福建省东部沿海多平地，内陆多山，闽江、九龙江等河流从西向东流，地形破碎分割，文化差异大，使得传统村落数量较多。广东省传统村落主要分布在梅州、清远等地区。海南省传统村落主要分布在海口、澄迈、定安等地。

表1-1　东南地区中国传统村落统计（第一至四批）

单位：个

分布	第一批	第二批	第三批	第四批	合计
全国	646	915	994	1598	4153
福建	48	25	52	104	229
广东	40	51	35	34	160
海南	7	0	12	28	47
台湾	未涉及				

2017年3月31日，福建省第十二届人大常委会第二十八次会议审议通过了《福建省历史文化名城名镇名村和传统村落保护条例》，对传承发展优秀传统文化，增强社会公众的文化自觉、文化自信，具有重要意义。长期以来，福建省高度重视历史文化资源的

保护，目前公布的省级传统村落有 498 个，全省中国传统村落的数量在全国位居第六位。

广东省一直重视传统村落保护工作。广东省共有 160 个国家级传统村落、186 个省级传统村落。对已认定的国家级和省级传统村落，广东省重点加强技术指导、资金支持、活化利用、宣传推广、动态监控等方面的工作力度，推动了传统村落传承。

海南省民族文化多元，农耕文明发达，传统村落资源丰富，为加强村落的挖掘、整理、保护和发展工作，海南省住房和城乡建设厅组织编制了《海南省传统村落保护发展规划》，对传统村落保护的目标、任务、内容、措施等提出了明确的要求。

台湾目前实施的是传统村落再生的文创策略。例如台北的宝藏岩村曾遇到房屋破旧、年轻人大量流出的困境，后来当地引入国际艺术家和留守的老人、孩子互动，村民的参与积极性很高，一些老人通过学习，主动担任导游并组织文艺演出，村子一下子"活"了过来。

东南传统村落现存建筑保存有一定的完整性、原真性，建筑的造型、结构、材料及装饰有一定的美学价值、历史价值、旅游价值、科学价值等。其传统村落在选址、规划等方面，体现了所在地域、民族及特定历史时期的典型特征，承载了一定的物质文化遗产和非物质文化遗产。留住青山绿水，必须记住乡愁。如果当地村民失去对自己乡村文化的认同和自信，那么无论如何开发和发展，只会徒有其表，无法让乡村真正得到活化。

第二节
东南文化区与地理分布

东南文化区是相对于整个中华文化区来说的,即位于我国东南部的文化区。东南文化区包括闽文化区、粤文化区、琼文化区、台文化区四个部分。

一、闽文化区及其地理分布

福建全省陆地面积12.4万平方千米,海域面积13.6万平方千米,其中山地、丘陵面积共占全省面积的82.39%,其余为平原和水面,因此有"八山一水一分田"和"东南山国"之称。福建境内有两条北东走向的山脉,一条为武夷山,另一条为鹫峰山—戴云山—博平岭。河流均属山地性河流,水流湍急,多峡谷险滩。历史上福建地区长期交通不便,地域间交往甚少。据史料记载,福建最早的原住居民是古越族的一个分支,称"闽越人"。闽越人的图腾为蛇,福建的简称"闽"就与蛇有关。《说文解字》曰:"闽,东南越,蛇种。从虫、门声。"随着中原汉人的逐渐南迁,闽越人的主人地位慢慢被取代,但其悠久的文化传统却被不同程度地保留下来。中原文化的传入方式以大量移民的途径为主。据专家学者考证,中原汉人曾四次大规模进入福建。第一次是西晋末年的八姓入闽。这八姓多为中州世族,文化素养较高,为避永嘉之乱而携眷南逃,大多定居在闽江流域和晋江流域一带。第二次是唐初陈政、陈元光父子开发漳州。河南光州固始人陈政于唐总章二年（669）率府兵3600余人进漳平定畲乱，陈元光21岁时承父职，定居并开发漳州。随陈氏父子一起南征的五十八姓丁壮也随之落籍漳州，成了今日漳州大多数人口的祖先。第三次是唐末五代王审知治闽。河南光州固始人王审知与其兄一起率五千人马入闽，定都福州，后被封为"闽王"。第四次是北宋南迁，宋室南渡前后。中原百姓为避战乱，再次出现了南迁浪潮，使福建地方人口急增。此外，从永嘉之乱前至明清，还有大批中原人陆续入闽定居。这四次大移民和陆续入闽的移民，都带来了中原的先进文化，加快了福建的开发和进步。另外有不少闽人北上访学，也将中原文化带回闽地。如崇安人游酢、将乐人杨时受业于理学开创者程颢、程颐，并留下了"程门立雪"的故事。他们返闽后大力传播理学，后被朱熹改造发扬为"闽学"。

　　北方中原移民时空跨越千年，入闽路线大约有三条。一是从海上来，多数由江浙经海路到达福建沿海。因为福建沿海只有几个主要港口，港口之间又有山川阻隔，所以形成了福建沿海几个港口区域的建筑文化区，如闽江口、晋江口、木兰溪口和九龙江口建筑文化区。二是从浙江、江西分别进入闽北即闽江上游的建溪、富屯溪一带，然后沿江南下进入闽江中下游一带，大致地域是宋代的建、福两州。三是从江西沿抚河溯江而上，过武夷山进入宁化、清流、建宁、邵武、长汀、武平、连城等闽西山区，这部分人逐渐形成今日的客家民系。

　　由于北方移民的迁移时间、路线、定居点各不相同，所以各地域之间交往甚少。不同时期的汉人南下，带来了不同时期的中原建筑形式和风格，对福建民居形式、风格的形成影响较大。不同时期的汉人南迁，还带来了不同时期的中原汉语言，在不同定居地与当地土语相融合，形成了福建三大方言群、十六种地方话和二十八种地方音。纷杂的方言与各自文化传统的差异造成了文化交流的隔阂，形成了今日福建传统民居类型众多、风格各异的基础。

客家系分布区域为粤东北、闽西南、赣南，对应语言是客家话；闽海系分布区域为福建大部（闽西南客家人除外）、广东东部，对应语言是闽语。对照福建的情况也是可以成立的。按照周振鹤、游汝杰先生的观点，福建省的方言，除去方言岛不计外，可以分为七片：闽南文化区、莆仙文化区、闽东文化区、闽北文化区、闽中文化区、闽西文化区、闽西北文化区。

这七片文化区当中除了闽西讲客家话的客家人和闽西北的邵武、光泽、泰宁、建宁等地讲具有闽、赣方言特点的闽西北客家话的混合客家人外，均是讲闽语的闽海人。闽海人又可根据迁移时间、地点、地域分布的不同分为五大支系，即闽东支系、闽南支系、莆仙支系、闽北支系和闽中支系。对应语言为闽语的五大方言片。

表 1-2　福建方言的区域分布 ①

语言	现方言片区	水系流域	西晋行政区	北宋行政区	现行政区
闽语	闽东	双溪、闽江中下游	晋安郡	福州（不含寿宁）	福州市、宁德市
	莆仙	木兰溪		兴化军	莆田市
	闽南	晋江、九龙江、尤溪		泉州、漳州（包括大田、尤溪）	泉州市、厦门市、漳州市、尤溪县、漳平市、龙岩市东半部

① 戴志坚．地域文化与福建传统民居分类法[J]．新建筑，2000（2）：21-24．

续表

语言	现方言片区	水系流域	西晋行政区	北宋行政区	现行政区
闽语	闽北	建溪	建安郡	建州	南平市、顺昌县东半部
闽语	闽中	沙溪	建安郡	南剑州西半部	三明市区、永安市、沙县
闽客过渡	闽西北	富屯溪、金溪	建安郡	邵武军（包括顺昌、将乐）	明溪、将乐、建宁、泰宁、邵武、光泽、顺昌西半部
客家	闽西	长汀溪	晋安郡	汀州	龙岩市（不含漳平市、龙岩市东半部）

二、粤文化区及其地理分布

广东地貌类型复杂多样，山地、丘陵、台地和平原的面积分别占全省土地总面积的 33.7%、24.9%、14.2% 和 21.7%。全省地势总体北高南低，主要山脉有贯穿粤西、粤中和粤东北的罗平山脉和粤东的莲花山脉。平原以珠江三角洲平原面积最大，潮汕平原次之。台地以雷州半岛—电白—阳江一带和海丰—潮阳一带分布较多。

广东文化以广府文化、客家文化和潮汕文化为主，构成岭南文化的主体。两千多年前，百越族群居住在岭南地区，随后汉人南下，与越人杂居。到北宋末年，大批汉人从开封南下，定居于珠江三角洲平原和沿海低地，并与岭南早期广府人逐渐融合形成广府民系聚落和广府文化。梅州是国家历史文化名城，是中国客家人最集中的聚居地，素有"世界客都"之称。客家民系深厚的文化积淀、独特的民俗风情、神奇的迁徙历史，在中国民俗史上具有极高的历史地位和研究价值。广府文化即广府民系的文化，通行广州方言；潮汕文化即福佬民系的文化，通行潮汕方言；客家文化即客家民系的文化，通行客家方言。

根据司徒尚纪对广东文化区及亚区的划分方案，可将广东和海南地区加起来，一起划分为四大文化区，十个文化亚区。其中广东包括三大文化区，九个文化亚区。粤中广府文化区，含珠江三角洲广府文化核心区、西江广府文化亚区、高阳广府文化亚区，位于广东中部和西南部，基本属粤语方言范围，包括珠江三角洲、西江、粤西高阳地区。其中珠江三角洲广府文化核心区以广州为文化中心，包括广府片和五邑片，五邑地区融入了浓厚的华侨文化。粤东北—粤北客家文化区，含梅州文化核心区、东江客家文化亚区、粤北客家文化亚区，包括梅江、东江、北江区域，基本为客家方言覆盖地区，其中梅州文化核心区以梅县为中心。粤东福佬文化区，含潮汕福佬文化核心区、汕尾福佬文化亚区，主要分布在潮汕平原和粤东沿海，基本使用闽南语，其中潮汕福佬文化核心区以潮州和汕头为中心。琼雷汉文化亚区，主要指雷州半岛使用汉语地区，汉语包括海南话、临高话、儋州话、村话、军话、广州话等，受土著文化、中原文化、福佬文化、海洋文化的共同影响。

民族和人口作为文化的载体，承载了文化的发生和发展。人口的流动成为文化传播的主要形式之一，使不同地域的文化发生交流、碰撞和整合，形成新的文化。移民素质、来源地、迁移时间、迁移路线和分布，影响到一个区域的文化特征。岭南文化是由生活在岭南地区的多个民族共同创造的，其中汉文化起到了决定性作用。自秦汉时汉人有组织地进入岭南，此后历经西晋、唐末、宋元、清初前后多次大移民，使广东人口和民族组成发生巨变，汉人成为当地居民主体。土著文化一方面被汉文化融合、改造,一方面作为底层文化积淀下来,与中原文化缩短了差距。大致在明清之交,形成了以中原文化为主导,具有岭南地方特色的广东文化构架。汉族南迁与土著居民的汉化和住地缩减都是同步进行的。这些土著居民后来部分演变为黎族、壮族、瑶族、畲族、苗族等少数民族,他们退居山林,仍然保留着自己的民族文化。此外历史上移居广东的还有少量的海内外回族和北方满族,他们集中分布在特定地区,同样在很大程度上保留着自己的民族文化。南迁广东的汉人,由于他们的来源地、入居时间和分布地区环境的不同,大约在唐宋时期,逐渐分化、发展为广府、福佬和客家三个民系。除了共同的文化特质,在很多方面都有较大差异,最终成为广东文化区划的基础。

(一)广府文化

广府民系通行的方言也叫粤语,俗称白话,是岭南现存语言中最古老的。现在的粤语方言是文化融合的成果。在汉文化进入之前很长时间就已经存在属于壮侗语系的古越族语言。秦统一岭南后,南海郡南越族人与中原、楚地及其他外地人,即统称为"中县人"的移民,经过长时间互相交流而融合,产生发展出现在的粤语方言。它以古番禺(今广州)发音为标准音。最迟在西汉时,南海郡已有越语(粤语)。史载西汉惠帝时入仕朝廷的番禺人张买"能为越讴,时切谏讽",西汉扬雄所编《方言》收入至今粤语方言仍沿用的"睇"(看)字,这一类史料说明粤语方言历史极其悠久。

广府民系所处地区有一个历史的形成、发展和变迁过程。粤语方言主要形成于秦时以番禺为首府的南海郡。随着"中县人"移入日增，一部分对外来人有较强抗拒心理和与之有较深矛盾的越人向两个方向迁移：一是沿西江进入今广西南部，二是向南经茂名、湛江等地而至广西。这使粤语方言地域不断扩大至包括广东东南部珠江三角洲一带，含香港、澳门，整个粤中、粤西南部和广西南部地区。广府民系分布地区地形复杂，有珠江三角洲平原、长长的海岸线，有起伏不平的丘陵台地，还有不少山区地带，经济、社会和文化发展也极不平衡。但广府民系一般都承认珠江三角洲是最具代表性的广府民系地区，中心在广州市。

广府地区是岭南商业贸易最为活跃的地区。徐闻港在汉代前后是全国最大的海外贸易港。两晋始海外贸易中心移至广州，唐宋时期广州成为中国主要的进出口口岸、世界著名贸易港和外国商人进入中原腹地开展贸易的基地。明清一度闭关时，广州成为全国唯一的对外通商口岸、最为活跃的贸易港。作为全国唯一从未中断的对外通商口岸，广州是具有世界性影响的中国商品交易中心。在走向现代化时期，广府地区又最先实行改革开放，商业贸易在全国一度最为发达。

广府文化所具有的移民文化、兼容文化、开放文化等诸多特点，使其自身虽然历尽沧桑，但仍独树一帜，在保持中华优秀传统文化的同时，继续突出地方特色，对广东、全国乃至海外华侨华人产生了重要影响。广府文化具有如下突出的文化特征。

其一，务实性是广府文化异常突出的特征。在经济活动中讲求实际，少说空话，循序渐进，不好高骛远。这使广府人表现出精明能干，工于计算，颇具经济头脑的鲜明特征。"时间就是金钱，效率就是生命"，这是广府人务实精神的表现，是实干传统在新时期的复苏。新粤商也因此获得了"沉默的商帮"的美誉。

其二，开放性和兼容性。广府文化是最早对外开放的文化，或者说，其本身就是在对外开放中不断建构起来的，文化的兼容性表现得十分明显。近代革命和现代的改革开放，让广府人最早和最易更新观念，广泛地接受外来文化的优长。这使广府地区在近代成为攻克北方保皇派和顽固的守旧派思想阵地的南方基地，在现代成为中国成功对外开放的窗口。开放性和兼容性的文化特征造就了广府人强烈的变革意识和改革心理。不管是商业贸易上的"广东帮"商人的活动，政治上近代革新的风云和鸦片战争中的反侵略运动、20世纪辛亥革命和北伐战争的历程，还是现代改革开放运动的实绩，均可体现广府文化的上述文化特征。

其三，平民性和市民意识也是广府文化最显著的文化特征之一。这归根到底是多元性经济和发达的商业贸易、商品经济造成的。正因为这样，近代资产阶级民主革命、现代工人运动才能在广府地区首先兴起。

（二）潮汕文化

潮汕文化系指潮州方言区的福佬民系的文化。潮汕地区在秦统一岭南前，一部分属于闽越族地域，与福建南部民情民俗相通，语言接近，其族系原称"福建佬"。两晋第一次移民高潮来临前，潮州地区居民基本上是闽越族人。以后伴随着中原汉族人不断移入，语言融合而形成与闽南方言同一属系的潮州方言。

福佬民系主要居住于韩江三角洲地区，其中心有两个：古为潮州，今为汕头市。潮州地区在原始社会时与珠江三角洲南越族地区处于同等的社会发展水平。但由于僻处东部沿海，其与中原汉民族的文化交流迟于广府民系，在青铜器时代后文化差距逐渐拉大。直至隋唐设立潮州郡，后有韩愈之巨功，潮州古文化开始繁荣，因此也有"韩愈被贬，潮州受益"的说法，至宋代兴盛，明清鼎盛。

潮汕文化较全面地具有岭南文化的内涵，具有鲜明的文化特色。

其一，强烈的商品意识。潮汕地区自唐代以来开始发展海内外贸易，在清代成为岭南除广州外最重要的贸易商埠，乾隆年间成为粤东商业中心。潮汕人普遍善于经商，颇具经济头脑，富有创业精神和开拓意识，并且抱团意识特别强烈。强烈的商品意识是潮汕人颇具优势的文化潜质，其形成除历史及珠江系文化的重商性等因素外，还有潮汕平原人多地少、经济多元化等原因。

其二，潮汕工艺品十分发达，自古就是主要的工艺美术出口地和口岸。工艺品中尤以瓷器和刺绣享誉最盛。潮州瓷器在唐代便以远销至欧洲和中东而享盛名，宋代潮州瓷器获得更大发展，现代则以枫溪为主要基地，形成了具有完整工艺体系的"南国瓷乡"。潮州瓷器的工艺特点在于精致，风格清新素雅。所产"春色大花篮"被列为"国宝"，造型优美，瓷质洁润。

潮绣也是历史悠久的工艺产品，是粤绣的主要流派之一。潮绣的特点：一是普及面广。"潮州妇女多勤纺织。凡女子十一二龄，其母即为预嫁衣。故织纫刺绣之功，虽富家不废也。"专业的男性刺绣工匠也不少。二是技艺精湛。清末，在南京举行的南洋第一次劝业会上，参展的多幅潮州绣品获得奖项。这些参展的绣品由24名男绣工通力合作刺绣，这24名绣工被誉为"刺绣状元"，一时传为佳话。三是具有独特的风格。潮绣多以现实生活为图案题材，奇花异卉、飞禽走兽、山川人物、博古摆设，无所不有，且构思新颖，针法多变，色彩对比强烈，富有生活气息。

其三，潮州饮食文化极富特色。一是潮州稀饭。这种较稠的粥称"糜"，佐以潮州小菜，吃法特别：小菜用小碟盛之置于左手手心，五指托大碗"糜"走出户外，或蹲或坐，三五成群，边吃边聊，悠闲自在，构成潮州一奇异风情。二是在海内外颇具声名的潮州菜。这是一种以闽菜为主，兼收广府粤菜、江浙菜系和南洋菜系之长而自成一格的风味菜。其中按印尼食品辛辣风味创制的"沙茶"食品尤具特色。三是潮州工夫茶。它集潮州人饮食文化之精华，是日常休闲、人际交往不可缺少的。其特色是从选择茶具、茶叶、泡茶的水、煮水的炉到泡茶的手法及饮用的礼貌都极为讲究，成为中国著名茶道之一。

潮汕文化还有许多具有特色的方面。有无数名人遗墨的西湖和文化古迹荟萃的潮州古城等名胜风物；潮州柑闻名海内外；潮州姑娘品性温柔、斯文、贤淑等；潮州美术、书法别具特色，历来人才辈出；等等。

（三）客家文化

客家文化指岭南地域范围内客家民系的文化，以客家方言为界定依据。客家方言是汉民族中最具稳定性的方言。梅县话是客家方言的标准方音，客家人无论走到哪里，都不改变自己的方音，有着"宁卖祖宗田，莫忘祖宗言"的谚语。

客家民系分布范围极为广泛，广东是全国客家民系居民最密集的省份。客家人最密集的是原梅县地区，以梅州市为中心，其次是粤北和粤东地区。客家文化在岭南最富中原文化特色，虽具有岭南文化的一般特征，但与广府文化和潮汕文化差异很大，表现出下列明显的特色。

其一，客家人有着自给自足、特立独行的气质与克勤克俭的性格和风尚。先民以中原士族为主体，战乱流亡多以家族为整体进行搬迁，完整地保留了"衣冠望族"的文化意识和封建宗法制度。文化的优越感使其清高自傲，视岭南土著为野蛮人，不屑与之为伍，宁愿过着艰苦和封闭的自给自足生活。这种气质一直到清代都保留得比较完整，现在仍能看到大量文化遗迹。

其二，具有浓厚的家族观念，不忘祖宗盛德。具体表现为：大都保留族谱、家谱，具体记录祖先的家世、官职、显赫地位及南迁过程；几乎每家每户都在大门的门楣上大书本族堂号以表彰祖宗盛德，促后世继往开来；每年除夕按时在大门两侧贴上堂联，上联标明家族的发祥地，下联宣扬祖德祖威。这些方式意在使子孙发扬光大望族荣耀。

其三，坚韧的开拓创业精神。由于在岭南落籍于僻壤荒野，山多耕地少，以农为业难以维持生活，客家青壮男性多远走他乡谋生和发展，不少人到海外谋求生路。这种开拓精神是岭南文化的灵魂。

其四，高度重视文化教育，具有传统文化素质。其具体表现：一是崇尚读书，尊师重教，秉承中原汉文化气质，以"诗礼传家"为荣；二是全社会支持教育，华侨捐资办学蔚为风气，家族特设公学以为族中子弟读书之所，卖田卖屋都要供子弟读书，妇女全力支撑家计供男子读书，家族合力支持可造之才读书；三是客家民系读书成风，养成读书上进为荣、不识字为耻的观念，梅县于此最为突出，一向享有"文化之乡"的美誉。

岭南客家文化还有许多特色，如多姿多彩的客家山歌是客家人的典型民俗，客家妇女具有世间少有的勤劳能干和奉献精神，刻着移民印痕的独特的客家民居等。

（四）雷话文化与雷州文化

在雷州半岛，雷话文化是秦汉以来，尤其是唐、宋、元、明等时期从福建莆田等地多次、大批迁入的汉族闽越民系所创造的文化，这种文化以闽语的分支雷话为载体，与潮汕文化有亲缘关系，也可称为雷地闽越文化、闽潮文化。雷话文化主要分布于徐闻、雷州和遂溪等地，其代表性文化符号主要有从土著文化继承来的石狗文化、崇雷文化、铜鼓文化，以及雷话、雷祖、雷祖祠、雷州换鼓、雷歌、雷剧、雷州傩舞、雷州音乐、妈祖崇拜、雷州菜、雷绣等。其中，雷州换鼓被明代文人冯梦龙誉为"天下四绝"之首，有待复原开发；雷歌、雷剧已先后被列为国家级非物质文化遗产；雷话文化区的中心城市雷州市则被列为国家历史文化名城。鉴于雷地俚僚语的土著文化和雷话文化共享崇雷文化因子，因此二者可合称为雷文化。

雷文化是雷州半岛文化的主体。关于雷州半岛文化类型及其发展变化问题，目前学界仍在争论之中。本书认为，雷州文化不是某种单一类型文化，而是由土著文化、雷话文化、粤语文化、客家文化、中原文化和海外文化等六大文化类型混合而成，同时以雷文化为主体的多元混合型文化形态。雷州文化从发源至今已有数千年历史，跨越了史前、开疆、雷州府、广州湾和湛江等五个发展时期，具有自身独特的、与中原地区迥异的文化发展阶段。虽然在一些发展阶段里，雷州文化的发展滞后于中原文化，无法像中原文化那样引领中国文化发展的走向，缺乏像孔子、孟子那种重量级的文化名人，但另一方面，恰恰由于雷地远离了北方政治文化中心，所以它也保留和形成了自身非常鲜明、未被北方文明褫夺的原生态及跨文化特征，具有独特的、不可替代的文化竞争力。

三、琼文化区及其地理分布

海南岛在汉代称珠崖，三国时代"海南"是南海沿岸各地的泛称。宋代以后才开始专指该岛。海南岛的形状接近椭圆，海岸线长1500多千米。全岛四周低平，中间高耸，是一个由山地、丘陵、台地综合组成的穹隆状海岛。500米以上的山地分布在中部偏南，占全岛面积的25.4%，海拔100—500米的丘陵占全岛面积的13.2%，海拔不足100米的台地占全岛面积的49.1%，平原谷地占9.6%，沙地占1.3%，其他占1.4%，形成了四个大的水系。

黎族是海南岛最早的居民，黎语是海南岛上最早的语言。黎族以原住居民自居。从表面上看历代开疆移民中，汉族是开拓的主导者，汉族等其他民族不断迁入，由北而南，由环沿海而向内部山地不断开拓，黎族的居住地区也是由北而南，由环沿海而向内部山区不断迁移；但是，从实际的情况来看，汉族主要是军、民、匠、灶和商，黎族则主要是狩猎和简单的刀耕火种。这样进行双向的开拓与发展，使得汉族、黎族等民族的关系维持得相当稳定，并且各自都得到了发展。

海南岛自汉初始置政区，从西汉至南北朝是海南开疆的第一个重要阶段，元封元年（前110）有儋耳、珠崖郡，海南开疆的地区为今天的文昌、海口（含琼山）、临高、儋州、昌江、东方。这时期的语言可能有黎语、哥隆话（村话）、那月话、海南话（海南闽语）、儋州话、临高话等。唐代是海南开疆史上最为重要的一个时期，当时的州县已遍布环岛沿海地区。隋唐时期至五代，开疆的地区除了原有的县市，又加上今天6个县市：澄迈、琼海、万宁、陵水、三亚、乐东。共计12个县市。宋初废崖州，并入琼州，属广南西路，并设靖海军节度使于黎母山峒。神宗熙宁年间以后对海南岛行政区划进行了调整，除琼州外，其余均改为"军"。共有1州3军，领10县2镇。"军"的设置主要是在海南岛的西部和南部，包括现在的儋州、昌江、东方、乐东、三亚等县市。军话就分布在儋州、昌江、东方、三亚这几个西部和南部的县市。南宋以后大批汉族人口迁居海南岛，各民族杂居的面积逐步扩大。根据海南各地的族谱，绝大多数移民是宋代迁入海南岛的，唐代时很少，隋以前的尚未见到，绝大多数移民的原籍是福建，约占80%，经由潮州、雷州入琼。海南话（海南闽语）在宋代时已基本定型。宋代时期，海南岛的语言有黎语、哥隆话（村话）、那月话、临高话、海南话（海南闽语）、儋州话、军话、迈话、回辉话。元代在海南岛设置的安抚司，统辖军县如故，设4军（州），共计12县，均属于海北、海南道宣慰司。明初升琼州为府，以儋、万、崖为属州，改隶广东省。明万历二十四年（1596）从广西征调苗兵征讨黎人，尔后落籍海南，称为"苗黎"。在海南的几个主要民族中，苗族是进入海南最晚的，他们只能向更高的山区发展。明代时期，海南岛语言有官语、西江黎语、客语、土军语、地黎语、番人语等。这个时期，海南岛归广东布政使司管辖，粤语在海南岛得到不同程度的应用。清初因明制，置琼崖道，领儋、万、崖3州，并琼山、澄迈、定安、文昌、会同、乐会、临高、昌化、陵水、感恩10县。儋州、南丰等地的客家人就是在清代迁到海南岛的。疍家人也是在清代以前就到了海南岛。至清末，海南岛的语言有黎话、哥隆话（村话）、那月话、临高话、回辉话、海南话（海南闽语）、儋州话、军话、迈话、付马话、疍家话、客家话、苗话等。官话在海南岛的上层也得到不同程度的应用。1949年以前，新增了白沙、乐东、保亭、屯昌4个县，加上已有的文昌、海口（含琼山）、临高、儋州、昌江、东方、澄迈、琼海、万宁、陵水、三亚、定安，共计16个县市，至此海南行政区划的格局基本与现在一致了。海南岛上最早的居民为黎族及其分支，第二为汉族，第三是临高人，第四是回辉人，第五是苗族。清乾隆年间以前的1800多年间，海南岛的人口都一直维持在几十万人，乾隆年间全岛人口突破100万人，民国时期人口达到200多万人，1953年中国第一次人口普查时海南岛的总人口为267.19万人。目前海南岛使用人数最多的语言是属于闽语的海南话（海南闽语），其次是黎语和儋州话，再次是临高话、军话、苗话、哥隆话（村话），疍家话、迈话、客家话、付马话、回辉话、那月话则是使用人口较少的语言。普通话在海南岛的作用非常重要，目前海南岛的乡镇居民都能听懂普通话并且能使用正常的社交用语，村寨及山区的居民一般可以听懂普通话，但使用普通话还是有一定的困难。

据族谱记载，海南岛80%以上讲闽语的居民主要是宋代入琼的，这是在唐代以后持续开拓的结果，海南闽语最终于宋代时期定型，并且与福建闽语有了较大的区别。从现今的语言分布看，闽南话从厦漳泉、潮汕、粤西到海南岛，渐行渐远，语言的差异与移民的迁移路线也是基本一致的。天时、地利使得入琼的闽南人在经济文化相对落后的海岛上不断地适应与发展，最终形成独具特色的海南闽语（闽南话的一个分支）。历代移居海南的人大体上是这些人：商人，屯戍落籍的军人及其后裔，官裔流寓而落籍海南的，避乱迁徙而来的。这也与史书中记载的"军、民、匠、灶"的划分基本一致。

海南岛沿海及其内地自然条件较优越地方，都先后被来自不同地域的移民所占据，这些移民成为早期海南社会开发的主力军。与此同时，原居岛的北黎族同胞被迫开始向南部山区转移，形成汉族在外、黎族在内、苗族在山顶的水平和垂直两个方向上不同的民族分布层次。

四、台文化区及其地理分布

台文化区包括今台湾岛、澎湖列岛以及散布于太平洋上的小岛，如绿岛、钓鱼岛等。由于明清时来自闽粤地区的大量移民改变了原有的居民成分，台湾方言以闽南语为主，客家话为辅。台湾地区东部和中部大多是高山和丘陵，山地约占总面积的2/3，中央山脉、雪山山脉、玉山山脉、阿里山脉和台东山脉共同组成台湾山脉。西部为较为宽阔的平地，多为平原、盆地和丘陵；平原有台南平原、屏东平原、宜兰平原、台东纵谷平原；盆地有台北盆地、台中盆地、埔里盆地群。东部多断崖，平原相当狭小，河流短促急湍，河口、港湾众多，有鸡笼、红毛港、鹿港、北港（笨港）、安平、打狗、东港等著名港口，也是早期闽粤移民的落脚点。

台湾原住居民主要是指高山族。因地区、语言的差异，高山族内部有阿美人、泰雅人、排湾人、布农人、鲁凯人、卑南人、邹人、赛夏人和雅美人等不同的分支，使用不同的语言，无文字。

按居住地，台湾原住居民大致可以分为平地部落和山地部落，两者都包含了多种语言、习俗的族群。他们的文化各不相同，建筑特色也不同。不过，随着社会文化的变迁，今天已经不容易看到完整的原住居民聚落了，孤立于兰屿岛上的雅美人可以说是少数保存较多传统文化的原住居民。原住居民的建筑都是以住屋为中心，再根据其生活习性与需求，搭配不同功能的附属设施，如工作房、产房、凉台、船屋、谷仓、厨房、畜舍等。公共建筑场所有：邹人、鲁凯人、阿美人、卑南人的集会所，泰雅人的瞭望楼，排湾人、鲁凯人的司令台。因受地形、气候及使用功能影响，原住居民的村落建筑有邹人的平地式、排湾人的浅穴式、雅美人的深穴式和卑南人的高架式等。

台湾原住居民的生活形态较为原始，完全由自然环境决定，耕作、饮水、向阳、安全防御为选择居住地的重要条件。建材多使用就地取材的竹、木、石、茅草、树皮等，由于工具与技术的限制，居民建筑结构极为简单和质朴，除了少数族群的头目外，住屋很少有装饰。为了共同的生产和防御需要，通常群居，部落内部自给自足，管理则由氏族团体或头目长老等负责，除了私人建筑也有公共会所建筑。原住居民的丧葬方式独特，早期的排湾人、泰雅人、鲁凯人、布农人、邹人、卑南人还有室内葬。

闽南漳泉地区面临大海，由于人多地少，生存压力增大，当一些人登上距大陆最近的澎湖列岛时，发现这个地方荒无人烟，四面环海，虽然是风大而多沙砾之地，但可渔、可耕、可牧，有待开发，于是呼朋唤友，把澎湖作为开发的新地。从南宋到元初的100年间，在闽南移民的开发下，澎湖已成为农、牧、渔、盐兼营之地，并有了工商贸易，而且设置了巡检司。澎湖临近台湾本岛，闽南人既有能力登上澎湖列岛从事开发，当然也有能力登上台湾。据《台湾通史》卷一《开辟纪》载："两宋之时，漳、泉边民，渐来台湾，而以北港为互市之口。"明末时期，始有汉人村落出现。清初移民入台者渐多，据康熙二十二年（1683）施琅《恭陈台湾弃留疏》："台湾一地，原属化外，土番杂处，未入版图也。然其时中国之民潜至，生聚其间者，已不下万人。"施琅是郑成功的部将，后率清军入台湾，此说当然可信，其所说的"中国之民"，应多为闽南人，当时闽南地区的移民成为现在台湾人口的主体，闽南语也成为现在台湾主要的地方语言。

  台湾早期的移民当中，以泉州移民所占的比例最高，也最早。泉州人大量移民台湾是在 17 世纪以后，在台湾开发史上占有举足轻重的地位，在台湾移民史中扮演重要角色的人物也多是泉州人，如明末以"三金一牛"召集大陆饥民赴台开垦的郑芝龙、从印尼来台协助荷兰人招募移民的苏鸣岗、清初驱逐荷兰人并屯据开发台湾的郑成功、清代收复台湾的施琅等都是泉州人。泉州人来台后，基本分布在西南沿海地区的城市和农村，居住在滨海及港口要地。泉州人在三邑、同安、安溪各有集中点。他们对其开发的台湾生活聚落的地点和特色影响很大。台湾的三邑人来自泉州的南安、惠安和晋江。因为他们到台后往往集居在相同的地方，因而被统称为"三邑人"。三邑人早在郑芝龙、郑成功据台时期就到台湾，并很快占据了台湾的港口地区。同安人在台湾的聚落以台北的大稻埕和大龙峒为代表，是台湾重要的商业和文化区。稍微晚些到台的安溪人，因原乡所在地几乎全是起伏不平的山区，他们抵台后纷纷开发与原乡地理形势相近的丘陵地区，在台湾北部丘陵地区开发种植了大量茶叶，秉承了在原乡的茶叶种植、制作技能。泉州移民在台湾，不仅带来了原乡的文化和生活方式，而且在台湾的居住地也往往以大陆原乡的地名来命名。如泉州街、泉州寮、刺桐乡、安溪里、安溪寮、同安村、同安里、南安村、南安里、金门街、安平区、东石乡、东石村等，都是泉州原籍地的地名。

漳州人在台湾的移民人数次于泉州人。漳州人善于耕作，主要分布在台湾西部平原、中部盆地、北部丘陵和平原、东部兰阳平原。如今台北市的士林，新北市的石门、金山、万里、贡寮、双溪、板桥、中和、三峡等地仍然是漳州移民后裔的聚集地，北部桃园、板桥、士林、万里、石门一带也是漳州祖籍人口的密集区，宜兰县几乎就是漳州籍移民的天下。台北、嘉义、台南等地的多个县市都沿用了漳州诸地的地名。清初郑氏政权垮台后，台湾百废待兴，有许多未开垦的处女地，这对漳州人来说是个极具吸引力的去处。漳州人过台湾多为同村同宗相携而行，在台湾各地找到落脚开垦点后，又兴建起同宗同村的"血缘聚落"。经过世代繁衍，一些族姓成了当地的望族大姓。如南投县草屯镇的洪、李、林、简四大姓的人口占到了全镇的70%，这就是漳州人用血缘关系建立起来的"血缘聚落"。漳州人到台湾之后，足迹遍及台湾各地。甚至台湾本岛外的海岛也都有漳州人涉足，远在太平洋里的火烧岛（又名绿岛），清道光年间漳州的移民就已经上岛开发了。

客家人大规模去台湾是在清康熙中期以后，盛于雍正、乾隆年间，嘉庆、道光、咸丰、同治、光绪各代仍有人陆续迁入，但人数不多。清康熙时期，客家人入垦台湾地区，以屏东的高屏溪东岸近山平原为中心，高雄、台南、嘉义等地区也有若干点状分布。到了雍正时期，客家人迁入地的中心逐渐移到彰化、云林、台中一带。

到了乾隆时期，就北移至台北、桃园、新竹、苗栗等一带狭长的丘陵地区。而新竹的东南角山区，直到道光年间才有客家人进入垦居。清代台湾客家人，绝大多数来自粤东的潮州府、惠州府、嘉应州及闽西的汀州府。大致说，从粤东及福建汀州府迁台的客家人，分布在桃园、中坜至台中、东势间的丘陵地区及山谷间的人数最多；屏东平原东侧倚山之地次之；在台湾东部纵谷地带也有不少客家人集中居住其间，但他们大多是在后期从西部"客庄"搬迁过去的。若从原籍人数上看，嘉应州属的（包括镇平、平远、兴宁、长乐、梅县等县）客家人占多数，约占全部人口的1/2；其次为惠州府属的（包括海丰、陆丰、归善、博罗、长宁、永安、龙川、河源、和平等县）客家人，约占1/3；三为潮州府属的（包括大埔、丰顺、饶平、惠来、潮阳、揭阳、普宁等县市）客家人，约占1/5；四为福建汀州府属的（包括永安、上杭、长汀、连城、宁化、武平等县）客家人，人数最少，仅占1/15左右。至清末道光年间，台湾的客家人聚居地区形成东（花莲）、西（东势）、南（高雄、屏东）、北（桃园、新竹与苗栗）分散的格局。这些地区多接近山区，不靠海，自成一种较封闭的状况，并且北部的客家人长期受附近的漳、泉人影响，聚落形态已有发展变化；南部的客家人在较完整的客家文化圈里，外来因素影响较弱，较多地保留了原乡聚落的特征，但与原乡的客家聚落建筑已经出现较大差别。

第三节
东南传统村落的成因与文化变迁

一、福建传统村落的成因与文化变迁

福建原始聚落的出现可以追溯到石器时代，三明市万寿岩船帆洞的旧石器时期人工石铺地面遗迹及近 400 件石制品，说明福建地区的原始聚落形态初现端倪。新石器时代的闽侯县石山遗址的部分原始聚落，已经完成了向有着统一规划、明显分区，具有一定规模且功能完善的原始村落转变。青铜器时期的福建聚落点呈现大面积广泛分布趋势，此时闽人以畲耕与游牧为生，支系众多，泛称"七闽"。其中自然条件较好或者地位较高的原始村落逐渐壮大，并逐步成为具有社会性或地域性的中心村落。这些中心村落内部的社会意识、结构体系以及外部形态等已经发展完备，形成以居住为主要内容的村落、以集散为主要内容的城市，以及居于二者之间的集镇。秦汉时期的闽越人已经有广泛居住的条件完善的村落，甚至建起了福州冶城、武夷山汉城这样的城邑。从无诸立闽越国以后，福建土著居民开始加速融入汉族政权之中，以后各代中央政府的管辖以及中原人民的南迁，带来了先进的生产方式，有力地促进了福建地方经济和社会的发展。中原人大多是举家甚至举族迁入福建，迁到一地即容易形成血缘关系组成的村落。

福建境内现存的传统村落，依族谱记载，最早的可以追溯到两晋时期，历经屡兴屡废，其中绝大多数传统村落的现有格局，都是

明清时期完成的。影响福建传统村落形成的主要因素大体包括，相对封闭的地理环境使村落中固有的农耕文脉得以较好延续，农业移民的社会本质使村落内部呈现强烈的血缘宗亲意识，程朱理学、风水术数的盛行使村落布局具有良好的统筹规划与合理设计，宗教信仰、耕读情怀、安全意识又使福建传统村落加入了寺庙宗祠、私塾书院、寨门围楼等元素。福建这些数量众多、保存完整的传统村落成为我们研究福建古代农村社会的宝贵资料。

福建西北面有着高耸绵亘的武夷山，使得福建成为一个自成体系的社会经济区域。省内河流众多，山间盆地和河谷地区的生态环境良好，成为北方汉人入闽后定居繁衍的主要栖居地。这些栖居地之间，因为山脉的阻挡，交通比较困难，形成了各自相对独立的小区域，培植出了不同流域间村落聚居的不同风格。福建的民居从总体风格上可以划分为红砖、灰砖两大区系，其中红砖区集中分布在东南沿海地区，灰砖区主要分布在闽北、闽东、闽中以及闽西的大部分地区。而在同一区系内的不同区域，村落和建筑形式又有所差异，各具特色。改革开放后，尤其是20世纪90年代以来，福建农村人口与劳动力逐渐向城镇大量转移，致使村落的生产生活方式发生剧烈变化，传统村落人口减少，大量传统房屋自然坍塌或人为改建，村落空巢化严重，原有乡土风俗文化消失或发生变异现象。

二、广东传统村落的成因与文化变迁

广东传统村落的萌芽形成期为秦汉之前。据考古发现，广东新石器时代人类的住房主要有四种：一种是石灰岩地区的天然岩洞穴居，一种是山地的半地穴式建筑，一种是沿河沿海地区的水上"干栏式"桩上建筑，还有一种是平地用木柱支撑的茅屋。广东在青铜器时代进入了奴隶社会，相当于中原地区的西周、春秋、战国时期。先秦时期，广东聚落的规模普遍较小，且分布不集中，与同一时期的中原北方动辄几十万、上百万平方米的大型聚落无法相提并论。个别聚落具有粗略的居住区、墓葬区、作坊区等功能划分。社会人口密度较低，人群组合方式是分散的、规模较小的亲属群体。秦汉时期，广东作为封建王朝辖下的郡县，虽未有发现民居遗址，但从广东两汉、两晋墓出土的陶屋模型可见，这时民居的构筑都由台基、屋身、屋顶三部分组成，有矮墙内院，内分"干栏""曲尺""楼阁""三合"四式。"干栏式"上置居室，下为畜栏，台基有阶梯，屋身有墙壁、门窗、窦洞、梁架、斗拱和立柱，屋顶有单檐或重檐悬山顶、庑殿顶和亭式顶，上有脊、有吻。墙用砖，顶用瓦，相当讲究。坞堡式的四合院庄园住宅，平面呈方形，入口有门楼，望楼有两层主楼，四周为厚实而高大的围墙，围墙转角处置角楼，墙顶设瞭望孔，内有居室和院落，院内有用作正房、厨房、仓库、厕所和猪圈的平房，并有部曲持械把守，体现森严的防御功能和封闭性。

　　唐宋至明清为广东聚落及民居建筑的成熟高潮期。唐宋元时期，广东各地的建筑业相当兴盛，大量兴建各类建筑物。普遍使用木、砖、瓦、灰、沙、石、铜、铁等建筑材料，木、石雕饰和彩面越来越多。斗拱的使用更为成熟，与梁、枋、柱结合严谨。其中斗拱中斜昂和梭形立柱的广泛采用是广东地方特色之一。已见的大小和形式不同的木结构建筑物，其构件的基本形式、用材标准和加工已定型化。明清时期，广东各地继续大量兴建各式各样的建筑，并出现了许多新的创造。其中沿海军事要地都建有以官署为主体的寨堡，如明初饶平大埕所城、宝安大鹏所城、清初汕头达濠城，均有土、石、砖砌筑的城墙和城楼。这一时期的聚落普遍规模较小，有的是因为迁入较晚，迁入人口基数小，因此对居住空间要求不大，且社会地位低下，发展会受到已有强势聚落的阻碍。有的因土地资源紧缺和人口密度较高，聚落发展到一定程度会呈现分离发展状态，以保持相对稳定的聚落规模。

不同地区的聚落民居文化往往会因适应地理自然环境、生存发展条件等因素，采用不同的进化标准，产生差异分化，而踏上不同的演变道路。广东地区的传统聚落及其民居的生成与演变有别于普遍以家庭为单位建构的单体模式，而是与宗族同族共居的向心力紧密相关，族人通过对其祖先的精神象征和物化比拟，使聚落及民居形式趋向统一化。宗族社会构成人际社会，居住空间屈服于精神空间。

三、海南传统村落的成因与文化变迁

海南岛的原始文化与广东等东南沿海文化同属一个系统，但是时间较晚。考古发现，3000年以前就有人类定居在海南岛上。从出土文物的分布看，昌化江流域最多，其他依次为南渡江、万泉河、望楼溪等。文昌、陵水等地出土的文物时代较早，大体在殷周时期，海南岛西部的临高、儋州等地都曾发现汉代的五铢钱。下面主要从黎族和汉族两方面简要说明海南传统村落的形成与演变过程。

秦以前，黎族是海南岛上主要的居民。黎族的祖先在海南岛新石器时代的早期（相当于中原地区的殷周之际）从两广大陆不止一次地横渡琼州海峡来到海南岛北部。来自两广的黎族先民，继登上本岛北部海岸之后，沿各大河上溯岛内各地。黎族多选择山谷平地、河谷台地落脚，聚居形成的村落往往靠近耕地、河川、溪流，被树林围绕遮蔽。在漫长的历史时期，黎族一直是居住在以竹木为架、覆草为盖的简陋房子里，平面是纵长方形，从山墙方向入口，房子低矮，外形像船篷，内部简陋像船舱，被称为"船形屋"。宋范成大的《桂海虞衡志》称黎族"居处架木两重，上以自居，下以畜牧"。宋赵汝适《诸蕃志·海南》称："屋宇以竹为棚，下居牲畜，人处其上。"从这些记载可以看到，船形"干栏"住宅，应该是黎族一种古老的民居住宅建筑形式。这种早期的住宅为低脚或高脚的"干栏"船形屋，有着民族独特的建筑风格，主体采用木构框架，墙围四周为木板拼接构造，采用镶榫推槽衔接工艺，梁与柱衔接间用木铆固定，屋顶以竹架、茅草覆盖，整个房屋建筑不用一铁一钉。黎族原始时代的住宅，现已无实物可考。大体上黎族的"干栏"木板构造房屋，从原始的洞穴房室，过渡到船形屋，再演变发展到金字形房屋。目前黎族村落中普遍设有的短脚"谷仓"，形如船形屋，是古代遗留下来的"干栏"房屋的演变形式。整个黎族住宅的发展，是一个由"干栏"逐步演变到地居的发展过程。历史上黎族在海南岛中部热带雨林山地建村立寨，曾广泛地运用这一建筑形式。现在黎族干栏民居也在渐渐地消失，最近几年，这些黎族村落的居民迁往新盖起来的砖瓦房居住，而这些原始古旧的船形屋被作为黎族文化的"活化石"保护起来。

　　海南岛在地理位置上隔琼州海峡与大陆相望，且海南岛整体呈现出中间高、四周低，沿海平原海拔最低的圈层状结构，百越黎族早已在此聚居，迁入的汉人人口较少，且环海而居；晚唐之后，汉人才开始向海南岛中部挺进。从汉初海南设治至清末的2000余年间，汉人不断地迁入，逐渐成为海南的主要移民。从移民来源地来看，海南岛的居民主要是闽人、广东人和中原人，其中闽人主要是宋代入琼的，占海南岛居民的大多数，保留了福建原籍的语言、习俗和文化。迁入海南的汉人有古代任职的人、被贬官的人、躲避战乱的人、商人等，他们寻找优良的地理环境定居，建房屋、祠堂、书屋，辛勤耕耘，诗礼持家，繁衍生息，往往形成一个大家族，因原耕读文化精神的保留传承而成为名门望族，人才辈出。一串由北而南分布的澄迈县传统村落群，正是中原汉族自琼岛北海岸登陆，充分利用火山岩的地形地貌、建筑材料而建成的传统村落，所有的房屋、围墙、道路全部用火山岩建成，反映了澄迈汉族先民适应自然环境、就地取材、灵活应用的建筑智慧，也在长期的生息繁衍过程中创造了独特的火山文化。澄迈火山岩传统村落群，是自然的杰作，更是火山文化和当地村民情感长期交织衍生的结晶。现在海南传统村落在保护的前提下，开始发展乡村旅游，以旅游业活化带动传统村落发展。

四、台湾传统村落的成因与文化变迁

台湾自古就是中国的领土。大陆民众从明、清时开始大量入台。当时入台者多是男子，独身或少数人结伴，因须冒海洋风浪、水土不服、海禁等风险，没有携家带眷，聚居一地的开垦者大多不是同一血缘关系的人。他们在举目无亲的陌生环境里，为了生存和发展，把眼光投向同方言、同习俗的同乡，与之聚居，结为邻里，而同乡籍的人也因种种因素迁聚到一起，于是出现了同乡籍聚居的地缘关系组成的村落。在19世纪中叶以前，台湾汉人的村落是以原祖籍关系为基础而建立的，比如，泉州人、漳州人、潮州人等自成村落。许多村落都以原祖籍地的地名作为名称，例如同安厝、泉州厝、安溪寮、诏安厝、兴化店、永定厝、南靖、潮州寮、海丰等。

19世纪中叶之后，海禁渐开，在台湾定居及后来迁入的人往往搬迁、携带亲眷，改变了"有村庄数百人而无一眷口者"的现象。到了清末，男女比例已渐趋平均，加上经济的发展和基本安定的生活，台湾汉人的家庭、家族人口繁衍较快，形成了聚居一地的大姓望族。其成员不一定都有可确定的血缘关系，但都是同姓，出现了以血缘关系为纽带的同姓村落。但同姓间的婚姻是被禁止的，异姓通婚使有亲戚关系的人住进村来，从而出现了以原住的大姓为主并有异姓居住的村落，多以大姓冠为村名。据1930年的调查，台南北港的林厝寮327户中有18个姓，林姓占总户数的76.6%，其他17个姓仅占23.4%。还有很多村落虽不以姓冠名，但村内仍有大姓，例如宜兰市东村里170户有25个姓，其中林姓占总户数的33.9%，杂有黄、李、谢、陈等姓。民间的宗教信仰是大陆宗教信仰的保留和延续，并带有浓厚的原乡色彩。

经考古学家与民族学家的研究，台湾的原住居民祖居地亦为中国华南地区，所以无论是自大陆直接来台还是由大陆自南洋到台湾，台湾原住居民都是中华民族的一支。台湾原住居民的平埔族人口在18世纪、19世纪较为稳定，但进入20世纪后，人口不断减少，因为迁移和不断被同化，原住居民文化渐渐消亡。相比于平埔族的文化消亡，高山族的文化比较完整地保留了下来，其族人在现在的台湾社会也有较大影响力。所以一般意义上，我们所说的原住居民通常是指现在九族的高山族。荷据时代，西方宗教传入台湾，荷兰人颁布了"不得崇拜偶像"的禁令，"想要以基督教的力量来感化原住居民"，使得高山族的宗教信仰文化受到很大程度的冲击。清代政府采取将原住居民隔离控制的政策，在原住居民中间实行自治，禁止原住居民与汉人通婚，并且将原住居民依据其汉化程度分为生番（高山族）与熟番（平埔族）。这一政策的实行使高山族在政治和经济上处于孤立状态，他们在文化上的发展相比平埔族与汉文化的相融更少，文化相对比较独立和完整。日据时代，日本殖民政府的"皇民化运动"对高山族原住居民的思想意识施加了较大影响，宗教仪式和居住生活方式发生了改变，也动摇了原住居民本身的社会体系与宗教体系。国民党统治时期，1950年开始实行地方自治，以"山地平地化"为宗旨颁布了一系列政策。这使得高山族文化与汉人文化进一步融合。但是1970年开始追求所谓的认同"台湾文化"，1987年戒严令解除后的台湾选举竞争激烈，高山族文化成为一种文化上的筹码，被不断强调。高山族传统的宗教仪式开始恢复并且扩大，各类文化习俗、宗教活动也被认为是台湾本土文化的象征而得到鼓吹，高山族自己也意识到了可以利用这一机会争取平等的政治、社会地位。

国民党退守台湾后，在农村进行了土地改革，农村阶级矛盾相对缓和。农会、策略联盟等农民组织又让"小农"变成了"大农"，农民在市场经济浪潮中生存并发展起来。20世纪60年代以来，台湾地区在由农业社会向工业化与城镇化社会转型的过程中，出现了大规模的农村人口进城、自然环境遭到破坏、乡村社会面临危机等问题。农村留守人群多为老弱妇孺，乡村独特的文化特性日渐衰退。

到20世纪90年代，台湾经济与社会发展进入新阶段，开始出现一些新的影响因素。一方面，面对单纯追求经济发展所带来的环境恶化、社区衰败等情况，民间发起了"社区抗争"，台湾市民社会力量逐渐浮出，非政府组织等第三部门纷纷崛起，社区发展开始关注草根社会和居民生活环境等议题，并逐渐纳入政府工作框架。另一方面，这一时期台湾工业化较为发达，需要寻找新的经济增长点。台湾官方公布的未来六大产业中，包括精致农业、观光旅游、文化创意、健康养生、生物科技等五个产业内容都与农村有关，乡村发展也成为台湾经济发展的新希望。

台湾"文建会"推出的社区总体营造计划在台湾得到积极响应，其他政府部门也随后推出了各种社区化的政策计划。例如，卫生部门的"健康社区营造计划"，教育部门的"学习型社区计划"等。2002年5月，台湾把分散于文化、经济、卫生和教育等多个部门的社区营造计划进行整合，推出"新故乡社区营造计划"，内容包括台湾社区新世纪推动机制、内发型地方产业活化、社区风貌营造、文化资源创新活用、原住居民新部落运动、新客家运动和健康社区福祉营造等七个方面，目标是把社区建设成一个符合人性，关怀健康与福祉，拥有丰富的人文、特色的产业，景观宜人且尊重事态的永续社区。2005年，为了更好地促进社区健全多元发展，台湾在"新故乡社区营造计划"的基础上推出"台湾健康社区六星计划"，内容包括产业发展、社福医疗、社区治安、人文教育、环境景观、环保生态等六大方面，目标是透过产业发展等方面的全面提升，推动社区的全面改造，强化民众主动参与公共事务的意识，建立自主运作且永续经营的社区营造模式，打造一个安居乐业的"健康社区"。

台湾乡村社区营造特别重视地方和社区学习机制的建立，以促进民众素质的提升、保护观念和意识的转变。例如通过推动社区培训与开办各种技能课程，如陶艺、绘画、布艺、电脑应用、古乐演奏等，在提高居民素质的同时更使居民逐渐主动地参与到社区发展和村落保护中去。同时，台湾社区营造努力避免陷入单纯的产业发展和经济追求当中，而是更关注对社区精神、价值和凝聚力的挖掘。对乡村发展而言，形成较强的认同感和凝聚力不仅是乡村发展合作经济，实现持续发展的关键，也是乡村生活的魅力和价值所在。新故乡文教基金会成立的宗旨就是"实践在地行动的公共价值"，提出"守护乡土故乡"和"在地文化之根"等思考。宜兰县大二结社区、南投县桃米社区等案例中，都通过广泛的社区参与，形成了强大的社区凝聚力和集体行动能力。桃米社区在发展中还建立起村民互相分享创意和介绍民宿客源等分享协作机制，以及设立公基金制度，用于公共支出及社区弱势群体照顾、补偿废耕、恢复生态等，实现社区的持续发展。乡村社区的自我组织和自我发展能力大大增强。

　　台湾社区对传统村落的保护，注意避免单纯由政府自上而下、指定保护式的霸权模式，而是逐步倡导"自下而上"的社区自我发展思路，并通过"情、理、利"三方面机制，培育乡村社区自发和民间团体主导的模式。一是通过发掘社区历史、共同记忆，凝聚社区共同认同，使得传统建筑与社区生活形成紧密的关系；二是通过培训和学习，提升乡村居民对村落建筑和传统文化价值的认知，使村民成为乡土文化的传递者；三是保障乡村社区民众的基本权益，提高地方和社区保护的积极性。而社区总体营造的主要目的是要改变居住在土地上的"人"的观念，激发他们生活共同体的意识，引导其透过民主参与的方式，自动自发地改善生活品质。社区总体营造的目标不仅仅在营造一个新社区，实际上是透过文化手段来营造新社会、新文化和新人。台湾这些经验都值得大陆乡村在发展中借鉴。

中国传统村落
文化抢救与研究

文化区系列

Chinese Traditional Villages

第二章

东南传统村落的类型与价值认知

第一节
东南传统村落的分类与主要特征

一、闽文化区传统村落及其主要特征

福建的汉族人口占全省人口的 99%，余下 1% 的少数民族有畲族、回族、满族、高山族等民族。畲族人口相对其他少数民族多一些（现约有 20 万人），尚保存自己的风俗、语言、服饰和建筑文化，其余民族已基本汉化。基于福建中国传统村落的实地调研情况，本书构建了福建省中国传统村落文化分类区，将福建传统村落的地理位置与古代历史文化遗迹等要素相结合，进行文化区判定。通过研究发现，福建传统村落主要分布于山区、古驿道和水陆交通集散点。按其文化价值、功能和历史可把它们分为客家土楼文化类区、土堡文化类区、红砖文化类区、红色文化类区、廊桥文化类区、海防文化类区和其他文化类区。

表 2-1　福建传统村落各文化类区数量与代表性村落

文化类区	数量	典型村落	代表性景观与事项
客家土楼文化类区	20	漳州市平和县庄上村和钟腾村、漳州市南靖县田螺坑村等	"四菜一汤"土楼群、承启楼、顺裕楼等
土堡文化类区	12	三明市大田县万宅村和济阳村、三明市尤溪县盖竹村等	绍恢堡、琵琶堡、茂荆堡等

续表

文化类区	数量	典型村落	代表性景观与事项
红砖文化类区	18	晋江市塘东村、泉州市南安市漳州寮村、南安市官桥镇漳里村等	蔡缵、蔡鼎故居，蔡氏古民居建筑群，刘开泰祖厝等
红色文化类区	18	上杭县古田村、龙岩市长汀县坪埔村、三明市明溪县御帘村等	古田会议会址、松毛岭战斗遗址、红军长征出发地等
廊桥文化类区	18	宁德市屏南县长桥村、三明市尤溪县新坑村等	岐坑廊桥、观音廊桥、木厝廊桥、政和坂头花桥等
海防文化类区	11	福州市马尾区闽安村、福州市长乐区琴江村、晋江市福全村等	闽安炮台、闽安古城墙、琴江城墙等
其他文化类区	133	宁德市屏南县北村村、宁德市蕉城区邑坂村和洋头村等	屏南评讲戏、车山公祖殿信俗、黄酒酿造与红曲制作技艺等

（一）客家土楼文化类区

客家土楼文化类区主要分布在龙岩与漳州，永定地区数量最多。福建作为汉人的迁居地，在宋元时期，汉人迁居达到高潮，因此福建成为客家人的主要聚居地之一。该区域多山地、丘陵，河网密布，村落依山傍水。福建土楼是当地民众将社会自然资源与传统文化创造性结合的产物，以灰瓦、夯土为主要材料，将入口设计为洞口的形象，周围墙壁则以土色为其典型，外部以自然纹饰装饰，以方圆土楼为显著特色，形成一种亲近自然，又颇具神秘色彩的东方建筑类型。建筑内部绿化植物很少，建筑外围多为具有经济或观赏价值的植物。最具代表性的是闽西南客家人的土楼，如南靖县田螺坑村，被称为"四菜一汤"。土楼是一种防御性较强的建筑，可

东南传统村落

图 2-1
漳州市南靖县田螺坑村

以用于与盗匪的对垒，也可以警戒盗匪的侵犯，同时这也为集体生活带来很大便利，利于生产、生活，也利于保护自身安全，是福建最具有特色的建筑。

（二）土堡文化类区

土堡文化类区主要在三明地区及福州、泉州交界地带，集中在福建省西南部、中部的山区。该区域处于闽江中下游地区，因发展较晚，居民多由临近地区迁徙至此，文化呈现混合的特点。坡麓、台地的地形，河网密布，建筑的周围以木结构作为支撑，这种设计可以有效地抵御敌人的进攻，也可以提供适宜的居住环境。土堡多以"堡""寨"命名，如安良堡、琵琶堡、南宝寨，也有少数用"堂""楼"等命名，如桂林堂、允升楼。

图 2-2
三明市大田县桃源镇
东坂村安良堡

(三)红砖文化类区

红砖文化类区主要分布在闽南地区,集中于泉州、厦门、漳州三市。该区域的建筑主体以红砖、红瓦为基础原料,这种建筑最早在宋代开始广泛流传。原本政府规定不允许老百姓使用红色,但是福建远居东南,与京城相距甚远,拥有独特的地理位置及漫长的海岸线;福建人很早就开始了海外贸易,积累了丰富财富;再加上闽南人敢为人先的特性,闽南地区的传统村落出现大量红砖建筑。闽南人讲排场的乡风,使得这些建筑被建设得极具艺术价值和文化价值。据考察,闽南的红砖建筑较为完整地记录了当时当地的风土人情,反映了当时的传统风貌、文化底蕴和民风民俗,例如漳里村的蔡氏古民居。红砖建筑不仅为人们提供居住环境,还具备传承和记录历史的作用,如记录着人们传统生活的图景,记录着闽南地区的风土人情，成为文化历史的印记。闽南的红砖建筑既承载了中国传统文化，又包容海洋文化，兼具地方民俗文化以及民间工艺文化，是独特的南派古建筑非物质文化遗产，也是闽南人的精神文化结晶。"红砖文化"不只是闽南古厝建筑特色和发展成就的概括，更多的是与闽南人民的精神世界相连接的文化，是闽南人民繁衍壮大、生生不息的精神力量。这种文化，不仅是闽南人的瑰宝，更是中国，乃至世界的瑰宝。

图 2-3　南安市官桥镇漳里村蔡氏古民居

（四）红色文化类区

红色文化类区主要分布于福建西部。闽西是著名的革命老区，同时也是一块红色土地。这里诞生了革命史上无数的第一：首个县级红色政权，首支赤卫队，红军首个团建制，首所红军医院等。这些"第一"的背后体现的是无数英雄儿女为民族解放而不懈奋斗的精神。十万英雄儿女参加革命，开启了轰轰烈烈的红色革命运动。其中龙岩是革命老区、原中央苏区核心区，红色文化遗存资源丰富，例如长汀县中复村松毛岭战斗遗址，上杭县古田村古田会议原址，汤屋村、实佳村、东洋村均有大量红色文化。在这里，古田会议的崇高精神得到了发扬，革命精神被一代又一代的革命先辈继承和弘扬。这为福建传统村落增添了伟大的意义。

图 2-4
龙岩市上杭县古田会议原址

（五）廊桥文化类区

廊桥文化类区主要分布在闽北地区。这里河谷众多，沟壑纵横，为了方便人们的出行与贸易，这片区域诞生了各种各样的桥梁。这些桥梁最初以木结构居多，由于处于山区之中，木材资源十分丰富，结构科学的廊桥便在多山、多水、多险阻的闽北地区应运而生，经过多年的发展，这些桥梁不但具有通行功能也具有一定的美学价值。随着能工巧匠的不断雕琢和社会的发展，这些廊桥逐渐形成了新

图 2-5　南平市政和县杨源村矮殿廊桥

功能，比如有些地方的廊桥内修建了可以长时间休息的廊屋，村民可以到廊桥上纳凉、休憩。渐渐地，廊桥的发展不仅满足人们使用方面的需求，而且添加了庙宇等满足人们精神需求的场所，形成了"桥庙一体"景观，如宁德市寿宁县西浦村福寿廊桥和碑坑村观音廊桥、南平市政和县杨源村矮殿廊桥。廊桥代表着一种文化和一种乡土情感，浓缩了千百年的乡土文化发展史，是明清时期福建山区政治、经济、文化、民俗等诸多内容的重要载体，具有极高的科学、文化、历史、艺术价值，是世界珍贵的文化遗产。其中廊桥的木拱架，更是举世闻名，其以不用一钉一铆的工艺入选世界遗产名录，堪称"中国一绝"。

（六）海防文化类区

海防文化类区主要分布于福州、宁德、泉州沿海的部分区域，该区域靠近海洋和河流入海口。清代初年，海防区域建筑多为城墙似的入口，过度强调防御性而忽略了宜居性。由于这种建筑的防御性强，清政府完全控制这些区域后没有将其改建，而是在两端架设炮台，将村落所在地建成防守要塞。到清顺治年间，更是变成了福建军事的首要防御重地。海防区域的传统村落完整地记录了福建沿海军民抗击外来侵略的整个历史进程。现如今，这里依旧保存着大量的历史遗址，它们如化石般记录着沧海桑田的巨变，典型的村落有福州闽安村、琴江村等。这里也是海外贸易的大门，有着极其重要的海洋文化资源和旅游文化资源。

上述福建传统村落文化类区的划分，是在主要文化要素的分布基础上进行的大概判定。其他类区因文化混合程度相对较高，不再

图 2-6
福州市马尾区闽安村
亭江炮台遗址

详细划分和分析。另外，因为各种文化的交融，文化的相互渗透，想要划出精确的界限也是不可能的。这实际上也印证了形式文化区的界限的模糊性特点。

二、粤文化区传统村落及其主要特征

广东南临南海，是我国古代内陆地区与海外商贸的重要通道。作为岭南文化中心地、海上丝绸之路发祥地、中国近代民族革命策源地，以及我国三大侨乡所在地，广东有着悠久、深厚的历史文化，孕育出大量特色鲜明的广东传统村落。广东传统村落主要分布在粤北山区、珠三角平原和湛江台地，山区地理环境相对独立，受外界影响少，在相对封闭的环境里，传统村落各自形成了自己的特点，并在历史的长河中较完整地保存下来。平原和台地一般水源充足，土地资源丰富，用地条件好且肥沃，利于农业生产并适宜人居，所以一直是人们安居乐业的首选之地，经世代繁衍，在历史长河中逐渐形成了较为稳定的聚落地带。广东传统村落在选址与格局、建筑形制样式、外观风貌，以及建造材料与工艺等方面呈现多元丰富性，其空间形态特色极具独特性。广东传统村落以广府、潮汕、客家的村落为主体，经济模式以农耕文化为主、商业文化并重，由于移民南迁及向海外拓展，表现出移民文化、侨乡文化等多样性特征，是岭南文化的根。广东传统村落建筑类型丰富、选址科学、工艺精湛，文化底蕴深厚，集中体现出岭南文化发展的脉络与历史演进，历史文化承载厚重，具有较高的科学价值、历史价值、艺术价值、旅游价值。作为传统农耕生活载体，广东传统村落是岭南文化的物化积淀和有力见证，具有重要文化价值和保护意义。

广东传统村落始建年代多元，最早始于秦汉时期，大多数始于宋明时期，清代的村落也较多。广东传统村落主要集中在梅州、清远、广州、湛江和佛山等地市，这5个地市入选中国传统村落名录（前4批）的村落共100个，占全省总量的62.5%，其中梅州市最多，达到46个，约占全省的28.75%，而清远、广州、湛江和佛山等市传统村落数量均在12个以上。惠州、肇庆两市的传统村落数量都达到了10个，中山、珠海、河源、汕尾市域内均有2个，深圳、茂名、阳江和汕头各1个。

随着城市化和城镇化步伐的不断加快，传统村落、古民居的保护主体大量流失，加速了乡土村落文化的瓦解，形成对传统村落保护传承的时代压力。同时，城镇化住房需求的提高和住房建设的加速扩张，房地产开发与旅游开发向农村拓展，导致大量传统村落快速消失，只有极少数被当作旅游开发项目保留了下来，但又在商业驱动下，过度开发导致破坏，导致文化肢解，使得传统村落难以有效得到保护和传承，其文化价值及商业价值难以有效实现。再加上缺少维护资金的投入，大部分传统村落未对外开放，呈自生自灭态势，严重制约了传统村落的保护与利用。广东大部分传统村落的生态环境、布局规划、村落建筑、基础设施等，都遭受不同程度的破坏，传统村落的资源稀缺性日益凸显，保护传承面临极大挑战。

（一）岭南粤语区传统村落及其主要特征

三间两廊是广府民系地区最具代表性的民居形式，为"三合天井式"，占地规模多为100余平方米，符合小型家庭使用的需要。正房三开间，中间为开敞堂屋，与正对的狭长天井连为一体，是公共生活区域。左右次间为卧室。正房两侧伸出的厢房简化为进深浅、面积小的边廊，一般为厨房或杂物房。三间两廊作为形成村落的民居建筑单元，以复制、并置的形式，纵横排列，形成梳式布局。这种形态的村落因建筑与巷道间隔排列，如梳子一般，故有"梳式"之称。梳式布局是广府村落的典型格局，广泛分布于地形较为平坦的珠江三角洲地区。村落内祠宅分立，祠堂并列于前排，引领后排整齐分布的民居。

广府民居建筑单元突显宗族结构的"家庭"要素。明清时期，广府家庭的主要结构并非累世而居的大家庭，而是主干型与核心型为主的小家庭。三间两廊对应宗族结构中的小型家庭单元，有明确的空间边界。在梳式布局体系下，各建筑单元之间无直接的连接依附关系，呈平行并列的空间关系，无明显等级差异，突显了"家庭"要素的独立性。广府民居及聚落具有高度的均衡性和相似性，建筑形象整体统一。有限的土地资源经由宗族统一规划，得以均等共享，确保各个家庭都能享有条件基本相同的居住空间单元。

广府聚落表征的宗族结构以"宗族—家庭"二级结构关系为主导。广府聚落内，"房支"的范畴未有明显的建筑空间界限与之对应。"房支"的空间界限模糊地表现为：梳式布局下，由首排房祠引导，纵向道路划分，形成民居单元纵向组合的"房支"组团。但实际的居住使用，因各家庭发展景况不同，往往很难严格对应血缘关系而形成明确的组团界限。"家庭"作为最小的生产单位，成为经济活动的主体。在商业经济比较发达的社会，家庭规模越小，便越利于减缓商业财富共有所造成的家庭矛盾；而以村落为整体的宗族关系，又确保了各个家庭具有进行经济活动和承担一定风险的能力。

粤北山区地势起伏较大，故建筑多依山而建，顺应山势。这就要求该地区村落格局与建筑以防热、通风为主，同时要求总体布局和个体平面做到开敞，室内空间处理做到通透，尽量利用天井、池塘等室外环境，布置绿化，以达到通风、降温的目的。粤北韶关地区的传统村落类型有很多种分类方法，从构成角度出发可以分为带形村落、多组团村落、块状村落和自由组合型村落四种类型。

带形村落通常出现于河流、湖泊和干道路旁，布局沿水路运输线延伸，河道走向或道路走向成为村落扩张的依据和边界。由于村落多数是在农业经济基础上发展起来的，农耕渔织是这些村落的主要经济模式，多采用集居形式，块状形态更利于组织和防御。

多组团村落中有的村落是和圩市融合后发展而成，有的是基于防御目的的家族聚居。各组团之间有机结合，组成整体村落。如翁源县南塘村、新丰县寨下村、始兴县长围村、韶关市曲江区石板冲村等。

块状村落是典型的梳式布局形态的村落，建筑呈南北向排列，侧向开门，较为规则，建筑列与列之间的巷道称"里"，供通风、防火之用，又是村内交通要道。前后建筑间相隔一定距离，便于防火。梳式布局村落用地紧凑，地势前高后低，利于排水，巷道平行于夏季主导风向，利于通风，前有池塘通风降温，后有林木阻挡北向来风调节村落小气候，成为岭南地区独特的村落布局格式。由于粤北韶关地区许多村落为适应地形、地貌或符合风水格局的要求，村落形态在梳式布局的基础上又各有变化，所以布局上几乎没有完全一样的村子。

（二）岭南客家区传统村落及其主要特征

客家人在迁徙途中，依山建房，逐渐形成了以宗族为纽带的村落格局，最终在历史的沉淀中形成了大量独具客家文化特征的传统村落。

客家民系民居建筑单元以堂横式围屋为主要形式，形成围团式布局的聚落格局。堂横式围屋是粤东客家地区常见的民居建筑类型之一，由居中的纵列多进堂屋和两侧的横屋组合而成，根据堂屋和横屋的数量规模，有双堂双横、双堂四横、三堂双横、三堂四横等组合，反映了客家聚居建筑纵横双向的空间拓展模式。梅州地区常见的围龙屋也是堂横式围屋的衍化类型，在堂屋和横屋的后部增加了半圆形的排屋进行围合。围团式布局一般依宗族血缘关系形成，围屋既保持独立的空间形象，又形成组团式分布。

客家聚落表征的宗族结构以"宗族—房支"二级结构关系为主导。客家聚落开基始祖所建房屋是一个宗族、聚落起源的标志，一般会保留后代中的一至两房在围屋内居住繁衍，并随人口增长而动态扩展建筑规模。其他房支后人则另辟宅基，在祖屋附近新建围屋，形成围屋的组团，由于发展境况差异，各围屋形制、规模不等，且相互间并无密切的空间联系。但若从宗族关系来看，由于每座新建的围屋均设置专属于它的房祠，所代表的宗族关系非常明确，所以聚落空间发展的历史脉络清晰可循，形成了一套按房支辈分逐级向上祭祀的客家祭祖模式。

客家民居建筑单元突显宗族结构的"房支"要素。从空间的维度来看，围屋作为独立的空间单元和建筑形象，对应各个房支派系，其建筑边界强调"房支"单元的独立性和整体性。

客家围屋为祠宅合一形式。每座围屋以各自的祠堂为核心，成为一个房派聚居的大型居住建筑单元。客家地区多为山地、丘陵，建筑的选址受自然地理条件影响显著，而围屋建筑之间的空间关系则退居其次，各座围屋相对独立，自成一体而比邻共存于一个聚落。禾坪、水塘、风水林及围屋建筑共同组成完整独立的空间形象，其空间界限清晰，凸显了"房支"成员居住生活的独立性、整体性。

就内部空间家庭层面的使用情况来看，客家民系民居的独特之处在于围屋内部家庭单元空间界限的模糊化。围屋内部的生活模式是在房支统筹下家庭单元的均衡共居。围屋在凸显祖先、长辈地位的同时，弱化各个家庭的差异，个体家庭的概念消融于大家族也即房支体系内。各家庭的居住空间面积划分均等，较之于祠堂空间的高大形象，因陋就简，空间逼仄。而且每个家庭在围屋内部的居住用房并非集中于一处，而是分散于多个位置，由此降低了家庭空间的独立性，促进了各家庭之间关系的融合。这种居住形式表征了以"房支"为单位共同生活的集体意识，充分适应了山区的集体农耕生产方式，是客家人对自身生存环境的积极回应。

（三）潮汕区传统村落及其主要特征

潮汕文化是岭南文化的重要分支。20世纪80年代以来，随着潮汕地区的经济发展，开始出现有关潮汕文化特征、发展及变迁的研究。学者们认为潮汕文化基本上是中原文化的移植，其主旋律是中原文化，闽越文化是它的基础性文化。潮汕文化是中原汉人文化与闽越地区土著文化、大陆文化与近现代海外文化长期相融的结果。潮汕文化的特质对传统村落空间的发展具有重要影响。潮汕文化主要包括五个方面的特征：第一，精耕细作。潮汕地区村落长期以来以农耕经济为基础，形成了"种田如绣花"的农业生产模式，这种精细文化特征也表现在民间工艺品及生活情趣上，如木雕、石雕、工夫茶、潮菜等。第二，宗族凝聚。宗族思想在潮汕一直根深蒂固，宗族组织长兴不衰，各村各族修建宗祠，围绕着宗族衍生出各种民俗活动。第三，信奉神明。村落内保留的节日及文化活动多与信奉神明的传统相关，越是传统的地方，信奉神明的祭拜活动就越多。第四，尊儒重教。潮汕地区名人辈出与看重教育的传统密切相关，从各宗族族谱、祠堂外所立石碑等，都可以看出当地对文人、教育的重视。第五，务实从商。一般村落发展建设会得到众多海内外族人的支持。潮汕地区商业精英更是遍布全球，在商业领域中展示出独特的族群优势。

潮汕传统文化特质反映了我国传统社会中宗法礼制思想、哲学观念以及环境生态观念，并通过社会关系与社会结构的相互作用来塑造社会空间。潮汕地区传统村落在空间布局上呈现出下面四个特征：第一，村落空间的组织体现出明显的宗族属性。一个村落往往由同一姓氏、同根同源的人构成，村民之间均有血缘关系。第二，村落空间的秩序体现出等级分明的儒家思想。村落空间主次有序，具有极强的向心性，以宗族祠堂与风水池为核心，其他民居铺陈展开、整齐排列。第三，公共空间的功能以服务传统祭礼为主。宗祠与风水池之间常有面积宽广的空地，每逢大型的祭祖、祭神活动，可在广场搭建临时戏台或摆放供品。第四，注重空间高效利用。村落建筑多紧凑密布，民居的布局规整，街巷肌理清晰，建筑主朝向基本一致，建筑上的雕饰精致而富有内涵，均是精细化设计的结果。

潮汕民系聚落表征的宗族结构以"宗族—房支—家庭"的三级结构关系为主导，聚落内建筑单元的规模大小不等，突显宗族结构的房支、家庭要素。潮汕民系聚落内，宗族、房支祠堂作为村落的族群中心和空间重心，引领大小民居建筑，形成密集式与梳式布局相结合的村落格局。潮汕村落祠堂分布十分密集，有祠宅合一和祠宅分立两种形式。潮汕民系的聚落格局，既体现家庭空间独立性，又促成房支势力的成长。村落内的各房支家族、各个家庭，只要其经济力量允许，就会拓展居住空间，修建祠堂，以显示自身实力。因此，基于院落组合的扩展机制，形成了大小宅院参差分布的聚落空间形态。

潮汕民系地区民居建筑单元以"下山虎""四点金"及其组合形式为主，形成密集式和梳式布局结合的聚落格局。潮汕传统民居形制与中原地区传统民居类似，为三合式、四合式的独立院落或多院落组合形式。常见形式包括小型的"下山虎""四点金"及其组合衍生而来的"三壁连""驷马拖车""百鸟朝凰"等中、大型民居。大型民居组群在潮汕地区村落较为普遍，其建筑分布密集，外围封闭，内部开敞，适应同族人集结聚居，形成单独的、规整的密集式格局；小型民居则按照梳式布局形式分布于周边，最终形成密集式与梳式布局相结合的村落格局。

三、琼文化区传统村落及其主要特征

海南传统村落主要分布在澄迈、海口、定安、文昌等县市，在琼北地区尤为显著。

（一）琼北区传统村落及其主要特征

琼北有的村子整村就是一个大家庭，房屋建筑采用的是"门套门"的形式。每一户正厅的前门和后门与前后相邻的两户正厅的前门和后门都是正对的，其两侧的偏厅，两面窗户皆是前后正对。白天家家户户大门敞开的时候，从每一行的第一栋房子可以看到最后一栋房子。房屋整体的朝向为坐北朝南，且背靠山、面对湖。这样不仅夏季通风、散热，在风水学上也是有讲究的，而且这样的布局形式有利于人与人之间的交往，增加了人们的视线交流，为言语交

流制造了机会，更容易促使一大家子人和谐相处、互相扶持。

海口市石山镇三卿村的火山石文化是琼北火山地区传统村落的人文与地理相结合的典型代表。三卿村在 2014 年 11 月入选第三批中国传统村落名录。该村历史悠久，整个村庄建在天然的火山岩上，整体地势相较周边呈坡状，村落里的现代建筑群和火山古建筑交织在一起。村子保留了九成以上的古建筑，如古石巷和古石屋、古火山石休憩台、火山石炮楼、火山石村门、火山石村道、火山石围墙……村子里触目所及的建筑、生活和劳动用具，都用火山石制成。古碉堡、古炮楼、"豪贤门"、"敬字塔"、古学堂、古拜亭等历史景观随处而见，散落的石磨、石凳安静地坐落在石屋、石巷的

图 2-7
三卿村安华楼古炮楼
（图片来源：张铁骊 摄）

角落，仿佛述说着历史时光。由于村子地处火山岩块，古时缺少生活用水，古人用智慧制作出了石水缸，这种石水缸不仅是一种生产、生活用具，也是一种财富的象征。石山镇周围的传统火山村落以前一直盛行"不嫁金、不嫁银，数数门前的水缸就成亲"的谚语，石水缸的文化在火山村落相当普遍。而在村子的另一侧，一栋栋欧式小楼拔地而起，这些小楼外墙基本镶有瓷砖，或红，或白，或棕，或绿，一些高大的围墙拦住人们的视线，只有几株绿色植物从墙头伸出，宽广、平坦的道路由水泥铺设而成，彰显着这个传统小村在现代化建设中取得的成绩。

（二）琼南区传统村落及其主要特征

保平村位于海南省三亚市崖城镇，是第五批中国历史文化名村之一，民居建筑遗存分布集中、颇具规模，是三亚乃至海南省保存比较完整的明清古民居建筑群和传统村落。保平村历史悠久，文化底蕴深厚，村中保存完好的明清古宅，是崖州古建筑最有代表性、最集中的古代民居建筑群。门楼、正室、横屋、正壁组成的生态庭园四合院，是保平古民居最具建筑艺术和布局特色的乡村古建筑。至今保存尚完好的陈氏古宅，其雕花梁墩、绘画墙体、神龛雕刻、龙凤麒麟、鹤松梅竹，图案精美、工艺精细，堪称崖州之最。这些古民居世代记录和标示着保平村的建村史，见证了保平村的兴盛繁荣，不论是保平村的经济文化发展史、革命斗争史，还是这些民居本身的建筑艺术、历史价值，都曾经闪耀过独有的光辉。

保平村自古以来文教昌盛、人才辈出、书香不断，曾有"保平多贡生"的美誉。如今保存完好的古民居中尚有"明经第"小门楼。

保平书院、九姓祠堂、关帝庙、文昌庙、天后庙、保平桥、毕兰村遗址，这些历史文化古迹，记载着保平村的社会文明和文化昌盛。保平书院是保平村的革命圣地和文化摇篮。1927年春天，麦宏恩、何绍尧、李福崇等革命青年在书院里建立了保平党支部。据《乐东县志》记载，清代己酉科拔贡郑允煊，常来鳌山书院和保平书院讲学。

乐东黎族自治县佛罗镇老丹村是琼南地区唯一的汉族村庄，与琼北普遍存在的火山民居不一样，老丹村的传统合院民居具有琼南崖州民居的典型特征，前坡长、后坡短、接檐式坡屋面，有利于大进深前庭的布置，大进深前庭作为日常劳作和生活的过渡空间，适应了琼南地区的气候特点，满足了居民对使用功能的要求。

（三）黎苗区传统村落及其主要特征

黎族是我国民族大家庭中的一员，人口有110多万，主要分布在海南省。黎族人喜欢选择山谷中的小平原、河谷台地或平缓的坡地作为村落的地址。他们选址的原则是：靠近耕地，周围能种杂粮；尽量靠近河川或溪流，解决饮水和引水进行灌溉；地势要堎，地形有一定的坡度，天下雨时能将水和脏物排到村外，防止潮湿；地方干净，野兽较少；不要太靠近交通干线，以确保安全；住宅地质表层多为砂质黏土层，下面多为砂土砾石层，土质良好，承载力可以满足建筑要求。

黎族传统村落独特风格的形成与海南自然生态环境有着密切关系。在雨量充沛、水源充足的海南中部地区，人们形成了亲近自然、热爱山水的生活习惯。黎族建村后，要植树护林，让高大的阔叶林和灌木林围绕着村子，翠竹环抱，树荫覆盖。同时间种槟榔、椰子、榕树、芒果、酸梅、荔枝、龙眼、波罗蜜、益智、胡椒、可可、木瓜等，富有亚热带的村落风光和黎寨的共同特色。

从调查和文献资料来看，黎族建筑住宅的演变是一个不断受汉族影响的过程。目前黎族地区还保留着住宅演变过程中的各种不同形式的建筑住宅。黎族民居经历了"穴居""巢居""船形屋""半船形屋""金字形屋"的变迁过程。其中"穴居""巢居"见于《越绝书》《桂海虞衡志》《岭外代答》等古文献，"船形屋"建筑作为黎族文化保护遗产，目前仅存于东方市江边乡等地少数几个村庄，是海南黎族传统建筑风格中最具代表性的。这种建筑因形似倒扣的船而得名，约2米高，以泥土、茅草和树枝作为建筑材料，用树枝均匀排列做成墙体的主干，用茅草和泥土搅拌后填充到树干中间，经过日晒后形成相对结实的墙体。用茅草覆盖作为屋顶，房屋内部没有隔间，屋内中间是用来取暖和做饭的火炉，一般只在墙上开门，没有窗户，门檐外伸便于挡雨和遮阳。黎族船形屋大致可分为高脚式、低脚式、落地式。高脚、低脚的作用类似我国南方原始的建筑形式——干栏式建筑，起到防潮通风的作用，落地式是随着生产技术的改进后发展起来的，现出现较多的是建设于干燥高地的落地式船形屋。

四、台文化区传统村落及其主要特征

（一）村落的分布受地形制约明显

台湾中部、东部山区及边缘地区（特别是西侧），多为森林带或丘陵，耕地面积较小，村落分散，人口不多，每村多者十来户，少者一两户。西南沿海地区有比较开阔的平原，可耕土地面积多，水利比较发达，是台湾农业发达的地区，人口分布也最为密集。据《台湾的人口》一书记载，台北盆地共计1825村，平均每平方千米有8村，80%以上的村落其所有主屋皆不到5座。南部与东南部，则多有人口比较集中的村落，每村少则数十户，一般在百户以上，多者达数百户。台湾传统村落按地域分布可以分为：台北、基隆及其周边地区的台北区，台中及其周边地区的台中区，台南、高雄及其周边地区的台南区，台东、花莲等台东区，以及澎湖、金门、妈祖等零星片区。

（二）村落的建筑多保留原祖籍地建筑特性，讲究因地制宜

台湾村落建筑既有原住居民的古老传统，又有汉族文化传统，许多深宅大院完全模仿漳、泉民居和粤东民居，甚至有的建筑材料都是从闽、粤运送过来的，工匠也是从大陆聘请的，因而上流社会的宅第与闽南、粤东民居基本相同。20世纪初日本人占据台湾，台湾与漳、泉的交流减少，台湾本地工匠数量增加，民居住宅受日本建筑风格影响，出现了木板"通铺"及壁橱，住宅入口设有"玄关"等日本传统木构住宅的特色。

台湾北部多雨潮湿，村落建筑多用砖石结构，屋顶坡度较陡，也较厚重。南部炎热干燥，房屋多用竹木结构，屋顶出檐较深，屋顶坡度较平缓。台湾北部的大屯火山群地带，盛产安山岩，质地坚硬，色泽呈青灰色，当地居民在山腰上建屋均利用山上石材砌筑墙体，有防盗、防潮、防风等作用。

台湾中部及南部多为山区，因竹木材料易得，当地民居建筑多采用穿斗式结构，有的整座房子都用竹子建造，屋瓦也以剖开的半圆竹管构成，类似粤东潮汕地区的"竹寮"。为防止山区大雨，其房屋出檐极深，以保护编竹夹泥墙。

表 2-2　台湾建筑与移民聚落发展的地理区域表[①]

地理区域	包括的地区	村落建筑材料	移民原籍
宜南三角区	宜兰平原	砖作	漳州人
北部石作建筑区	基隆丘陵	石作	漳州人、安溪人
北部多余区及台北盆地	林口台地及大屯火山群	砖作、石作	三邑人、同安人、安溪人、漳州人
北部客家区	竹东丘陵、苗栗丘陵、桃园冲积扇区	砖作、土作	嘉应州人、惠州人、潮州人
竹苗沿海区	新竹平原	砖作	三邑人、同安人
台中盆地土作建筑区	大肚山台地、集集镇、竹崎丘陵、八卦山台地	土作、砖作	漳州人、同安人、三邑人
鹿港区	大甲平原	砖作、土作	同安人、三邑人
盐田区	嘉南平原、浊水溪冲积扇区	砖作、竹作	三邑人、漳州人
台南区	嘉南平原	砖作、石作	泉州人
嘉南平原区	嘉南平原	砖作、土作	泉州人、漳州人
高雄区	高雄平原	砖作	三邑人、漳州人、安溪人
南部客家区	内门丘陵	砖作	嘉应州人、潮州人
南部石作建筑区	恒春半岛	石作	三邑人
澎湖石作建筑区	澎湖群岛	石作	同安人

---

① 李乾朗. 台湾建筑史 [M]. 台北：雄狮图书股份有限公司，1979.

（三）村落的名称体现了继承性与垦殖性

台湾的村落，早先很少以"村"为名，村落的名称有以下特点：

1. 继承大陆传统的名称
譬如"里"，如宜兰南津里、和睦里、延平里等。

2. 反映了移民垦殖的情况
（1）"结"。如宜兰有一结（宜兰市）、金六结（宜兰市）、十六结（礁溪乡）、十九结（三星乡）等。所谓"结"，是垦首向政府具结申领垦殖执照后，合资合力垦荒，土地垦成后，各结首按头、二、三等号来划分地段，结首分得垦地即以其编号称之，其地形成聚落后即取以为名。

（2）"阄"。垦首合力垦成土地后，为公平分配，暗写字或做记号由各人抓取，以决定应得之地，叫作"阄"。如山峡镇有"二阄"，员山乡有"三阄"，阿莲乡有"九阄"等。

（3）"股"。垦首合股向政府领取垦地的执照，共同按股出资招垦，土地垦成后则以"股"为名，后来聚成村落也以之为名。如七股乡有"三股仔"，大园乡有"四股"，五股乡有"五股坑"，埔里镇有"八股"，雾峰乡有"九股"等。

（4）"份"或"分"。开垦者合力出资垦成后，将其股份应得之土地再细分，后来其地形成村落，即以分得之份为地名。又因划分之份多以数字顺序排列，所以以某股之下第某份为地名。如头份镇有"头份"，平溪乡有"六份"，汐止镇有"十三份"，冬山乡有"九份"，新镇有"五份埔"，横山乡有"八十份"，铜锣乡有"七十份"等。

3. 移民垦荒的防御设置

（1）"隘"。开垦者为防御原住居民的骚扰，在险要的出入口设"隘"，驻有隘丁或隘勇，他们所驻的寮舍称为"隘寮"，后来即以"隘""寮"或"隘寮"作为村名。例如集集镇有"田寮""隘寮"二村，香山乡有"南隘""中隘"二村，大溪镇有"头寮"等。

（2）"堵"。"堵"是筑土石墙以防堵的意思，设在原住居民出没的要路之处，以防其侵入垦地，按设"堵"的次序，编号为头、二、三堵，后来于"堵"之处形成村落，即以之命名。例如宜兰市冬山乡有"头堵""二堵""三堵""四堵"，基隆市七堵区有"五堵""六堵"等里。

（3）"围"。所谓"围"，是土堡周围以土、石垒筑的墙垣。垦首招募垦民开垦，用此种办法来防御原住居民的骚扰，在今头城镇设置"头围"，后来发展至"四围"。有的"围"不以建筑时间先后编号，而冠以筑"围"的材料、人物或位置。后来在"围"之处形成村落，即取该围为名。例如头城镇有"头围""二围"等，冬山乡有"茅埔围"，三里乡有"张公围"，礁溪乡有"紫围"等。

（4）"城"。"土城"（或称"涂城"）也是筑土墙于周围，以防御侵扰，往往建于与原住居民族群接界之处。例如八里乡有"旧城"，新店市有"头城""二城""城仔"等，土城乡有"土城"，大里乡有"涂城"等。

4. 作为划界的标志

（1）"土牛"。在官方划定的汉人与原住居民的分界线处，筑土为垒，其状如卧牛。"土牛"与红色分界线作为分界的标志，严禁互相逾越。后来周围形成村落，取"土牛"为名。例如头份镇有

"土牛口",石冈乡有"土牛"。

（2）"石牌"。在原住居民与汉人居住处设分界线，竖石牌为界碑，禁止汉人侵入原住居民住界，此类石牌兼作为里程标志，或刻有官府禁令、告谕等。后在此形成村落，即以为名。例如台北市北投区有"石牌里"，通霄镇有"五里牌"，彰化市有"石牌里"，基隆市有"石碑仔街"，台中市西屯区有"上石牌"等。

5. 以土地面积为标志

（1）"甲"。荷兰人据台之时，以"甲""分""毫""厘"为单位计算土地面积。以"甲"命名村落，表明村落地域耕地之面积，"甲"后附"园"或"埔"，即表示旱田及未耕埔地之面积；仅有"甲"字，则为水田之面积。例如高雄市左营区有"二甲巷""五甲巷"，台北市龙山区有"八甲庄""八甲街"，新竹市东区有"九甲埔"，台北市大安区有"十二甲"，台中市东区有"十甲仔"，等等。

（2）"张犁"。垦户垦耕田地五甲，即配以一张犁，所以土地面积为五甲，称为一张犁份，或只以"张"为名。例如台北市松山区有"三张犁"，台中市北屯区有"四张犁"，台中市北屯区有"上七张犁"，新竹市东区有"二十张犁"，等等。台湾汉人居住之村落的命名，带有垦殖移民的浓重色彩，大陆移民对台湾的开发做出了重大贡献，台湾与大陆有着密不可分的联系。

（四）村落的宗教信仰深受原祖籍地的影响

入台的大陆汉人以地缘或血缘关系组成的村落，因与外界联姻、商业及交通发展等，村中不同姓氏的居民大大增加，所以由各种姓氏居民组成的村落，已成为村落组织结构的基本形态。不同姓氏的居民，在长期的和平共处过程中逐渐融合，地缘关系的观念淡薄了，村落中的祭拜，也由祭祀一姓祠庙为中心，转为以祭祀同一村落居民共同膜拜的神祇为中心。这些神祇都来自大陆祖籍地，如妈祖、保生大帝、清水祖师、三山国王等。各村落以各自膜拜的共同神祇作为保护神。这些神祇的庙成为村庙，或称为公庙。村庙超越了血缘关系和地缘关系，有利于组织成居民共同自治的村落。村民膜拜共同的神祇，共同商议村务，组织防御，有利于化解宗族或地域间的械斗。村落既要执行县、乡所交给的政令和任务，又必须管理村内公众的设施、事务和活动，具有双重的职能，从自然村落逐渐成为政治性村落。作为最基层的行政机构，村落在稳定和巩固基层政权、治理基层民众方面，发挥着县、乡行政机构难以起到的作用。为了保证村落职能的发挥，一般设有村规和禁约。村落信仰的地域范围仅限于一个村落，村落中的居民认同信仰和膜拜一个主要的神祇，村落中有供奉这个神祇的庙宇，有祭祀的行为和活动，并有人员管理。

　　台湾汉人村落的信仰是从大陆移植的。在开垦初期的移植阶段，汉人来台者为在陌生的环境中保证生命的安全和事业的顺利，把所信仰的祖籍地神祇作为最大的精神支柱而随身携带，到达台湾后，把神祇供奉在垦地所在地。形成村落后，就兴建庙宇，把原供奉在家中的神祇移进庙宇，作为村落的保护神。其后迁入该村落居住的同祖籍的村民，因信仰相同，也加入了膜拜的行列；而非同祖籍的人，也因祈求村落保护神的保佑，成了该神祇的信徒。例如台湾云林县的元长乡早先是元长里，清代中叶，泉州南安县芙蓉乡的李姓兄弟，迁移来台时为求海途平安，即奉请祖庙神祇保安大帝随行护佑。安抵台湾之后，寻得膏腴旷野，开垦事业有成，人丁兴旺，居地渐成村落。李氏感念保安大帝恩德，乃由李水田、李符两人倡建庙宇，定名为元长鳌峰宫，供奉保安大帝为保护神。其他迁入该村落的各姓，也跟着信仰保安大帝。又如台南县安定里有个湄婆宫，供奉天上圣母。这神像随林姓从福建湄州入台定居安定里，先是建庙宇于后掘潭供奉，后来迁入的开垦者渐多，形成名为"顶八庄"的村落，居民均信奉天上圣母。

大陆人携家带眷入台的渐多，他们在台湾立足、事业成功之后，为了不忘家乡，往往把家乡所供奉的保护神分香到台湾来。例如位于台湾万华的清水祖师庙，迄今有两百多年的历史。庙中供奉的清水祖师，就是从泉州市安溪县湖田乡的清水岩分香而来的。在万华本地居住的多是安溪人，他们奉清水祖师为保护神，十分虔诚。在台湾，凡有安溪人的地方，均有清水祖师庙。

台湾移民村落所供奉的神祇被视为村落生产和生活安全的精神支柱，受村民共同虔诚膜拜，除了平时有事烧香祈求之外，每年都定期举行大典活动。例如宜兰县头城镇大坑里协天宫，俗称帝君庙，主祀关圣帝君，创建于清同治二年（1863），每年于农历正月十三都举行春祭，全村居民都以牲醴供神，有巡境活动、过火仪式，祈求风调雨顺、国泰民安，并演戏酬神。居民还设宴宴请亲朋好友，联络感情，互祝平安。村落共同信仰的保护神，从大陆原祖籍地带来或分香而来，具有一定的地缘性。如从泉州来的移民村落，多奉妈祖或清水祖师为保护神；从漳州来的移民村落，多奉开漳圣王为保护神；从同安来的移民村落，多奉保生大帝为保护神；从粤东来的移民村落，多奉三山国王为保护神；奉关圣帝君为保护神的，则漳、泉的移民村落都有。村落一般都建有全村共同信仰的乡土保护神庙宇，使得台湾此类的庙宇甚多。村落的共同信仰，融宗教、村落自治、教化和娱乐为一体，有利于社会的安定、经济的发展和人才的培养。

第二节
东南传统村落的价值认知

一、历史传承价值

传统村落具有巨大的历史研究价值。东南传统村落中的文物、古建筑、风俗习惯等均蕴藏着丰富的历史内涵与意蕴。这些精美的建筑艺术或优秀的文化传统对于现代的建筑学和农村社会经济的发展都起着不可忽视的作用。

例如存在于闽西三明地区的土堡就是与客家土楼不同的另一类古建筑样式。关于土堡的出现主要有两种观点：一是认为土堡由城堡、坞堡演化而来，土堡夯土技术是由两晋时期"衣冠南渡"的中原人带来的；二是认为早在3500年前三明的先民们就会用土来构筑建筑物中的墙体，土堡是土生土长的防御性建筑，是由山寨演变而来的。虽然两种观点相左，但土堡是封建社会动乱的产物，土堡始出隋唐的结论是一致的。如果《宁化县志》记载的巫罗俊筑堡卫众的史料确实的话，闽中土堡的始出年代可追溯到隋末唐初时期。宁化最早的土堡全为方形，防卫功能与城堡无异。其规模庞大，可以容纳整个家族居住，这是客家人立足未稳需要群居而创建的特殊居处。但当时的土堡与明清时期的土堡有一定差异，只能说是闽中土堡的初期。宋元时期是土堡的发展期，土堡在三明及其他地区兴起，而且防御设施进一步完善。明末清初，由于朝代更替，朝廷腐败，社会动荡，闽中地区屡受流寇骚扰。为了便于集体防御，又兴建了大量的土堡。这个时期的土堡开始呈现丰富的种类和形制，出现了前方后圆和不规则的平面形状。随着社会治安的好转，土堡的防御性逐渐减弱，由原来的防御为主，转变为居住为主；防御对象由原来的土匪流寇，变为小偷、强盗。从清末到民国时期，所建造的土堡与一般民居住宅的差异性变得更小，规模也更小。

闽北的坂头花桥坐落在政和县杨源乡坂头村蟠溪之上，始建于明正德六年（1511）。坂头花桥是单孔木构楼阁式石拱廊桥，被誉为"福建省最美廊桥"。桥南北走向，全长50米，宽7.5米，净跨12.2米，孔高5.5米，廊屋中亭高10.5米。坂头花桥的建筑风格颇具宋代遗风，整座桥的设计既考虑功能的完备，又兼顾了外观造型的美感，是我国现有石拱廊桥不可多得的典型范例，具有极高的历史、艺术和科学研究价值。桥平面建筑面积为380平方米，上书楹联30余副，13开间，柱子6排，其中2排12根，4排14根，共有80根。桥内东侧辟有一条通道专供禽畜行走，这种格局在全国也是罕见的。廊屋的设计特别精美，集楼、亭、阁、桥为一体。桥中亭和两端桥亭上有阁楼，阁楼重檐歇山顶。主楼三层翘檐，两侧偏楼两层翘檐。每个翘檐下挂有风铃，现存9个，风动时铃铛作响，根据气象及气压原理可预报天气。主楼东面写有"文昌阁"，西面写有"人杰地灵"。主楼的二楼有三个房间，偏楼楼上各有一个房间。主楼的房间中，正中一间是专供读书人考试用的，在其背面摘写王勃的《滕王阁序》，为民国初期湖北书法家徐庆澜书写。在挂幅两边有"陶菊周莲""韩潮苏海"等书法。因此说花桥是一条包罗万象的书画艺术长廊，在福建省众多的古桥中独具风韵。廊屋内中亭有八角斗拱藻井及八角覆斗式藻井，两端有圆形覆盆式藻井。中亭正中为五层镂花斗拱，圆心是一朵莲花。藻壁彩绘"春满人间""桃园结义""铁杵成针"等人物故事及花卉图案。丁头拱、雀替均雕饰花卉图案，外露梁枋均施彩绘，或书写联句，桥柱上均

图 2-8　位于蟠溪上的坂头花桥
（图片来源：政和县杨源乡政府）

有刻书楹联。桥廊内西侧及两端设有九个神龛,正中主神龛是"观音大士",左边是"魏虞真仙",右边是"许马将军",左右依次是"林公大王""福德正神""真武大帝"和"天王菩萨"。桥北头神龛是"通天圣母",桥南头神龛为"陈桓、陈文礼二公"。廊屋东南、西南、西北、东北有四个门,门楣上都写"花桥",里面分别写"彼岸仙缘""此邦遗爱""大开甘露"和"直步云霄"的字样。廊屋两旁采用三层风雨板遮挡,最上一层风雨板上开设若干圆形、桃形、扇形等通光小窗。

东南传统村落保留众多的传统习俗。如闽北杨源乡坂头村在每年农历五月,都会举办端午节走桥及扔粽子等民俗活动,全村男女老少在花桥上燃香走桥,往蟠溪里扔粽子以纪念屈原。还有请"新娘茶"习俗,就是在每年端午节的前一天,也即农历五月初四,村里所有在这一年内(从上年端午到本年端午)娶新媳妇的人家,都要备办丰盛的"端午茶"来招待众乡亲。

闽西北武夷山脉的吴屯红园下山自然村,保存着一种古朴的武夷妇女摆茶习俗。这种茶俗,婆媳母女相承,流传千年,是村里妇女调解邻里之间、婆媳之间矛盾的重要途径。据说以前在农村,男人上山下田做活,妇女忙完家务之余,相互串门聊天,消闲遣兴,平常摆茶聚聚、说说话,增进村里人的情感。这种茶俗不同于工夫茶,选碗不用杯,没有繁文缛节,两三人即可入席,后来者随时加入。席间所品之茶并非当地有名的乌龙茶、红茶,选用的是高山种植的绿茶,经轻微炒青后泡在大壶里作为"茶娘",加茶时,每碗先加六分白开水,再注入些许"茶娘";茶点则是甜槠、豆渣饼、地瓜干、南瓜子以及亲手制作的农家小吃。而且还有一个奇怪的规矩:只能妇女上桌,男人不能参与。妇女坐下来摆茶喝茶,增进邻里、婆媳关系，心平气和地化解矛盾，久而久之，形成了一种习俗，成为妇女聚会话家常的一种形式，这种聚会也由母带女、婆带媳而得以一代一代相承。这种摆茶习俗为维持和谐的婆媳关系和邻里关系起到了非常独特的作用。

闽东福鼎市管阳镇西昆村有一个孔姓后裔村，保留了较为完整的与孔子相关的文化与民俗。除了接北斗、祭魁星外，该村还有书灯田的习俗。为了使该村更多孔姓后代能读好书，以家族的形式在族田中置办一块田产，把地租收入专门用于后辈晚上读书所耗油费，以鼓励家族成员发愤读书。近来西昆的书灯田文化与当地独特的红米种植联合，推出了书灯田文化红米品牌产品，深受大家青睐。

二、经济价值

传统村落中保留许多传统生产技术、传统手工艺，通过发展旅游能为村民带来经济收入。开发利用传统村落的经济价值，是其能够持续发展的重要依托。这种"文化资产"现在已经越来越为广大群众所重视。

闽东永泰县嵩口镇月洲村至今保留着古朴风格与原生态。位于月洲村的文隅寨，大名宁远庄，造于清乾隆年间，起建者为文林郎张谦。张谦是永泰历史上第一位进士张沃的七世孙，文林郎在清代时为正七品文官所授的散官名。虽不是职官，张谦却没少处理乡里事务，据说乡众也乐于将纠纷交由张谦裁断，"宁为张公所短，勿为刑罚所加"。月洲村是"福建省生态文化村"与"福州市最美文化村"。因为桃花溪在村中绕了个大弯,流成"月"字,又分隔出一个沙洲,月洲村由此得名。走进月洲村,总有一种浓浓的文化气息扑来。南宋著名爱国词人张元干故居的院子里长满李树,与古宅相映成趣。可以想象,当李树花开时,白茫茫一片,是何等的诗情画意。

目前,嵩口镇正在突出重点进行乡村建设,目标是将月洲村等多个传统村落打造为特色品牌名村,带动周边村落与全镇的旅游发展。一是打造成教育灵地,月洲走出了永泰县第一个进士张沃,宋、明、清三代共出了1位状元、2位尚书、48位进士,演绎了张肩孟父子六人六进士六同朝,祖孙三代十八条官带的科举辉煌。所以,首先要把月洲建成崇尚教育、报效祖国和爱国主义的教育基地。二是打造成信俗圣地,因为月洲是张圣君出生地。张圣君是闽台最为著名的农业神,是福建省三大民间信仰之一,是闽台文化交流的重要纽带,张圣君信俗文化很有挖掘意义。

月洲是中国东南沿海和东南亚一带张氏华人的发祥地之一,据不完全统计,自月洲发展的张氏后代有200多万人。另外,永泰是李果之乡,月洲的李果种植集中成片,具有产业优势。基于这些多元发展,月洲有望建设成为集寻根问祖、信俗朝圣、文化交流、旅游观光、购物休闲、温泉休闲的旅游胜地。

"坦洋工夫"是福建省三大工夫茶之一,是福安市历史最悠久、最具潜力的茶叶品牌,并获批"国家地理标志产品"。闽东福安市的坦洋传统村落是在明末清初发展起来的一个村落,以植茶、制茶、营茶而走向繁荣,村中积淀着深厚的茶文化,潜移默化到了人们日常生活的方方面面。茶叶贸易的繁荣也促进了坦洋传统建筑的发展,不仅发展了热闹的茶行街、36家茶行,而且还兴建了大量规模宏伟

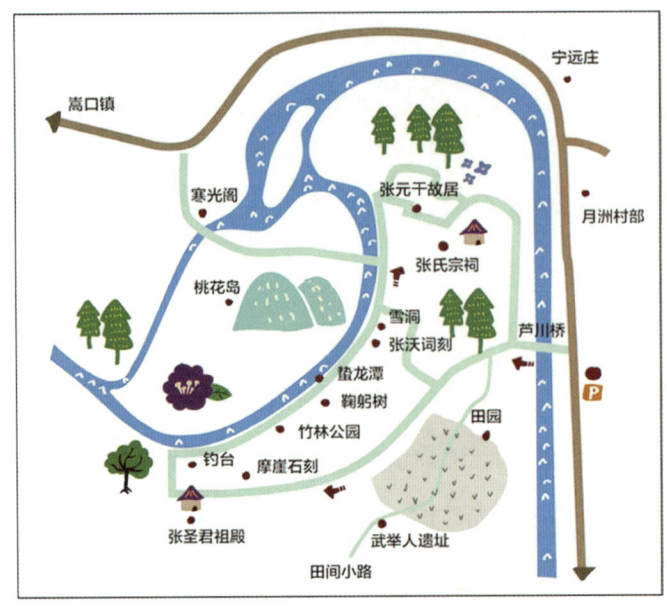

图 2-9
月洲村导览图
（图片来源：永泰县嵩口镇政府）

的民居、祠堂建筑。坦洋现在保留下来的一些独特的民俗风情、生活习惯、民间制茶工艺与民间艺术等，也让坦洋这个山清水秀的村庄拥有了独具特色的历史文化背景，充满了让人想一探究竟的神秘感。相传在清咸丰、同治年间，"坦洋工夫"由福安市坦洋村人试制成功，迄今已有 100 多年，产区分布很广，以福安市坦洋村为中心，遍及福安、柘荣、寿宁、周宁、霞浦及屏南北部等地。

棕衣是以前农民下雨天在田地劳作必备的用具。它透气吸汗、穿戴方便、实惠耐用，但现在已经很少见了。福建省南平市政和县杨源乡洞宫山区的洞宫村还保留着编制棕衣的技艺。洞宫村的黄成焕老人描述了编制棕衣的基本工艺流程：首先是备棕料，爬上村头村尾、屋前屋后的棕树，剥下棕料并将其晒干；其次是剪棕骨、拔棕毛、抽棕丝，将片片棕料整容去其杂质、留其精华；

图 2-10
洞宫村制作棕衣技艺
(图片来源：政和县杨源乡政府)

其后是捻绳线、打绳子、铺棕片、串棕衣；最后是整合拼装，一件棕衣有上下两截，下身叫围裙，上下身靠挂子将其连接成件。这一道道工序，要两三天时间方才将一件棕衣制作完成。现在农村雨天下地干活的人少了，棕衣需求量也少了，但在农村一直到现在还有不少市场，平均一个月也会卖掉四五件，现在一件要卖400元。制棕衣是个体力活，年轻人现今都外出淘金了，对制棕衣不感兴趣也不想学，留在村里的都是七八十岁的老人们，这门手艺有失传的危险。但棕衣因为艺术性与乡村记忆的原真性，还是吸引了众多的城里人纷纷购买。

闽东北的宁德市屏南县北村还保留着黄酒酿造与红曲制作的古老技艺。明万历《屏南县志》记载，"田家多制曲"，说明屏南红曲与黄酒已很盛行。清光绪江若干编写的《屏南县志》还对制曲水稻"降来壳"有专门记载。路下、古厦、长坽、北乾诸乡均有白曲、红曲两种，出售至外省。清代以来，屏南红曲与黄酒销往邻县及福州、上海、宁波、天津各地。当地制作红曲的主要原料有曲种、曲醋、晚米。工艺包括浸米、蒸饭、入曲房、出曲等四道主要工序。红曲制作工艺注重严把选料关，严格控温与发酵。产品有库曲、轻曲、色曲三种。传统黄酒酿造原料包括水、糯米、红曲。酿造工艺包括浸米、蒸煮、冷却、入坛、发酵管理、压榨、澄清、装坛、温酒、储藏管理等。为了保护传统红曲制作与黄酒酿造技艺，当地政府选定一批酿酒技艺遗产传承人，开展技艺传承与保护工作。同时，通过公司和农户以及引资做大做强传统制曲与酿酒产业，促进传统产业升级与发展。

三、社会价值

在东南传统村落中，保留着大量的传统观念和风俗习惯，崇尚为政清廉、爱国重教等方面，依然具有巨大的社会价值值得我们去借鉴、去学习。这些传统村落为当代中国人寻觅"乡愁"提供了一个可以依托的物理空间和心灵空间。而当代人之所以要保护传统村落，并非仅仅因为这些村落是过去生活的记录，更重要的是因为其蕴含的文化背后，是中国文化和中国精神的缩影。

中国古代的廉政文化源远流长，而体现得充分的还数福建省福安市的廉村。闽东福安市溪潭镇廉村，位于穆赛溪西岸，系"开闽第一进士"薛令之故里。唐神龙二年（706），村中学子薛令之考中进士，成为"开闽第一进士"，官至左补阙兼太子侍讲。因薛令之为官清廉，其学生唐肃宗为嘉叹恩师廉洁、刚直的高风亮节，赐村名为"廉村"，是中国唯一由皇帝敕封、以"廉"字命名的村庄。唐宋时期，这里人才辈出，文风大振，出了33名进士而以"进士村"远近闻名；明清时期，这里成为交通要道和重要物资集散地；革命战争时期，这里成为闽东革命根据地基点村之一。廉村始建于梁天监年间，整个村庄还是保持唐宋明清遗址格局，传统建筑以明清风格为主，现存古城堡、古官道、古码头、古祠堂、古民居、古木雕、古石雕、古字画以及大量的民俗文物。廉村人受薛令之廉洁遗风影响至深，民风朴茂近古，历来读书人崇尚廉洁，踏入仕途者回乡时"率多空囊"，百姓则安于男耕女织，勤劳淳厚。至今廉村传统民俗活动有：正月初九迎请林公大王，村中鸣铳焚香，老少聚集，场景壮观；冬至日祭祖，冬至日起祠堂通常上演三天六本闽剧，宗祠族长重申村规民约，弘扬中华民俗传统文化；薛令之先生中举日，举行隆重的纪念仪式。廉村在薛令之文化熏陶下考生增多，为廉村文化增添风光。作为

图 2-11
廉村的廉政文化刻石

中国廉政文化第一村，廉村现已逐步开辟成为福安古文化旅游地，也作为当前廉政文化的重要教育基地。

海南省澄迈县的传统村落还蕴藏了维护国家统一的爱国主义精神、崇尚宗族和尊师重教的文化传统以及以军坡节为代表的非物质文化遗产。石矍村全村姓冯，是冯氏先祖在海南最初的居住之村，号称"海南冯氏第一村"。现有300余户，1500余人，目前村内所居冯氏便是冼夫人及其丈夫冯宝的后裔。冼夫人原是岭南地区历南朝梁陈两朝和隋代的少数民族首领，深受本部族信赖。在南朝梁时，冼夫人以南越部族首领身份"请命于朝"，在海南岛置崖州，海南岛至此之后便一直由中央政府统辖。石矍村至今保存有冼夫人及其后裔墓群、海南冯氏大宗祠及阳夏庙等重要文物古迹，是海南冼夫人文化的重要发源地之一。目前，在石矍村周边众多火山岩传统村落中，每村基本上都有冼夫人的专祠，或在本村的境主庙中设有冼夫人的牌位，冼夫人身上所体现出的维护国家统一的爱国主义精神，也由此已经内化为澄迈传统村落共同的精神文化财富。

军坡节是澄迈传统村落民间最负盛名、规模最大和独具海南特色的民俗文化。军坡节来源于中原地区的庙会，主要是纪念冼夫人。每地军坡节的日期便是以当年冼夫人出征实际到达的时间而定，石矍村在农历二月初一，马村在农历六月十六，博罗村在农历二月初十至十二，儒昂村在农历正月十九，扬坤村在农历二月十二，荣堂村在农历正月十二，这六地的军坡节被收录入澄迈县非物质文化遗产名录。每年从农历正月到五月底，澄迈各村落便在固定的时间闹军坡，其中军坡节又分为"公期"和"婆期"，而"公期"又分为"大公期"和"小公期"。各村落的村民便历经卜选

"公头"、斋戒退神、拜祭公祖、装军、扛公游行、穿杖、"过刀山、上刀梯"等过程,于"上朝斋"后,军坡节正式结束。正是有这些传统村落,军坡节这种传统文化形式才能持久地传承下来。而且,也正是在这种文化传承中,冼夫人维护国家统一的爱国主义精神以更加为人民群众喜闻乐见的方式不断发扬光大,并深入到当地人民的心中。

北宋苏轼因"乌台诗案"被贬海南岛,就是在澄迈县老城镇通潮阁登陆的。此后澄迈县乃至整个海南文风兴勃,本地尊师重教的风气也由此开启。在海南火山岩传统村落中,儒峨、谭昌、龙吉等村尚遗留有当时的学堂书院建筑,其文化意义不言而喻。老城镇龙吉村之南通德堂学堂为清代所建,坐北朝南,四合院落布局,抬梁式木石结构,山门石条"通德堂"三字乃明代进士张岳崧所题。传统村落居民对于中科举的文化人亦是十分尊崇,至今在罗驿村亦存有明代景泰年间为李金中举而专门建立的步蟾坊。

图 2-12
澄迈县老城镇罗驿村
步蟾坊

书院的广泛存在，即是当地居民尊师重教的文化观念的重要物质载体和直接体现。

四、美学价值

东南传统村落蕴藏着丰富的民间艺术，如戏剧、民乐、表演、造型艺术等。这些民间艺术既是历史的积淀和传承，又是中国农耕文明的重要载体。

闽北政和县杨源乡的四平戏被誉为"中国戏剧活化石"，是福建省流传的汉族地方戏曲剧种之一。四平戏又称"四平腔"，是由明代中叶流行的四大声腔之一的"弋阳腔"演变而成，嘉靖年间盛行于徽州（今安徽歙县）一带。明末清初，四平戏随商人、官员等

图 2-13
杨源村英节庙里的
四平戏演出

图 2-14　四平戏剧照

传入福建的政和。而作为一个曾经独立的剧种，由于昆曲等新剧的兴起，四平戏逐渐衰落，几乎绝迹。连《辞海》的释文中也称四平戏不再以独立的剧种形式存在，戏曲史的专家们也都认为它不复存在了。20 世纪 80 年代初期它被戏剧界重新发现，2006 年入选第一批国家级非物质文化遗产名录。

四平戏唱腔属于高腔系统，古朴粗放，优雅动听，句末帮腔用拖音演唱。道白使用一种介于普通话与当地方言之间的"土官话"，剧本无谱有调，唱腔完全以口头方式代代相传。四平戏表演艺术既古朴粗犷，又优美自然，雅俗共赏，富有生活气息与民间色彩。前些年，受电视和网络等媒体的冲击，四平戏一度出现演员断层现象，好在近年来，政和县政府对四平戏进行保护和扶持，县文化部门开展了四平戏相关资料的收集和整理等工作，新编了四平戏《御赐县名》剧目，并将四平戏列入政和文化品牌项目建设，计划打造一部独具政和特色的文艺作品，为政和旅游经济发展助力。

杨源乡杨源村的四平戏由张姓子孙传承。杨源村现存一座英节庙，建于1662年，庙内有一座古戏台。杨源村四平戏源于明代"稍变七阳"的四平腔，戏曲界称其为"中国四平戏活化石"和"明代四平腔的遗响"。四平戏自明代后期传入屏南以来，至今已传15代。每年农历二月初九及八月初五，杨源村就要出演四平戏三天三夜，世代沿袭不断，传承至今。另外杨源乡禾洋村的四平戏则是以提线木偶的形式出现，于每年农历七月二十五演出，也是连演三天三夜。

广东省广州市番禺区沙湾镇北村具有800多年的历史文化，古街巷建筑布局精妙，大街小巷均采用花岗岩石板铺砌而成，辖内有省级文化保护单位留耕堂、光裕堂、车陂街等古建筑群，堪称岭南古建筑的代表。久负盛名的"沙湾飘色"，是当地从明末清初流传至今的民间艺术。"飘"即飘在空中，"色"即景色，飘色就是飘起来的景色。沙湾飘色因色彩艳丽、色梗钢筋纤细、造型典雅、装置奇妙、内容新颖等特点闻名于海内外。飘色以游动队式的立体舞台来表演，每一板色都以一个150厘米长、77厘米宽、63厘米高的色框做小舞台。台面上坐立的人物造型称为"屏"，凌空而起的人物造型称为"飘"。两者由一条精心锻造的钢枝（色梗）连成一个有

图 2-15
沙湾飘色

机整体来表现某一故事。"沙湾飘色"一般是在农历三月初三举办，届时与其他村的飘色队伍一起表演，热闹非凡。沙湾飘色是不可多得的民间艺术瑰宝，北村的"哪吒伏魔""赛龙夺锦""嫦娥思乡"等美名远扬，多次获国家及省、市的艺术大赛奖项。另外广东音乐名家何博众，"何氏三杰"何柳堂、何与年、何少霞等人都曾居住在沙湾，乡内外众多音乐高手聚集在此，共同切磋，创作出《赛龙夺锦》《雨打芭蕉》《饿马摇铃》等广东音乐名曲。

广东省佛山市南海区桂城茶基村的十番锣鼓蜚声海内外。"十番"起源于唐代，是凯旋乐的一种，流传于北方，明代盛行于江南。明代永乐年间，安徽、江浙一带的流浪者到佛山表演十番锣鼓谋生，有村民学习后，开始在佛山村内流传。现在包括安徽、江浙一带的"十番"打击技法都已经失传，就只有茶基村还保留着这一传统的表演项目。"十番"即有10种乐器，包括高边锣、大文锣、翘心锣、企身鼓、群鼓、沙鼓、响螺、大钹、飞钹、单打等 10 种伴奏乐器，按 10 种乐器打法，轮番敲出 10 段音乐。这些乐器中，飞钹是"十番"表演的核心，表演者手持两个铜钹，其中一个铜钹用绳索绑着，将绳索绕着手臂固定，然后让飞钹在空中环回翻飞，合着锣鼓节奏，与另一手所执的铜钹配合擦击，发出喳喳声。飞钹有高飞、低飞、回头飞等众多花样，表演时配合脚步、鼓声，整体十分悦目。20 世纪 30 年代以前，佛山行政区域内的 25 个铺都有十番队，在佛山甚至有"无十番不秋色"的说法。

图 2-16　茶基村的"十番"表演

至今却仅剩南海区茶基村的十番会"何广义堂"了。也因此，茶基村的十番队伍，以"佛山十番"的名义于2008年6月入选第二批国家级非物质文化遗产名录。"洒金钱""局古人""钹起""长锣"等古雅的名字，就是如今茶基"何广义堂"十番会依然流传的曲牌，其中长的可以演奏20分钟，短的也有10多分钟，十种乐器上百个不同的音节，上百年的传承，全凭老艺人的记忆。出生于1927年的何汉然，因为飞钹表演较村中其他老人更胜一筹，而被定为"十番"非遗传承人。

五、科学价值

古代的乡村生产方式和生活方式蕴含了大量的古人智慧，也反映了古代建筑、医药、生产、水利工程等方面的科学价值。收集整理、研究探讨这些乡村遗留的古代科学，有助于我们借鉴古人的智慧，创新科学理论和实践，树立民族文化自信，增强民族自豪感。

万安桥位于福建省屏南县长桥镇长桥村，距今已有900多年的历史。据《玉田识略》记载，该桥始建于宋代，清康熙四十七年（1708）遭火焚，乾隆七年（1742）重建，后历代都有修葺。2006年公布为第六批国家重点文物保护单位之一。万安桥为五墩六孔木拱廊屋桥。桥长98.2米，宽4.7米，舟形墩，不等跨，最短拱跨为10.6米，最长拱跨为15.2米。桥屋38开间，用柱156根，穿斗式木构架，双坡顶，两侧设木凳。桥东端有10级石阶，桥西端有36级石阶，桥屋内檐下有13副楹联。桥西北建有重檐桥亭。穿斗式梁架飞檐走梭，顶盖双披青瓦，工艺堪称巧夺天工，气势雄伟，古朴端

图 2-17　屏南县的万安桥

庄,为中国古木拱廊桥之最,对研究古桥梁建筑具有重大价值。

　　海南的澄迈县是世界长寿之乡,而在火山岩传统村落群中又有罗驿村、大美村、石矍村等许多长寿村,长寿老人比例很高。澄迈县火山岩传统村落长寿老人多的原因:一是火山岩土地含有大量的硒元素,硒元素具有防癌、抗癌、抗衰老、美容的作用。澄迈县著名的农业品牌龙吉圣女果、龙吉贡米等便是产自火山岩传统村落中。二是当地传统村落以火山岩为主要建筑材料建成,因火山岩含有硅、钾、钠、铁、镁等 26 种矿物元素，加热后的火山岩会释放出大量雾状的能量离子，同时产生磁效应、温热效应、冷热效应，对人体非常有益。这些都是火山岩传统村落居民长寿的重要因素。对澄迈县火山岩传统村落群进行科学合理的规划、保护、建设，发展好火山岩传统村落，利用火山岩土地含有大量的硒元素，将延伸出众多的下游产业链，发展康复康体养生、富硒农产品、长寿文化等，对实现富民强村、延年益寿等都具有科学价值和研究价值。

  分析以上东南传统村落，有助于我们深刻认识这些村落保留的丰富而珍贵的文化遗产，这给我们进一步活化利用以及传承这份遗产提供了条件。实际上，当前对于传统村落的破坏可能每天都在发生，有人为的因素，有自然的因素，也有的是建设性破坏。在 2017 年春节期间闽北某传统村落相继发生两起火灾。虽然当年该村已经开始了消防设施建设施工，但就在建成运行前发生这样的事故，确实令人痛惜。因此，传统村落保护不仅重要，而且是十分迫切的事情。

第三章 Chinese Traditional Villages

中国传统村落文化抢救与研究
文化区系列

东南传统村落的物质文化景观

第一节
选址与格局

一、传统村落选址

从文化角度理解，东南传统村落多是不同时期北方族群迁移南下与当地文化融合碰撞的产物。先民带着中原农耕文明的生活经验，在异乡寻觅理想的居所，并因南岭、武夷山脉、台湾海峡、琼州海峡的地理阻隔，反而将古时中原相地选址的风俗沉淀下来。大多数村落选址都有系统的风水理论支撑，满足古人对理想居住环境的多方面要求。

（一）风水格局的延续：盆地经验

东南丘陵山地的传统村落完整地沿袭了盆地思路下的风水结构。较为典型的如闽西地区的连城县宣和乡培田村，西靠"龙脉"卧虎山，东临河源溪，村东有"案山"为屏障，远处有笔架山为朝山，怀抱中的明堂为虾形，形成斗山并峙，三台拱瑞的理想风水格局。其中"龙脉"和"案山"围合成山谷，与周围的村落划定明确的界限，山谷的豁口限制进入明堂的路径，增强防御能力；远处的朝山主要具有象征意义，是村落的门面，朝山大气且形式优美，意味着村落命运的吉利。

（二）风水格局的地方化：洋的概念

盆地风水经验在福建一带还延伸出地方性的版本，称为"洋"，强调水资源对居住环境选择的主导地位。水系的水头和水尾之间的山谷称为"里洋"，水头、水尾分别为水系流进与留出谷地的豁口。里洋内部溪流蜿蜒曲折，流速缓慢，水量充沛，在山谷中划出一片片适合居住、耕作的平坦土地。福建省屏南县双溪镇北村被称为"五凤落洋"之地，有吉祥昌盛之意，三面环山，前面是一片开阔的田地，东南和西北面分别有一条溪流环绕村庄至村尾汇聚向东流。洋的数量是影响村落规模与长久的重要因素，古田县平湖镇富达村四面环山，中间呈盆地，是一块由"七条洋"组成的高山小盆地，素有"高山平原"之美称。在此孕育出闽东地区历史最悠久、人口最多的畲族村落。

（三）人工打造的理想家园：在水中央

坐落在冲积平原上的东南村落享有极为丰富的水资源与耕地资源，但由于地势较为平坦，所面临的自然灾害与外敌侵入的风险也骤然提升。不同于山地盆地村落基本遵从原有山水格局，冲积平原上的村落在原有自然格局的基础上进行了更多改造，以驾驭其不确定性。风水理论中的"庇护"与"捍域"以及精神需求在改造自然中形成了独特的在水中央的村落选址格局。水中央的村落位于冲积平原当中，没有山地倚靠，村落通过挖塘、通河、对筑台地的办法，巧妙平衡土方。挖塘即在村庄周边深挖数量众多、面积广阔的鱼塘，并耕作大面积的水田；通河是打通村落周边的支流河道，保持与主

图 3-1　烟桥村平面图
(图片来源:《烟桥村保护规划》)

河道的相连，与鱼塘水田一起应对泛滥的洪水。挖塘造成的大量土方用于堆高村落住宅的地基，形成水中央的高地。每当洪水到来，河道疏导洪水进入下游地区，众多的坑塘可消减蓄滞大量的水流，高地上的住宅因此可以避免被淹，这就是传统村落兼顾农业生产的古代"海绵"智慧。

观察广东省佛山市烟桥村的平面图，就不难察觉其与盆地村落环境的差异，村落呈现出在水中央的格局。村周围的水系细分为护村河、荷花池（半月塘）、桑基鱼塘三类水

图 3-2　护村河

体。最早开村的时候，烟桥村的先人充分利用当地的地理地貌，在村的北面和东面修建了有 3 条水道、2 条籣竹基的防护带。护村竹林成林于清咸丰五年（1855），并依托村西面和南面的自然河流，形成一个由水道环绕全村的保护带。村前河之南北建有水闸，建于清咸丰五年，南北大道口建有炮楼，建于清末，村后籣竹围绕，仿佛一座天然堡垒。"烟桥"作为村庄的地标，也是村庄名字的来由，静静地立在河面，是村内外沟通的主道，中间的木板可以收起来，仿如烟桥村的护城"吊桥"。

在护村河涌内侧，正对村落的主要朝向挖有若干荷花池，这类水塘在广东各文化亚区中均有体现，统称为半月塘。半月塘并不以生产功能为主，而是继护村河涌之后的又一道防御屏障，可减少从正面进入村落的通道。村落整体以微坡向半月塘汇水，在极端雨水天气中不至于受灾，在干旱的时候不至于缺水。从审美角度，半月塘是村落中最主要的建筑。

（四）没有条件也要创造条件：面水而居

在水中央的村落选址建立在对自然成熟的改造能力之上，是经济以及技术水平发展到一定程度的结果。然而并非所有的村落都选址于冲积平原当中，大部分位于丘陵地区，也有的建于大山深处。无论如何，村落在选址上至少要确保有一片空间能建设水塘，这类水塘被称为"半月塘""风水塘"或"泮月塘"，"半月塘"在东南地区极为常见。在民间风俗中，门前有塘非常重要，对于聚族而

图 3-3
客家围龙屋的围龙与半月塘

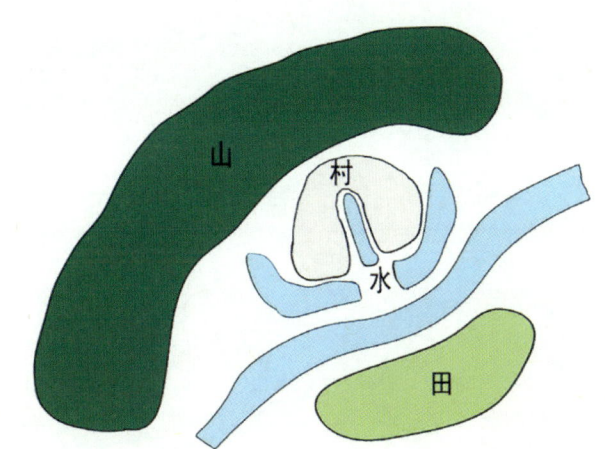

图 3-4
塱头村选址格局
(图片来源：
《塱头村保护规划》)

居的人群更是如此。村落所有的建筑都面向水塘建造，主要的巷道也朝向水塘，水塘的位置确定村落的格局。半月塘象征着"聚福凝财"，是整个村庄的公共工程，修建在祠堂前方，寓意村民无论从事什么生计，身在何方，都能风生水起。同时，村庄房屋的朝向以及屋内的空间布局都要根据祠堂的朝向而定，人们相信好的风水不仅能够告慰祖先，还能恩及当下居民的前程，最重要的是可以福荫后代。这就是所谓的"面水而居"。

面水而居的选址非常灵活，选取丘陵与山地中合适朝向的缓坡面，缓坡前有较为平缓、开阔的空间挖塘。如果坡度太陡或者坡度过缓，就利用挖塘的土方进行场地改造。因此无论是广府地区的梳状村落、客家地区的围屋村落，还是福建地区的皇宫起大厝村落都能见到此类选址的特点。

广东省广州市花都区塱头村以山体作为村落的背景与天然屏

图 3-5　塱头村平面图
(图片来源:《塱头村保护规划》)

障,村落建筑布置在中心位置,村落面对河流、池塘等水体,最外是以水田为主的田地圈层,层次关系明确又相互渗透。塱头村的半月塘是典型的传统村落民居的形态特征,以半月塘为核心的村落水系,其规模之大和完整性为珠三角地区所罕见,体现了粤中传统村落民居的风水布局理念、防御特色和生态特征。

二、传统村落格局

（一）传统村落的格局单元

传统村落的格局是在特定选址上的生长延续，充分体现了不同的自然规律、生活生产方式以及文化习俗的长期积淀。要清楚地认识村落的结构就必须认识组成村落的基本格局单元。传统村落经过长时间的发展，人口不断增加，大多形成了错综复杂的空间关系。但在改革开放之前，大部分村落在村庄扩容时所遵循的规划建设方式是类似的。于是，每一次整体建设扩容的部分可以看作一个村落的格局单元。可以说村落的格局单元是村落的遗传因子，包含完整的村落格局信息。

（二）平原村落的格局单元

梳式格局、水乡梳式格局、密集式格局（棋盘格局）三种村落格局单元分布在广东、福建、海南等地的平原、盆地以及丘陵缓坡地带，是利用平缓的地势平面蔓延生长的村落格局。

1. 梳式格局

梳式格局是广东及海南地区分布最广的村落格局单元。每个格局单元犹如一把梳子，梳子的手柄为村头的水塘或蜿蜒的河流，村落的主要巷道和建筑如梳子木齿，垂直于水体，向前延伸，形成村落的主体。严谨的梳式格局平面非常规整，建筑沿着垂直于村口风水塘的方向连续布置，每一栋建筑单体的占地面积相对统一。为节省土地资源，房屋前后一般不留间距，只在侧面保留朝向水塘或河流的纵向巷道，作为村内出入交通的必要空间，这种交通的组织关系是造就梳式格局的内在原因之一。

梳式格局是一种理想的村落格局原型。其一，规制完整的格局符合中国传统的宜居理想和传统的礼教规制。村落的正立面追求整体对称，家族祠堂坐落中央，一字排开面对着村前的水塘与河道。祠堂两侧分布有间隔均一的巷口，配以寓意吉祥的巷名，向内一直延伸至村落的靠山。其二，交通组织简单，方便管理，利于防御。梳式布局出入口仅为村落的正面巷口，两侧建筑连续，不可进入，靠山密植树林，不可翻越，因此只要守住巷口，便可防御。内部交通组织以纵向的巷道为主，十分简约易懂。部分村落还以不同的巷道划分不同的家族，方便村落管理。其三，节约土地，公平分配。在传统村落内部无论是住宅还是农田的分配都需要体现公平，否则难以实现村落团结，而梳式格局严谨均一的平面形式可以实现宅基地面积的均等化。此外平直的格局可以有效用尽一切村落空间，减少巷道交通空间的占比，实现土地资源利用最大化。其四，弹性生长，按需建设。梳式格局是一种可以按照需求弹性生长的村落格局单元，每当人口增加，即可按需延伸巷道的深度，继续向后山建设房屋，或平行增加巷道，拓展村落的面宽，直至到达自然条件限定的边界为止。因此，梳式格局通常会形成有机的村庄边界，与村落的后山、两侧的农田和水系形成和谐的关系。其五，生态宜居。梳式格局通过前水、中巷、后山的平面形式，利用水面的降温性能，形成从村前到后山的巷道穿堂风，为村落的酷暑降温。

广州市花都区高溪村是典型的梳式格局。村落坐北朝南，平面布局呈从下往上的梳子状，平整规肃，面阔约130米，巷深约90米。

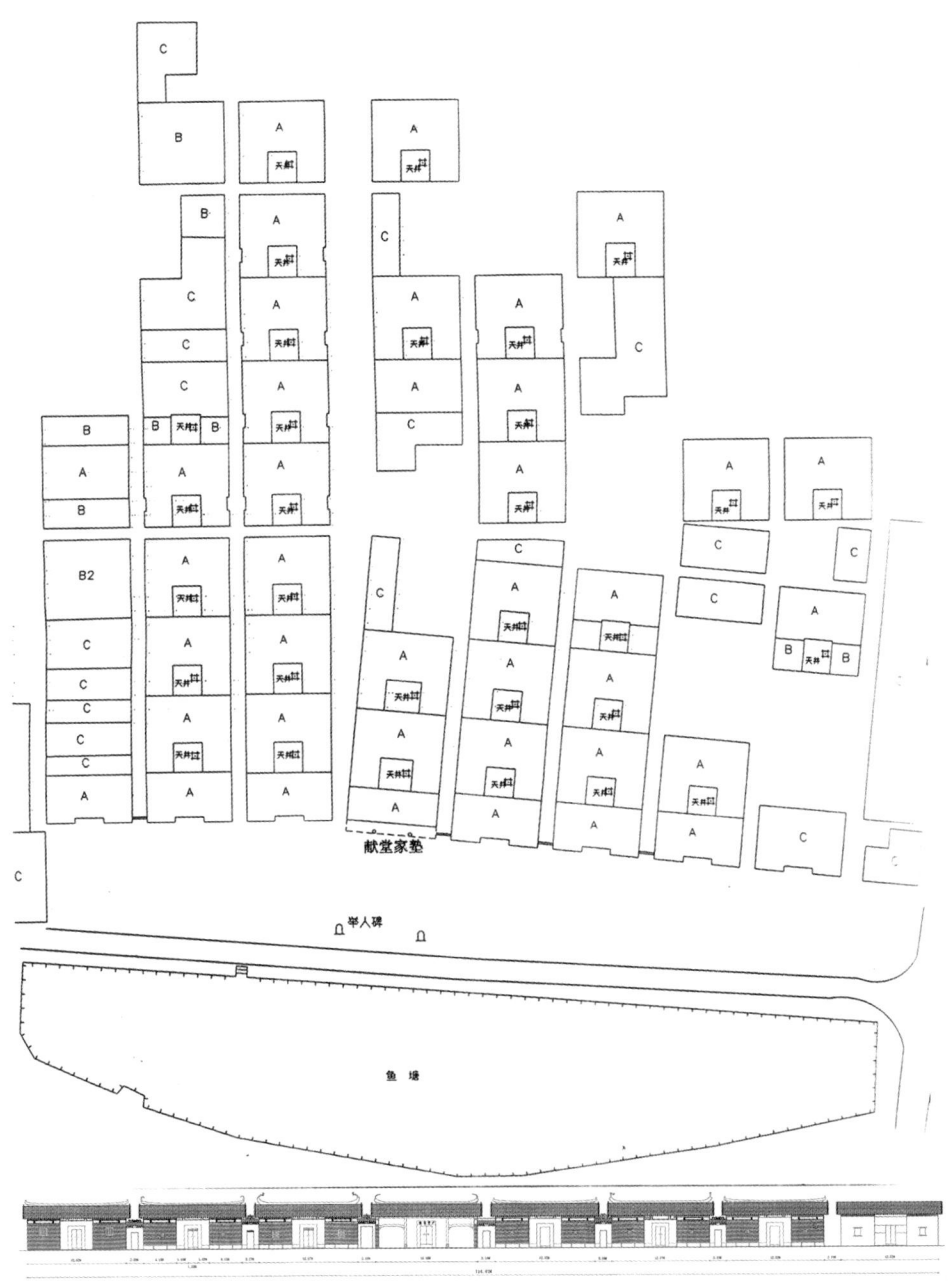

图 3-6 高溪村平面图与正立面图

（图片来源：高溪村传统村落调查登记表）

图 3-7　高溪村正立面实景

村前地坪宽广，前为一口与村面等长、面积约 1700 平方米的水塘，水塘前面是连片的水田和果园；北面和西面各有一条河涌，绕村流过。村头、村尾各有一座更楼。

　　该村建筑以献堂家塾为中轴，左右对称分布，各有民居 4 列，每列民居前后 5 座单体建筑，以横巷间隔，整齐划一，状似棋盘，以前排民居建筑最为精美，居中的献堂家塾为该村的中心主体建筑，规模较大，亦较华丽。纵巷 8 列，献堂家塾右侧的巷道比较特别，呈戽斗状，前端狭窄，后端宽阔，寓意钱财有进无出。

2. 水乡梳式格局

水乡梳式格局是梳式格局的演进版，是由水而生的村落格局。水乡梳式格局主要分布在水系非常密集的珠江三角洲的洪泛平原上，村中的水系承担着出行、清洗、休闲、宗教、节庆等一系列的重要功能。平日村民从家中出发，沿着小巷走到村中的河边，从码头划船到果林、农田作业，再将农作物装船发往市镇贩卖。村中的北帝庙、妈祖庙等水神庙香火不断，保佑村民每次出船远行顺利。每到节庆时分，水边大榕树下、水上的石板桥头都是村民最喜爱的集体活动场所。这一系列内在的活动需求，造就了传统梳式格局的转变。

为了与赖以生存的水系产生更多的联系，村落与水的关系由水在村头变为水在村中。经过村落的河涌往往不止一条，而是若干条水系形成一系列Y形的汇流空间。村中的巷道也区分为"邻水街巷"与"离水街巷"。邻水街巷沿河道延伸，形成村落中最主要的陆地交通和公共场所，祠堂建筑、宗教庙宇都面朝邻水街巷。离水街巷犹如村落的毛细血管，垂直于邻水街巷，使得各家各户出门都能以最近的距离来到水边，与传统梳式格局相似，形成了一系列梳子状的街巷空间。

广东省广州市的小洲村是水乡梳式格局的最典型代表。小洲村四面环水，形似小岛，故称小洲，亦称瀛洲，村内水道纵横、河涌密布，外人入村如入水网迷阵；世居的村民也少能厘清头绪，只能用"八卦图"和"蛛网形"等粗线条来描述。至于村中的水面，每日两度随潮汐而涨落，更是现代广州其他村落难得一见的奇观。

图 3-8
小洲村内河道

3. 密集式格局

密集式格局村落主要出现在粤东、闽南、闽西地区，是同宗或同族人为了团结集居和防御而建造的，整个村落或族人都集中居住在一个围蔽的建筑组团内，有高大围墙建筑守护，有的密集式格局甚至在一栋建筑内容纳整个族群或整个村落的村民。广东地区的围龙屋、寨子，福建地区的城堡式村落、土楼，海南地区的堂横屋等都属于这类格局。

东南地区自然条件宜人，适合居住生产，但由于北方人口不断迁入，闽南、粤东潮汕等地区人地矛盾逐步升级，分散形式的村落由于占地过多，难以抵御时有发生的资源抢掠，因此被集约建设且能守护村落财产资源的密集式村落布局逐步取代。

"密集"的意义不仅体现为空间集约，也体现在家族文化与村落的管理方面。无论是福建闽南地区还是广东潮汕地区，都受到唐代韩愈的韩学、宋代理学等传统文化思潮的影响，遵从宣扬礼制章法，尊老爱幼、长次分明。加之迁入族群与当地族群之间长期的对立冲突，强化了以家族为核心的社会组织制度，一个村落基本是一个姓氏家族的聚居。这种对礼教和家族的遵从体现在村落布局上便是"以宗祠为核心"。相比梳式格局，许多密集式格局的民居组团是比较有特色的向心围合的组合形式。中心庭院往往是宗祖祠堂，两边围绕着从厝。从厝即为居民的生活用房，在核心院落的一侧或者两侧布置，单排或者多排从厝平行而列。从厝的公共空间，无论是厅堂还是院落都指向核心院落，充分体现了对祖祠地位的尊崇以及地位中的主次分明。

密集式格局村落象埔寨始建于南宋，距今已有700多年的历史，是明、清的贸易商埠。古寨为方寨，面积为25000平方米。整个方寨外围由5米多高的寨墙围龙，由糯米灰沙构筑而成，寨墙有枪眼。全寨由一寨门进出，石砌拱顶，上有雄伟高大的寨楼，寨楼大门上有匾额"象埔寨"，并有落款，上款为"壬戌之秋"，下款为"颍川郡立"。寨内七十二座厝各有特色，没有两座是相同的，布局却非

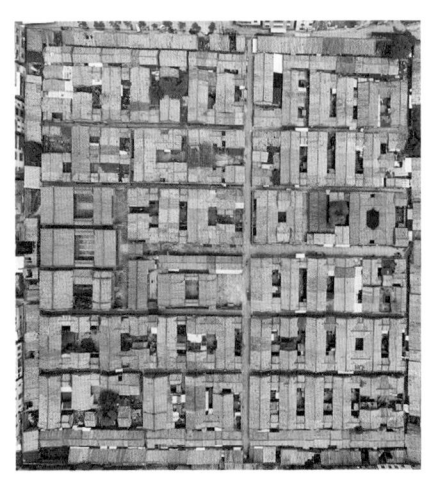

图 3-9
象埔寨的祠堂建筑群

常整齐严谨。古寨的格局，是象征长寿的"龟"形格局，但有人认为它更像翻开的书籍。

（三）山地村落的格局单元：自由式格局单元

自由式格局单元分布在山地区域，包括部分少数民族聚居村落。自由式格局主要顺应山地以及水源的趋势，尽可能少地改变自然面貌，形成有机的村落肌理。

福建省三明市尤溪县桂峰村位于大山之中，整个村落依山就势，分布于三面环抱的山坡上，远观村落建筑层叠相连，错落有致，走在村中，曲巷通幽，外有山体环抱，旁有溪水相伴。桂峰村曾经在尤溪至福州的一条官道上，尤溪的达官贵人、商贾小贩往返福州必经此地并在此食宿。该村是南宋中后期建成，由于当时政治、经济中心南移，族长蔡长承祖训避世筑居、耕读传家，选择桂峰成为他的落脚之地，在山中开辟一片天地。

粤北连南地区的瑶寨是自由式格局中较为有规律的。瑶族有许多分支，其中经常迁徙居住地的称为"过山瑶"，他们的祖先以耕山为主，有"食尽一山过一山"的说法，由于迁徙无常，村落处于不断调整和变迁之中，流动性较大，因此"过山瑶"居住在简易的"茅舍板屋"中，没有长期固定的村落与建筑。瑶族中有固定居所的称为"排瑶"，"排瑶"占瑶族人口的绝大多数，"排瑶"居住的村落称为"瑶排"或"排"，其中较小的村落称为"冲"。

南岗瑶寨位于广东省连南县城西南，建于宋代，至今已有1000多年的历史，瑶寨建于海拔803米的山地上，鼎盛时有民居700多

第三章 东南传统村落的物质文化景观

图 3-10 桂峰村

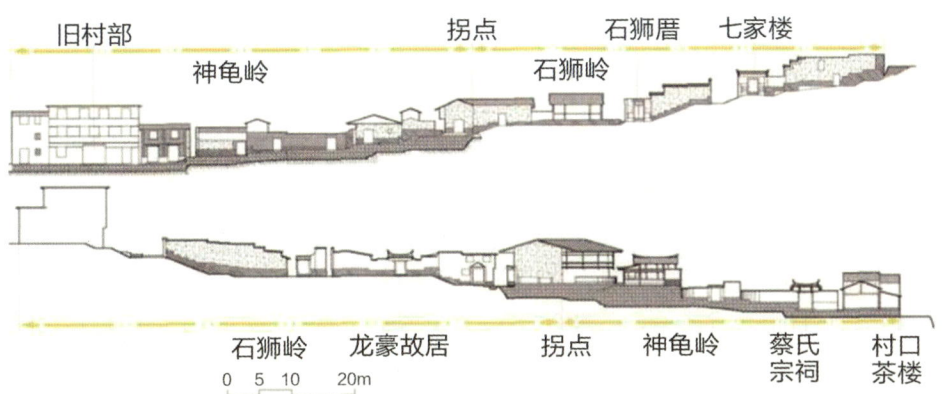

图 3-11 桂峰村村落剖面图[1]

---

[1] 张鹰，陈晓娟，沈逸强. 山地型聚落街巷空间相关性分析法研究——以尤溪桂峰村为例[J]. 建筑学报，2015（2）：90-96.

图 3-12　南岗瑶寨

幢、1000多户、7000多人。连南的瑶族一共居住在连南境内的八座山峰上，称为"八排"，后称"八排瑶"，南岗瑶寨格局规模居于首位，被称为"首领排"。村庄原本为分散式布局，后于明清时期形成"瑶排"格局。古排内的建筑依山就势，一排排房屋沿等高线展开，前后排房屋逐级而下，重重叠叠，整齐有序，"瑶排"也因此而得名。

广东雷州地区与海南部分山间盆地也有自由式格局的传统村落。例如海南黎族的"合亩""村"与"峒"，合亩是由一个父系家族组成的小聚居点，村是由若干家族组成的村落，峒是指由若干村庄聚居组织而成的较大型的聚落。海南山间盆地的可耕地非常分散，每一片土地的承载能力有限，每个聚落的人口都不会很多，村庄建筑之间不需要靠严谨的空间排列来解决人多地少的问题。加之村落中的等级和贫富差距较小，在礼制上不存在严格的主次关系，最终产生了自由式格局。

雷州半岛的山间盆地也同样是耕地分散。鹅感村位于雷州半岛西部，该村三面环山，一面临河，坐落在山岭环抱的盆地中央，村前舍后傍山依水，土地肥沃，水源充足，是安居乐业的风水宝地，也是今人寻幽访古的好去处。鹅感村面积约198327平方米，呈饼状自由散布，以南北向一条村道为躯干向四周发散，整体布局以四条

图3-13　南岗瑶寨平面图①

---

① 郑力鹏，郭祥. 南岗古排——瑶族村落与建筑[J]. 华中建筑，2009（11）：132-137.

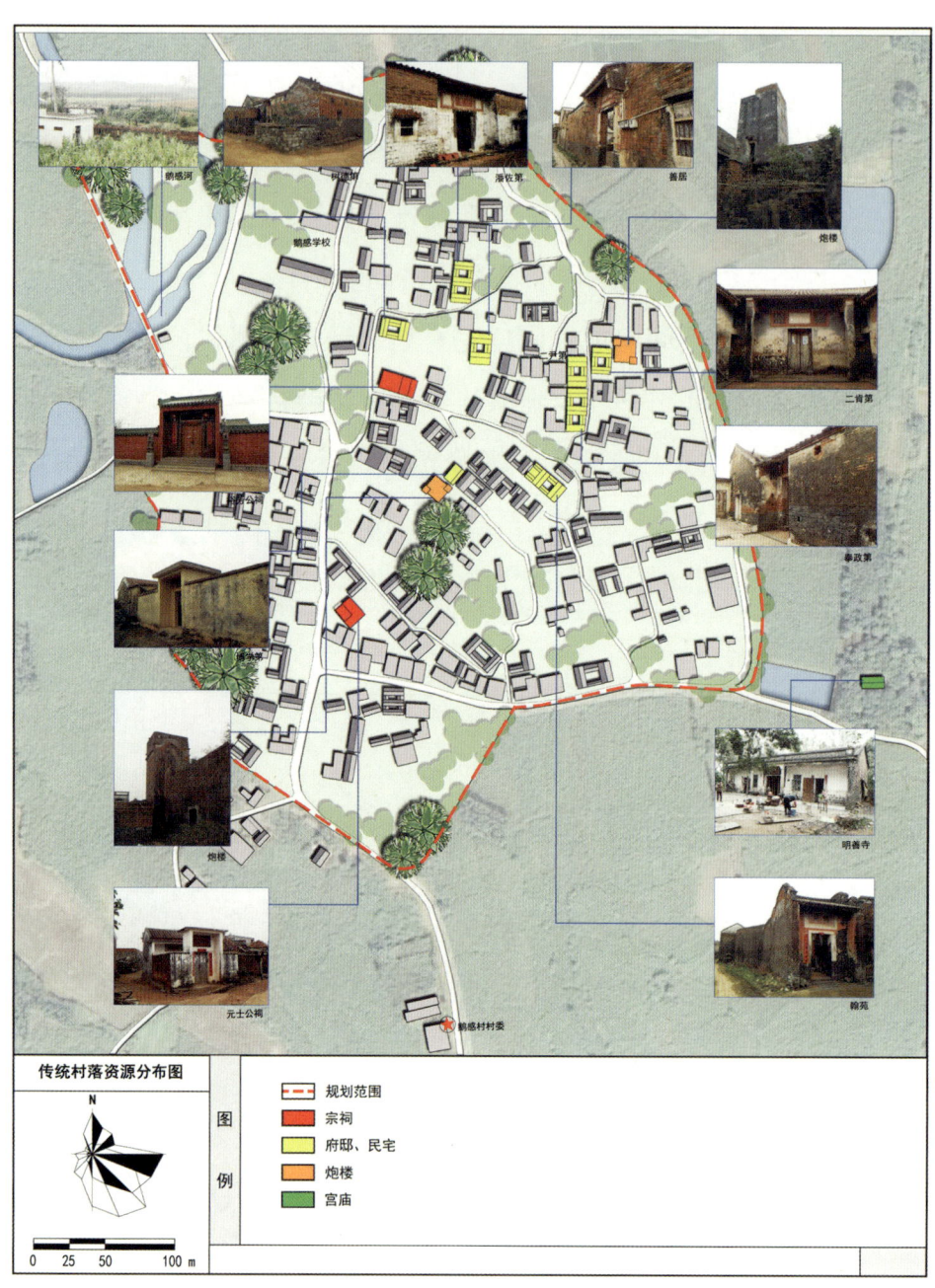

图 3-14 鹅感村平面图

(图片来源:《湛江市雷州北和镇鹅感村传统村落保护发展规划》)

古巷为核心,分别为石狗巷、大宗巷、中央巷和福堂巷,这四条古街巷呈分散布置,并和多条小巷相互交叉。

第二节 传统村落民居

一、广府民居

广府的村落民居中,最常见的民居形式是三间两廊式与竹筒屋,数量上以三间两廊式居多。两者平面都非常方正规则,可以无间距联排建设,因此也是梳式结构村落的最佳拍档。

图 3-15
佛山市长岐村楼房式
三间两廊屋

三间两廊式是广府村落的主角。建筑面宽三开间，至少有两进深。第一个进深中间为天井，两侧的空间称为廊，主要发挥厨房、柴房与杂物间的功能，房屋的出入口可以开在天井正对的墙上，也可以通过两侧的连廊进入；第二个进深中间为厅堂，两侧为房间，这个进深可以是一层或者两层楼房。

灵活性与生长性是三间两廊式最大的特点。灵活性体现在它不仅是居住建筑的首选，还承担祠堂、书院、庙宇等功能。此外，每家每户可以根据需要和资金实力在房屋原型的基础上调整出满足家庭需求的房屋形式。当家庭成员较多，房屋需求量大时，可以在三间两廊的基础上增加一进"房—厅—房"或"房—天井—房"的空间，发展出"三开三进"的形式。即使在平面空间已经确定的情况下，三间两廊式还能向上生长，将第二进做成两至三层楼房。此外，三间两廊还能切分成两户，通过在两廊分别设置厨房，共享天井与厅堂来实现。总而言之，三间两廊式建筑虽然基础简单，但是

图 3-16
广州市小洲村西园
三巷 9 号三间两廊
蚝壳屋

第三章 东南传统村落的物质文化景观

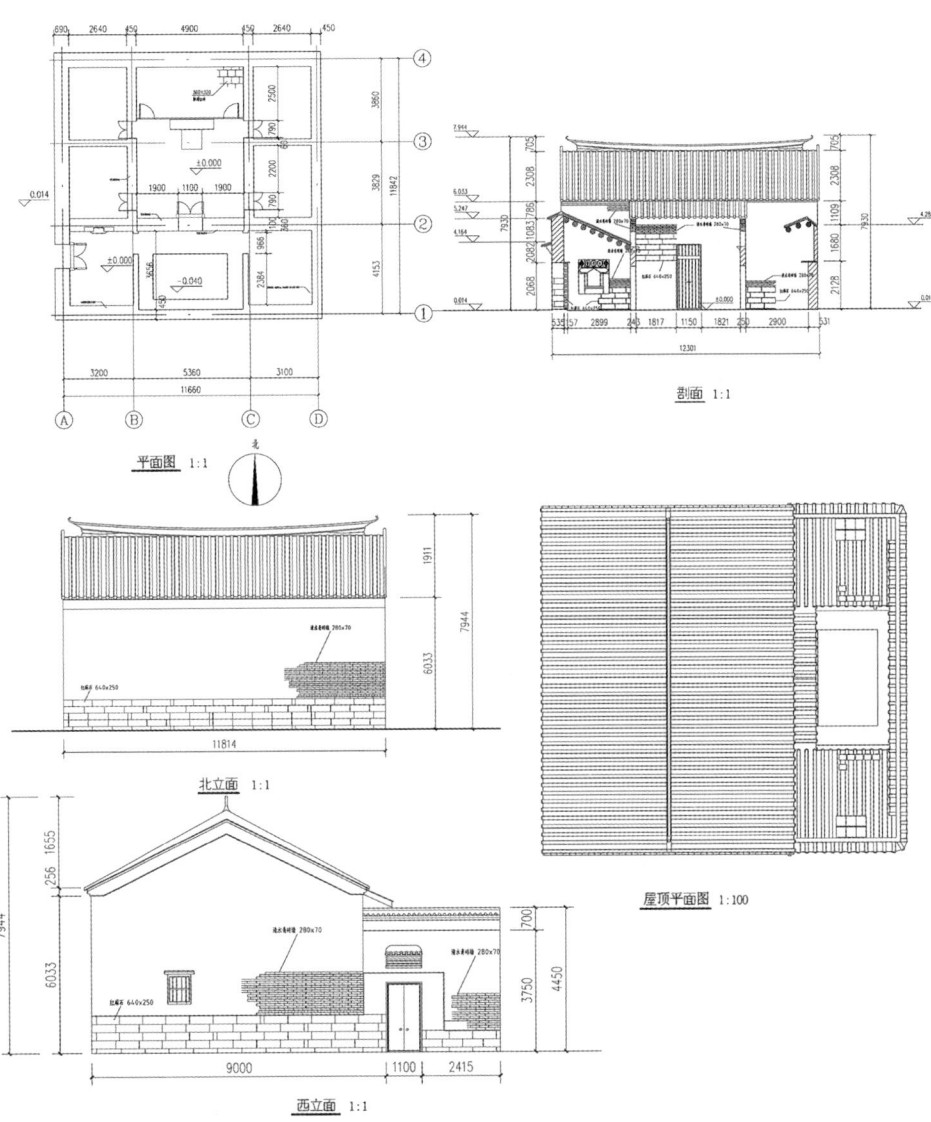

图 3-17 三间两廊式民居
（图片来源：塱头村传统村落调查登记表）

它的灵活性与生长性令其非常实用，深受大家喜爱。

在走访广府传统村落的时候如何能轻易识别三间两廊式呢？第一个办法是鸟瞰。三间两廊式的屋檐都向内斜向天井，为的是聚水、聚财。天井一侧为墙面或者大门，另外三侧被建筑包围，形成"凹"字形的典型平面。因此在卫星图或者其他鸟瞰角度上，大量"凹"字形建筑整齐排列的村落就是典型的三间两廊式建筑的组合群落。第二个办法是进门。进门后发现天井配两廊的对称格局，基本就是三间两廊式。第三个办法是看立面。如果建筑侧立面由一层平屋顶立面衔接一个一到两层的坡屋顶立面，并在平屋顶下方开有凹斗门的民居，大概率为三间两廊式建筑。如果建筑正立面为三

图 3-18　三间两廊式建筑

开间平屋顶的民居或中间平两侧坡屋顶的三开间民居，则直接可以判断为三间两廊式。

竹筒屋只有一个开间，厨房、房间、大厅和天井等空间纵向排列在一起，并可以继续纵向生长延伸，与竹筒类似，当地人又称之为"直头屋"。农村的竹筒屋一般为单层，空间十分紧凑，平面按顺序由厨房、天井、厅堂与房间组成，主入口在天井一侧，朝村巷开口。一般一栋竹筒屋住有一户家庭，由于农村的竹筒屋在侧面开门，因此各户的竹筒屋可以前后连接，非常节约土地。一列列竹筒屋由巷道间隔，就形成传统村落的梳式格局。竹筒屋的优势在于干湿分离，由天井组织交通、通风与采光，并隔离厨房与生活区域，保证厅堂、房间以及储藏空间干燥。

二、海南与雷州半岛民居

海南与广东雷州半岛地区的居民由福建地区的居民自宋代以后逐渐迁入。其民居就近受广府民居影响为主，也同样能看到一些闽南、客家民居的形式。

海南地区的民居特点在于更加自由延展的组合形式。海南农村地区以三开间的民居为主，也有单开间的竹筒屋与两开间的建筑形式，但是建筑的横向生长、纵向生长以及平面组合形式更加自由。海南地形以山地丘陵为主，为避免过度改造山体，建筑顺着山体的等高线横向发展，建于一级一级退台的台地上，会出现三间一厅两房形式的建筑单体横向连续的情况。并且每一级台地进深有限，前后建筑由于山地高差不会相互遮挡，因此不需要通过天井通风采光。

建筑纵向延伸的典型例子是文昌市会文镇十八行村。村里房子按十八行建造，寓意"兄弟同心，邻里不欺"。所谓同心，是指每行屋内住的都是由同一房分出去的兄弟辈直系亲属，在"行"的中轴线上，每进房屋的正厅前后大门都要上下对齐，以示"同心"；而"行"与"行"的住宅间，同辈的房屋必须高度相等，以示邻里相互平等。各家各户的正厅前后大门洞开时，由一端的正屋可以一直看到另一端的正屋，视线非常通透。正厅前后的大门通常用于家族内部的联系，此外各家各户都在正屋的一侧建有门楼，以供日常出入。

图 3-19　文昌市十八行村

海南的护厝式民居与福建、潮汕民居相似，多为三开间的正屋（单栋或组合）与护厝组合。学者陆琦在其著作《广东民居》中认为，海南的护厝式建筑比其发源地的建筑形式更加自由，即海南的护厝既可与主建筑相邻建造也可分开建造，既可在两侧建造也可在单侧建造。此外，部分海南的护厝式建筑还融合了西方建筑形式，展现出独特的风采。文昌市头苑镇玉山乡松树村的符家宅为华侨所修，楼内三进两层正屋，有27个房间，6个天井，堂屋、大门、后院围墙之间大量运用西式拱券支撑、装饰，大小各异，精美绝伦。主屋后侧设有护厝横屋，整幢建筑高大雄伟，气度不凡。

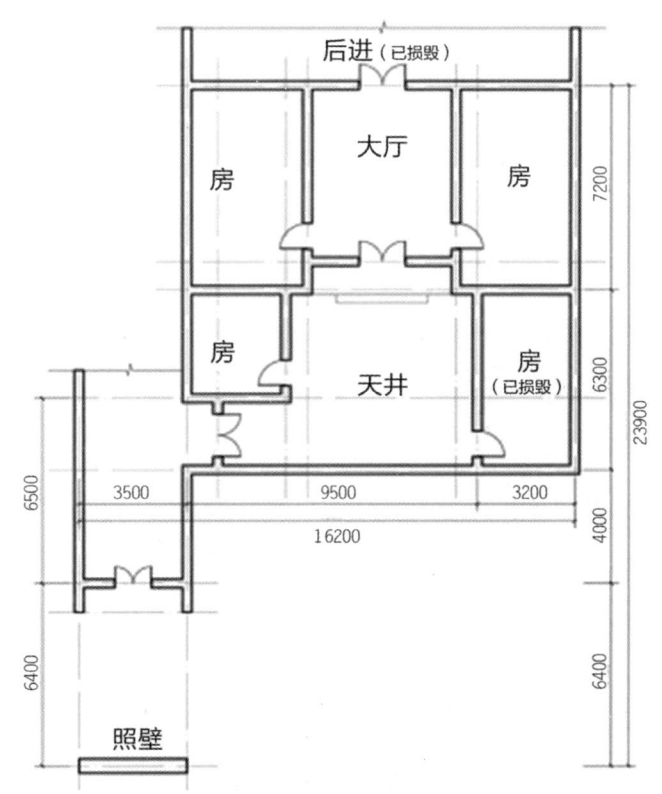

图 3-20
雷州鹅感村翰苑的
侧开门与照壁
（图片来源：《湛江市雷州北和镇鹅感村传统村落保护发展规划》）

雷州半岛的传统村落民居同样以三间为主，屋子围绕天井布置，天井设置多变，根据需求而定。雷州民居喜欢开偏门，少有在房子的正立面的正中开门，其实是一种很有仪式感的布局，进门后经过独立的类似门厅的通廊，进入小天井后再过一道门才进入前庭院内（大天井），部分宅邸门口设有照壁，整个进入屋子的过程逐步深入，具有较好的私密性，也显得住宅空间很大，丰富多样。

雷州民居的门也很有特色，外侧是凹斗门，内侧为屏风门。凹斗门向内凹进，可遮阳遮风避雨，门头用砖砌成，有的用灰塑装饰，显得十分气派。凹斗门与屏风门之间的廊屋可分为两层，下层过人，上层储物。由于地处大陆南段，气候潮湿，屏风门采用开口透气格栅设计，制作精美，极具艺术价值。屏风门是进入大门后的一道虚门，可临时安装、拆卸以分割内外空间或者开敞使用，使用形式灵活多变。

雷州地区将三间两廊院子或者其他组合院落外再增设一圈或"凹"字形的房子叫作包帘，功能与厢房、护厝、罩房类似。其中

图 3-21
北劳村积善第凹斗门装饰

北劳村的包帘尤为典型。

武略第是北劳村所有民居中规模最大的,建筑面积436平方米,一共21间,经过4年才建成。其主人是清光绪年间武略骑尉加封候选千总黄启忠。大门楼"武略第"三个字刚劲有力,武略第两侧绘有白鹤、梅花鹿,栩栩如生,寓意福禄双全。宝善是武略第的第一进,里面设有屏风门,材料珍贵,工艺精湛。经过第一进的小客厅便到小庭院。小庭院四周的灰塑山水花鸟惟妙惟肖。连接小庭院的便是第二进主宅。左右包帘与照壁连接起来把"武略第"包成一个"回"字。

广居是民居群保存最好的一座。其主人是清同治年间候选盐运司大使加武信佑骑尉黄如带。该宅分三进,四合院,面积320平方米,气势恢宏。一进为门楼,二进为中厅,三进为主宅,右侧有包帘。主宅正堂灰塑如意、书卷、花鸟、宝葫芦、宝扇等,巧夺天工,令人赞不绝口。

潘佐第,面积1300平方米,三路布局,以中轴线对称,"三进

图 3-22
北劳村武略第屏风门通风格栅

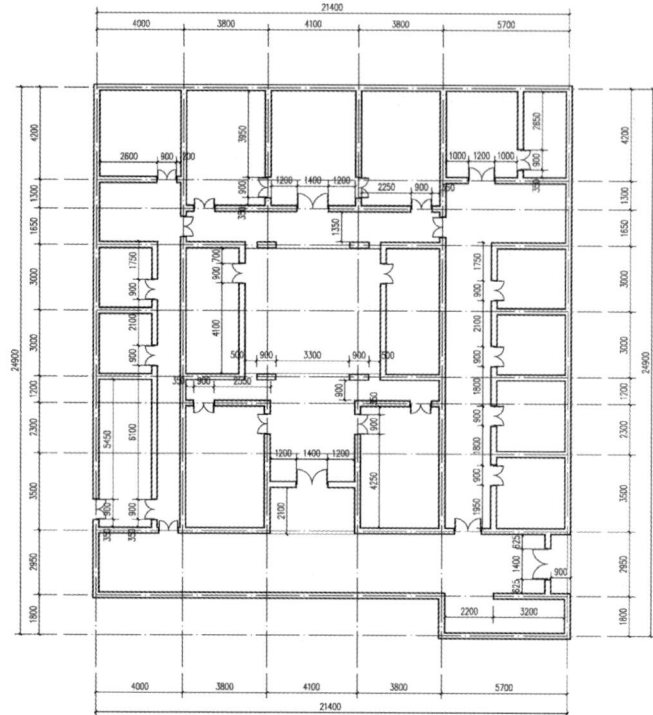

图 3-23
武略第测绘平面图
(图片来源:《湛江市雷州市杨家镇北劳村历史文化保护规划》)

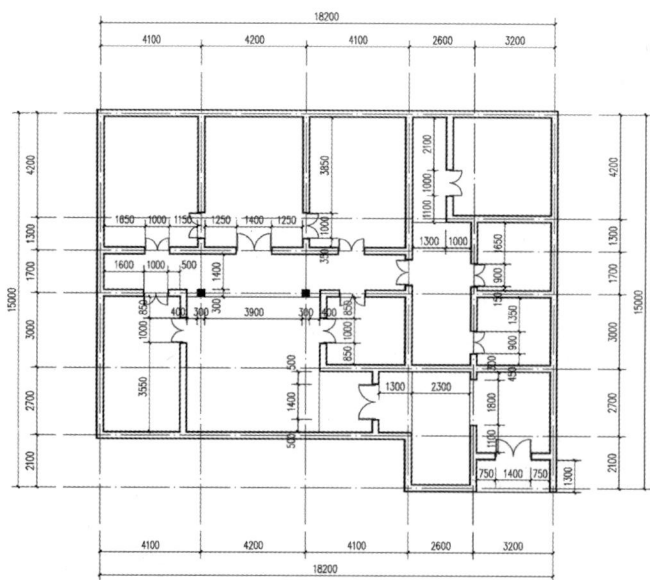

图 3-24
广居平面测绘图
(图片来源:《湛江市雷州市杨家镇北劳村历史文化保护规划》)

图 3-25　雷州鹅感村藩佐第主屋立面

图 3-26
雷州鹅感村藩佐第梁架结构、浮雕彩绘与透气高窗

二厅"，分为五部分：下井庭、照壁、大庭院、客厅、正堂。两侧还有包帘、厢房，一共 40 多间。建筑工艺精湛，雕檐画壁，有山川胜景、奇花异草、喜鹊红梅、浮雕彩绘，惟妙惟肖，具有清代建筑特色。

三、闽南潮汕民居

闽南地区与潮汕地区在地理上相邻，在语言上同属于闽南方言系统，气候与其他地理要素也十分相近。加之两地居民均由从中原逐渐迁入的汉族与本地居民长期融合而成，尤其部分潮汕先人是先到福建再迁至潮汕，导致潮汕民居也受闽南文化影响。在这样的大环境下，两地形成较为相似的文化、宗教与生活特征，这些很大一部分体现在两地的传统村落民居当中。

秩序严谨。两地生活习俗、思想观念葆有中原传统。格局通过中轴对称、院落组合区分房间主次、庭院主次、男女之别等，体现了父权制度、男女尊卑、主仆有别的伦理秩序。其中福建的建筑秩序更强，从正面上看，闽南的建筑造型主从分明，前低后高，中间高两边低。建筑主色为砖红，左右对称，有节奏，使得立面并不单调。

装饰讲究。色彩鲜艳、形态夸张、细节丰富是辨认两地民居的显著特征。嵌瓷应是闽南和潮汕地区非常有辨识度的建筑装饰艺术，一般出现在建筑的屋脊之上，是以灰塑为基础，用色彩斑斓的釉彩瓷片嵌贴，形成各种花卉、神仙瑞兽和戏曲人物，极具表现力。闽南地区的大厝屋顶起翘，屋脊中间低两端高，似燕尾，称燕尾脊。两地山墙设计均玲珑多变，分为金木水火土多种类型。建筑内部梁、瓜柱雕刻细致，以灵兽、吉祥图案、民间传说为主，多是以彩绘形式体现，其中潮州木雕以金箔装饰，更是富丽堂皇。

(一)"皇宫起"官式大厝

闽南民居始于唐五代，发源于泉州，是闽南古民居建筑的主流，传播范围突破闽南，影响遍布潮汕、港澳台以及东南亚等地区。闽南最为典型的民居类型是被称为"皇宫起"的官式大厝，遍

图 3-27
福建晋江五店市
闽南红砖古厝

布泉州、漳州、厦门等地。官式大厝在不少地区又名"红砖厝"，红墙红瓦，形似宫殿楼宇，装饰富丽堂皇。相传五代时期，闽王特许思乡的爱妃效仿宫殿样式建设家乡故居，但妃子误传闽王旨意，导致闽南地区都效仿皇宫建造家宅。类似的传说也流传在潮汕地区，明嘉靖年间，潮阳籍的国舅陈北科荣归故里，皇帝准许他依皇宫样式修缮祖屋，因此有了"潮州厝，皇宫起"的说法。传说虽无从考据，但都体现了对中原文化的敬仰，以及对正统文化的重视。大厝一般前埕后厝，坐北朝南，三五开间或加双护厝，突出厅堂，两边对称，纵深有二落、三落、五落不等（潮汕地区将进深称为"落"）。大厝常以红砖砌墙、白麻石砌墙为基础，色彩鲜明，结构硬朗。硬山式屋顶拥有弯曲起翘屋脊，脊角采取燕尾式形成双翘燕尾脊。其代表作有全国文物保护单位南安蔡浅古民居和福建省文物保护单位泉州市鲤城区杨阿苗故居。

（二）花式取名

闽南、潮汕地区民居的命名富有创意。单开间的叫竹竿厝，双开间的叫单佩剑，双佩剑则是在单佩剑的基础上增加一个开间，不带前天井，一般出现在土地资源比较紧张的城镇地区。农村则更喜欢带前天井的"爬狮"或"四点金"，这两者是潮汕地区传统村落中最主要的建筑单体原型。

"爬狮"，又称为"下山虎"，是当地的三间两院式，由于民间认为其状如虎如狮而得名。"爬狮"平面格局是"一厅二房二厝手"，由三面房屋和一面墙壁组成。正屋是三开间，中央的开间是厅堂，大厅如狮虎肚，两侧各一间大房朝厅开门，似后爪。厅前

图 3-28
"爬狮"民居建筑群落

天井为狮虎嘴,可做阳埕,常凿有水井。天井两边的"厢房"俗称"厝手",又名"伸手房",如狮虎前爪一般,厝手或有小门与大房连接。天井除厅的另一侧为墙壁,可中间开门,内门额会题写堂号。"爬狮"的大门也可利用一边的"厝手"在屋侧开门,这种形式称为"单跑狮"。

"四点金",是"爬狮"的升级版,在"下山虎"的基础上多出一个前厅与两个房间的进深,新增的房间称为"格仔"或"阁仔",闽南则称为"榉头",因此能容纳更多的家庭成员。"四点金"民居中轴从前往后为:前厅(门厅)—天井—后厅。前厅、后厅两侧各设有一房,占据四合院的四角,即是"四点金"名字的来由,一说四角房间均采用金字形脊头,一说四角房屋形如"金"字。也有从"阁仔"功能出发产生的解释,潮汕尊重旧时风俗,家里女儿不轻易见人,便居住在闽南语中的"阁仔"阁楼之上,因此"阁仔"也称为"千金阁"。在"四点金"民居中,除了天井两侧的"阁仔"

外，两个大厅也可形成阁楼，因此就形成了"四千金阁"的格局。无论哪一种解释，都体现出该地区对形制礼教的重视。

在潮汕地区，"驷马拖车"也称"三落二火巷一后包"，是"四点金"的再进化。"落"是潮汕方言，即"进"的意思。"四点金"一般是中产富贵人家的典型民居，而"驷马拖车"属于大宗族、大户、富贵显达之家。第一进有"凹"形门厅，俗称"门楼肚"，设置有"反照"遮挡路人和客人的视线，避免屋内一览无遗。"一落"与"二落"间，有天井及左右两道通廊。过了天井便是"二落"，"二落"的大厅面阔二间，两边各有一间"大房"。三进的结构与二进相同，大厅设置祖龛供奉祖宗灵位，厅后面隔开一块狭长的暗间，称作"后库"，是供举办丧事时停放棺柩的地方。后包指

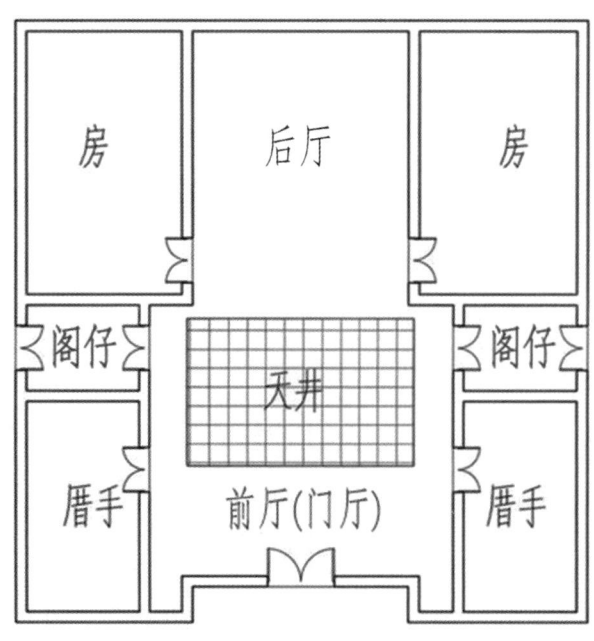

图 3-29
"四点金"民居平面图

图 3-30　陈慈黉故居

三进后面的一列房子。整个建筑格局就像一架由四匹马拉着的车子，故名"驷马拖车"。

广东省揭阳市榕城区丁氏光禄公祠和广东省汕头市澄海区隆都镇前美村陈慈黉故居是典型的"驷马拖车"建筑。建筑群体量宏大，深宅大院，层层递进。

（三）图库、围寨与围楼

《潮州志·兵房志》中记载："古时大乱，乡无不寨。"因此形成了一系列防御性很强的住宅形式，包括图库、围寨与围楼。

图库，潮汕乡村的一种大型聚居民宅，与客家围屋类似，其建筑平面紧凑，因形似繁体的"圖"字而得名，四周用两层的高墙围闭，四角建有角楼。虽然都是民居建筑群落，但图库与"驷马拖车"不同，图库是家族式聚居，而"驷马拖车"更多是个人的府邸。

更进一步的防御建筑是围寨与围楼，围楼在闽南地区也称寨楼。围寨规模巨大，占地广阔，一般出现在地势开阔平坦的滨海地区；而寨楼占地面积较小，多向空中寻找空间，以应付山区多变的地形。两者因适应不同的地形而形成有趣的差异，一者面积大人口众多，一者层数多，以高度取胜。除了适应地形的差异外，寨楼的平面形式也非常丰富。

潮安县靠近福建客家地区，建有类似客家土楼的圆形寨楼，有单环、双环、三环之分，从外而内楼层逐步降低，保障各个房屋采光。潮安县凤凰镇古围楼多达40座，而如今保存原有样貌的仅为6座，康美缵美楼便是其中的代表建筑之一。缵美楼在当地现存古围楼群中年份最久远，规模最宏大。据《曾氏族谱》记载，康美曾氏

图 3-31　象埔寨

图 3-32
外方内圆的彭罗寨

家族始于公元 1401 年，先祖从福建省汀州府宁化县石壁乡迁来，历经 300 年发展，家族壮大。时至清雍正年间，第十世孙曾美儒，其分家后于康美溪左创业，开始建造围楼，取名缵美楼。

方寨是最简单的方形围寨，即将"爬狮"或"四点金"阵列布局的村庄用连续的护厝完整围合，护厝对内开门，对外为墙，只开小窗，整个村落只在中轴线上留一出口，形成对外只有一处关隘的防御性建筑群，如潮州古巷镇的象埔寨。

寨楼形式具有花样多变的特点。第一，在铁铺镇石丘头村就建有外方内圆的彭罗寨，距今已有 500 年历史。方圆两层形成双重防御，但是由于建筑年久失修，记录甚少，其极具特色的平面形式是否具有象征意义还有待考证。第二，八角楼村的八角寨楼与饶平县道韵楼都是仿八卦造型的八角形寨楼。其中以道韵楼为全国该类寨

图 3-33
道韵楼

楼规模之首,周长328米,楼内可居住600余人。楼有大门和旁门两通道,楼外环巷之外另筑围屋8列,即在主楼八角的棱角相对留出8条巷道,构成环护大楼的8排围屋。在整体上,楼内外共同构成了八卦图的布局。由于偌大的寨楼只有一个出口,因此往往出口也是重要的宗教场所,八角楼村的八角寨楼,寨门楼顶是专门用来供奉的地方,由一条木梯通往二楼神坛。第三,此外还有十二边形寨、二十边形寨、椭圆形寨与马蹄形寨等。如此形形色色、变化多端的寨楼构成了潮汕地区的特色文化。

四、客家民居

客家传统村落主要分布于闽西、粤北、粤东和赣南等地,其民居形式体现了独特的家族聚居方式。虽说中华民族各民系大部分都聚族而居，但多采取村落形式，即同宗族人居住在相互独立的建筑中，再由建筑群落组成秩序各异的村落形态。客家则不同，历史记载客家人有5次大南迁，时延1500年。漫长的迁徙历程造就了客家人独特的聚居模式：无论多大的家庭，甚至共同宗族的所有人都聚居于同一屋檐下，共用厅堂，共用其他一切公共空间。这种同族共居的方式从民居建筑单体的命名方式即可看出端倪，常见的有如下几种："××世居"展现建筑内宗族世代居住之意；"××楼"体现建筑多层发展，规模不同于一般民居；"××堡"显然聚集了较多的人力与财力，需要特别守护；"××围"不仅是空间的聚集，更是人口的聚集。这些命名方式都从侧面反映出客家传统村落民居建筑单体规模较大，容纳人口众多的特点。在其他地区，大型的建筑单体意味着个人或家庭财力的显赫，而在客家地区则不然，是家族团结富强的成果。

客家独特的聚居形式主要有三个成因：一是内部团结的需求。由北至南的迁徙是离乡背井，流落他乡的过程。历经磨难，或长途跋涉，或流离失所，或开拓荒野，在人生地不熟的他乡许多困难都得依靠自己人团结同心共同解决。因此"敬宗敬祖、和睦共处"的祖训得以不断强化。二是抵御外部侵扰。客家人迁入之地远离中原，治安薄弱，强盗出没。另外，原住居民为"守护"有限的生活生产资源（土地、水源、矿产）常与客家族人产生争斗，客家人唯有合家族之力，方能御敌。三是人多地少的生存环境。客家是迁入民系，由于先来后到的原则，平坦肥沃的土地基本属于原住居民系的生活空间，因此客家村落往往选址于离城镇较远的偏僻山区。山多地少，土地的贫瘠更迫使客家人珍惜仅有的资源，在人口不断增长的情况下，最终促成了客家极其集约的聚居形式。

（一）基本样式：堂横屋

堂横屋是一种基本的客家聚居民居，方形围屋、围龙屋、方形土楼等都能看到它的影子。"堂"即以厅堂与堂屋为中心的中轴建筑序列，在中轴线最末端的堂屋一般设有"祖堂"，是客家民居礼教与生活的核心。"横"是两侧对称布局的横屋，可以随着家族人口的增加改建为多层建筑或增加横屋的数量。横屋也称为杠屋，建筑的规模也可由杠的多少体现，有三杠屋、四杠屋，甚至六杠屋、七杠屋之分。

图 3-34　继善楼

广东省梅州市梅县雁洋镇桥溪村的继善楼，是典型两堂两层六横（杠）式堂横屋，六杠横屋由五个大门联结而成。继善楼坐落于山间台地，坐北朝南，屋前开阔的禾坪可向山下眺望，围有绿色琉璃瓷通栏。禾坪开一小门对外，由一条登山小路引导至门口，入门方可见到继善楼全貌，壮观非凡。建筑正立面为硬山式，侧立面和后立面为悬山式，凹式轩廊大门，披檐式小门，门额悬"继善楼"木制横匾，墨色毛笔字雄浑有力，在白墙与两侧"继志述事，善邻亲仁"对联的衬托下，既典雅又富有文气。建筑灰瓦白面，夯筑土木石结构，共有房间64个、大小厅堂32个、天井5个。

（二）客家围楼

围楼是客家建筑中防御性的极致代表。内部常为堂横屋，外围建有高于内部的杠楼、围楼、角楼，对外建筑的墙厚可达1米以上，凸显防御之势。

土楼在各类围楼中最具名气，有圆形与方形之分，据考土楼产生于宋元时期，主要分布在福建省龙岩市永定区，漳州市南靖县、华安县。这一独特的山区大型夯土民居建筑，融入了中国传统建筑的风水理念，适应聚族而居的生活和防御的要求，楼墙用生土夯筑，屋顶覆青瓦，高大坚固，反映出客家人出色的夯土技术。普通的土楼只有一个正门，规模较大的可增设两个侧门，大门用厚重的木板制成，外钉铁板，有的楼门上还设有水喉，以防入侵者火攻。土楼只在上层开窗，下层不设窗。窗除用于通风透光外，也用于阻击敌人。土楼是一种冬暖夏凉的独特建筑。2008年，福建土楼被正式列入世界遗产名录。

东南传统村落

图 3-35　福建省永安县安贞堡
（图片来源：牛奔 摄）

土楼虽以闽西为代表区域，是当地客家人的智慧结晶，但其分布打破了地域与民系限制，出现在闽南、粤东北等地山区，被闽西客家民系、闽南民系以及福佬民系（潮汕人）建造使用。

1. 圆形土楼

圆形土楼由环形的楼体内外嵌套形成，构成环形的基本户型有两种：一种是内通廊式户型，即每一层楼的各户居民通过朝向内院的通廊连接，再由公共的楼梯上下；另一种是上下贯通的独立户型，各户可单独上楼，保障各

图 3-36
夯土建筑
（图片来源：苏菲 摄）

户之间的独立与私密。有的土楼会结合两种形式，既保证私密也满足家族沟通交流。无论圆形土楼嵌套的层数多少，楼层高度均从外向内逐渐降低，外圈一般高三至四层，底层是厨房和餐厅，二层是仓库，三层和四层是居室，在正中或设置祖堂、学堂，或保留作为中心天井。

2. 方形土楼

方形土楼在数量和分布范围方面都大于圆形土楼，但从建造技术、防御能力、宜居环境、空间均衡分配等方面又逊于圆形土楼，方形土楼有"回"字形、"日"字形、"目"字形等多种形状。方形土楼的外环一般为三层，规模较大的可建至五到六层。中央天井可为开放的空间，也有设置棋盘式单层院落，布置私塾、戏台等公共设施。祖堂一般在中轴线后端。方形土楼分层布局与圆形土楼相似，首层是厅堂、厨房与饭厅，二层为禾仓，三层及以上做卧室。

方形土楼的房间分配通常从一层到顶层一竖间属于一户，也有打乱错开分配的，俗称"梅花间"。作为过渡性的土楼形式，方形土楼的"一户"也有两种基本户型，即内通廊式与独立式。以内通廊为例，各户虽然是垂直布局，但都先以内通廊横向相连，再由公共楼梯上下，大型方形土楼在四角各设一道公共楼梯，而中小型方形土楼一般设两道于大门两侧。

3. 角楼与土堡垒

角楼因在方形围楼的角部建有碉楼而得名，根据碉楼的数量，有单角楼、双角楼与多角楼之分，最为典型的是四角楼。角楼的内部由堂横屋构成，楼前有禾坪、半月池，禾坪两侧开龙虎门，进一步加强防御。四角楼也根据防御的强度不同分为一般防御型与完全防御型。一般防御型即在堂横屋四角直接增建碉楼，主要通过碉楼防御；完全防御型还进一步加强了除碉楼以外的部分，所有对外的建筑立面均高于一层，开窗高而小，居高临下，完全没有防御死角。广东省和平县林寨镇的四角楼建筑群是典型的完全防御型四角楼。由于此地地势低洼，有日遭三浸的说法，因此高大封闭的墙楼除防匪外，还用于防御洪水。在整个建筑的四个角都加建了高出房屋一至二层的阁楼，其形制和功能都如同炮楼一般。高耸的阁楼之间，由回廊相连接，在整个建筑里可以上下贯穿，四通八达，既可居高临下对房屋四周进行监护与瞭望，又可对入侵者进行狙击。

土堡垒与角楼相似，也在角部建有碉楼，通常为双碉楼或四碉楼。土堡垒平面较角楼大，占地面积广，但建筑层数一般不超过三

图 3-37
土堡内部
（图片来源：苏菲 摄）

层。土堡垒在平面布局上与五凤楼、围龙屋相似，外围有完整的防御性连通屋围，前有半月池，后有带天井的半月形围龙。整体呈现椭圆形。与围龙屋相比，福建的土堡外墙更加考究，墙基一般两层楼高，用石料砌成，厚度达 1 米以上，墙基不对外开窗，墙基上部建有夯土建筑，夯土部分可居高临下，易守难攻。广东的城堡式民居在正立面处设有牌坊形式的门楼，四周围墙顶部设置女儿墙，从外面看不见建筑的屋顶，因此整个城堡建筑的外部由森严的碉楼、封闭的"城墙"以及庄严的门楼构成。

4. 围龙屋

围龙屋是建在山坡地上的传统村落民居，讲究中轴对称。围龙屋以堂屋为中轴线，规制完整的一般是三堂布局，从大门进入的门厅是下堂；经过第一个天井后是中堂，在三堂中面积最大，举办婚丧与家族议事等公共活动；经过第二个天井，再绕过屏风，便是后堂，即祖堂，设神龛与祖宗牌位以供祭祀。

在堂屋的两侧对称设置有横屋，横屋对应中堂的位置设置花厅。横屋的数量视家族人口数而定，可以按需向外加建。横屋后部建有半月形的围屋，连接对称的两侧横屋，这便是"围龙"。围龙有单围也有多围，作为杂物间和厨房。其围龙中轴正中顶端的一间称为"龙厅"，用以祭祀神明与放置祭祀器具。围龙与主屋之间的半月形天井称"花头"，又名"化胎"，其依山势向前倾斜，地面铺砌卵石，是围龙屋内最具特色的部分，寓有龙气不会闭塞而化为胎息之意。

在整体布局上，围龙屋展现了中原汉人天圆地方的世界观。方形堂屋、横屋，加上屋前方形的禾坪象征"地"；坪前弯月形的水池与屋后半圆形的围龙象征"天"。在功能上，雨水从天而降落至屋后的风水林、花头与屋中天井，顺着倾斜的山势汇入池塘中，除日常洗刷、灌溉、消防、畜用之外，还兼顾养鱼功能，象征年年有余、多子多福之意。可见客家人从世界观到实际生活都在追求天人合一的状态。

第三节
公共空间

传统村落的智慧和精华往往集中于村落中的公共建筑与公共空间当中，尤其以祠堂、书舍、庙宇、文塔、村口门楼等为代表。

一、祠堂

　　东南传统村落多以宗族血缘为纽带，形成一个或多个姓氏族人聚居的群落。宗祠作为血缘纽带的核心，在村落中发挥着比神庙更主要的作用。论祠堂起源，古时有"周代天子七庙、诸侯五庙、大夫三庙、上士二庙、中士一庙、庶人无庙"的宗庙制度，可见周代规定平民没有修宗庙的权利。明《永乐大典》有关于东南地区的记载："州（潮州）之有祠堂，自昌黎韩公始也。公刺潮凡八月，就有袁州之除，德泽在人，久而不磨，于是邦人祠之。"唐宋时期，潮汕建祠纪念韩愈对当地作出的贡献，出现了名人祠堂，但是直至明代中叶，建祠堂家庙仍是官宦贵族独有的权利，此后朝廷批准平民建祠，建祠之风才兴盛起来，形成"聚族而居，族必有祠"的繁荣景象。因此东南地区的家族祠堂是由皇家的宗庙、官宦贵族的家庙逐渐演变而来的。

　　在广府地区，屈大均的《广东新语》中对岭南地区的宗祠有详细的描写："祖祠——岭南之著姓右族，于广州为盛。广之世，于乡为盛。其土沃而人繁，或一乡一姓，或一乡二三姓，自唐宋以来，蝉连而居，安其土，乐其谣俗，鲜有迁徙他邦者。其大小宗祖祢皆有祠，代为堂构，以壮丽相高。每千人之族，祠数十所，小姓单家，族人不满百者，亦有祠数所。其曰大宗祠者，始祖之庙也。庶人而有始祖之庙，追远也，收族也。追远，孝也。收族，仁也。匪僭也，匪谄也。岁冬至，举宗行礼，主鬯者必推宗子。或支子祭告，则其祝文必云：裔孙某，谨因宗子某，敢昭告于某祖某考，不敢专也。其族长以朔望读祖训于祠，养老尊贤，赏善罚恶之典，一出于祠。祭田之入有羡，则以均分。其子姓贵富，则又为祖祢增置祭田，名曰蒸尝。世世相守，惟士无田不祭，未尽然也。今天下宗子之制不可复，大率有族而无宗，宗废故宜重族，族乱故宜重祠，有祠而子姓以为归，一家以为根本。仁孝之道，由之而生，吾粤其庶几近古者也。"总的来说在村落中无论大小宗族，都能拥有各自的宗祠，得到尊重，其中有的大宗族修建大宗祠，也称为祖庙，追思久远的祖宗，团结八方的宗亲。每到冬至便是祭祖时节，念祝文，读祖训，分祭田。宗祠是家族的根本，是仁孝之道的根源。

宗祠建筑位于村落中最重要的位置，梳状结构的村落，宗祠面对半月水塘，位于村落的最前方；水乡格局中，祠堂临主要的河道而建；密集式村落、堂横屋、围楼与围龙屋的祠堂位于轴线靠后的厅堂。祠堂前通常设有开阔的场地，是村民聚集、祭祀、晾晒的公共场所，还具有彰显家族功名的作用，广场上的一座座旗杆石刻记录了家族成员所取得的功名。

沙湾何氏家族的始祖祠堂留耕堂是岭南广府地区祠堂的代表，始建于1275年，其后屡建屡毁。目前所见的留耕堂为1700年扩建而成，面积为3334平方米，规模宏大，为三路四进的平面布局，堂内有柱百根，被村民称为"百柱堂"。它的平面呈坐北朝南的长方形，自南向北依次为大池塘、大天街（广场）、头门、仪门（牌坊）、钓鱼台、象贤堂、天井、留耕堂及东西廊和衬祠，结构严谨，修饰华丽，规模宏伟。

闽南地区与潮汕地区的祠堂以富丽堂皇著称，大量运用装饰元素，如七彩嵌瓷、包金木雕、彩绘、青色的雕花花岗岩梁柱材料，毫不吝啬地使用各种色彩。戏台常见于福建规模较大的祠堂，是处理宗族事务及族众娱乐的场所，融教化与娱乐为一体。

客家地区的祠堂多与居住建筑融于一体，位于建筑的中轴线上，增强祠堂的仪式感。福建省上杭县稔田乡官田村李氏大宗祠将牌坊门楼与建筑的正立面结合，巧妙端庄，高大的牌坊与后部逐渐抬升的宗祠建筑形成错落的视觉效果。即使是独立建造的客家祠堂也会参照完整的居住建筑规制，前置半月池，后设风水林。

二、书舍

村落中的书舍也可称为书塾、书室、私塾等，规模较大的才称为书院。书舍与祠堂是形影不离的搭档，祠堂承前，书舍启后，两者搭配传承家族文明。书舍可以设置在祠堂内部，也可以单独设置。书舍分为村塾、家塾和私塾三种，以出资人不同区分：村塾由村落共同出资集体聘师教学，家塾由单一家族聘请老师教育自家儿童，而私塾则为塾师私人收授学生门徒之处。广州市太和镇北村书舍群有百余年历史，是广州北部最大的书舍群。村中书舍星罗棋布，处处可闻读书声。这些书舍多为村里大户人家筹资建立的家塾，属于三间两廊式民居建筑，设有大厅、厢房、天井等，聘请有资质的教师，为自家子弟提供良好教育。如今，村里部分书舍历经岁月沧桑逐渐颓败，但尚有13间保存完好，集中布置在村落的最前列，与祠堂并列，朝向村前的水塘。

图 3-38
北村书舍群的石门框

三、文塔

　　文塔是一种极具岭南特色的楼阁式塔，塔体多为三层，平面为六角形，主要供奉魁星（文曲星）。魁星手执一笔，掌握文人骚客功名命运，文塔塔顶攒尖，象征魁星笔尖，寓意"文人走笔安天下"。因此文塔是书香门第和深阁雅斋执卷拈笔之人的福贵塔、功名塔。文塔往往建在人文昌盛和希冀出人才的地方，主要由乡绅、官员在村庄兴盛时期出资建造，以期待后代子孙学业有成，考取功名，延续村落的兴盛。

　　佛山市乐平镇大旗头村村口的文塔，高三层，为阁楼式砖塔，仅顶部为窣堵坡式，塔身每层都砌出柱、额、门、窗形式，三层面宽和高度自下而上逐层减少，各层辟门窗，可以登临眺望。塔平面为六角形，坐落在石砌基座上，石台阶有石栏板做护栏，首层额枋刻有"层峦叠翠"，可见塔始建在茂密的丛林中，有一幅与层峦相望的美景。文塔象征"文房四宝"中的毛笔,今依旧完好,供奉的神像被排列在上下三层,从低到高分别是土地公、文昌帝、魁星君。此塔为清代水师提督郑绍忠建村时所修,他在功成名就大兴土木造大旗头村时,通过修文塔、拜文昌星君来体现内心深处的儒家哲学思想,以及对文运兴盛、文治教化的期盼。

广州市黄埔区深井村文塔与大旗头村文塔相类似,塔身转角处两砖相咬,严实无隙,由下而上,棱角清晰,线条笔直;在二级和三级的转角处,塑有跃起的鲤鱼,鱼尾和嘴顶往飘檐,鱼鳞涂上景泰蓝色,描以黄边,鱼唇嫣红,格外生色。塔膛为"六角直井式"。塔身三层,每层均有腰檐飘出,逐层收小。飘檐下方以卷叶浮雕图案挑檐,排列工整,玲珑剔透。挑檐下方,雕塑着立体彩画,名为"金龙腾飞""彩凤飘舞""雄狮嬉戏""麒麟驾云",形态逼真。塔顶作反抛物线攒尖,坡度陡峭,顶上为一朵盛开莲花,花心托出一尊葫芦,典雅飘逸。

图 3-39
广州市黄埔区深井村
文塔
(图片来源:
广州市黄埔区档案馆)

四、门楼

门楼是村庄或者主要巷道的出入口，形式丰富多样，既有单门楼，也有双门楼，客家建筑禾坪两侧的门楼称为龙虎门，潮汕地区的寨围设置有城门般的寨门。村落的门与门之间通过围墙连接，墙外有池塘或河流，形成良好的防御格局。

广州市从化区钟楼古村现存一座门楼，是村落门楼最基本的形式，为单层镬耳墙拱门建筑，两侧连接围墙，围墙四角有烽火台，与村内炮楼呼应，共同守护村庄。

潮汕地区龙湖古寨的门楼虽与寨墙融于一体，但却十分灵动，暖色花岗岩石门区别于两侧寨墙，歇山屋顶四角向上自由延伸，石木建筑通透轻盈。龙湖寨处于韩江的出海口，古时陆路交通不便，大宗货物运输多通过水运，由于龙湖具备水陆交通的特殊位置，自

图 3-40
龙湖古寨寨门

然而然地成为历史上潮州的物资集散地之一。由于寨门紧邻韩江，因此此地便是村寨古时商贾货运最为集中的地方。

第四节 建筑装饰

东南地区特殊的地理人文特征造就了别具一格的建筑装饰特色，体现了文化高度融合，有智慧地适应气候以及对生活的热爱等特点。

文化高度融合。自秦汉以来，东南地区对内经历了中原汉人与本土居民不断融合的过程，对外是海上丝绸之路的起点，不断吸纳海外文化。直至今日，来自各个方向的文化特征界限早已模糊，形成了东南地区独有的艺术形式。因此溯源东南地区的建筑装饰符号是一件非常有趣的工作，可以发现无数不同的文化脉络。

有智慧地适应气候。我国东南沿海处于亚热带地区，潮湿闷热，长期受台风、暴雨等恶劣天气影响。有智慧的居民结合本地的工艺特色，将耐候性好的石、砖、陶、瓷用于户外，形成特殊的屋顶与山墙形式，防御台风、暴雨、火灾的侵袭。屋内则用透气吸湿性良好的泥、灰以及镂空雕刻的木头作为主要建筑装饰材料，尤其喜欢采用大面积的门窗、屏风，配以精细的镂空雕琢，以克服闷热潮湿的气候，形成通风采光良好、凉爽干燥的室内环境。

对生活的热爱。东南地区的装饰主题和形象特别生活化，首先色彩上非常丰富，符合最广大居民的审美标准，即使是最著名的文人园林也不是曲高和寡的"高尚艺术";其次,装饰图案由民间神话、岭南瓜果、奇花异草、吉祥瑞兽等构成,是对当地生活习俗的高度提炼和升华,非常具有表现力,可以独自形成一景。可以说看懂了装饰的主题内容就基本了解了当地的生活情趣。

以下将从不同的建筑细部与材质种类讲述东南地区的建筑装饰艺术。

一、山墙

山墙全称是风火山墙,往往是民居建筑的制高点,是辨识度比较高的一种建筑装饰构建。东南地区由于防风的需求,民居较多使用硬山屋顶,屋顶双坡呈"人"字形,两侧山墙高于屋顶,高出屋顶的部分可以防止隔壁的火灾蔓延,也可以保护屋顶的瓦片不被台风吹走。山墙的辨识度还来自它的观赏位置,由于东南地区的村落常由纵向的巷道组成,山墙相比建筑的正立面更容易被看见,因此相比其他地区的民居,东南村落民居更愿意在山墙的装饰上下功夫。

山墙顶部的位置叫作"脊头"或"墙头",在潮汕地区叫"厝头角",是装饰最为集中的部分,由板线、板肚、垂带、腰肚、楚花构成,墙头下墙面正中有部分设有埠头(通风的气窗)。板线是墙头多层宽窄不一的装饰线脚,线与线之间的带状装饰为"肚"。

东南地区山墙分类理论的集大成者为潮汕与客家地区的山墙,细分为金、木、水、火、土五种形式。"金"式山墙顶部为完整的圆弧形;"木"式山墙顶部有四个折角,折角之间弯弧向内;"水"式山墙如水波纹一般;"火"式山墙的顶部较尖,向上快速收缩;

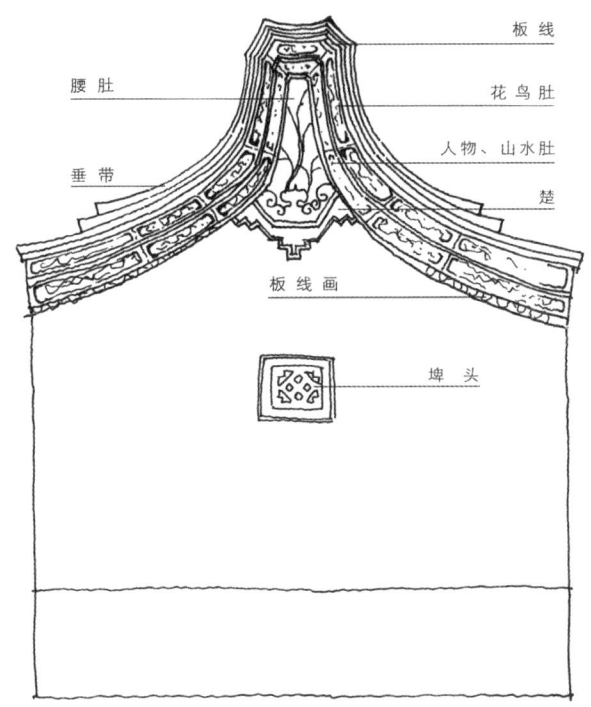

图 3-41
三线三肚山墙样式示意图

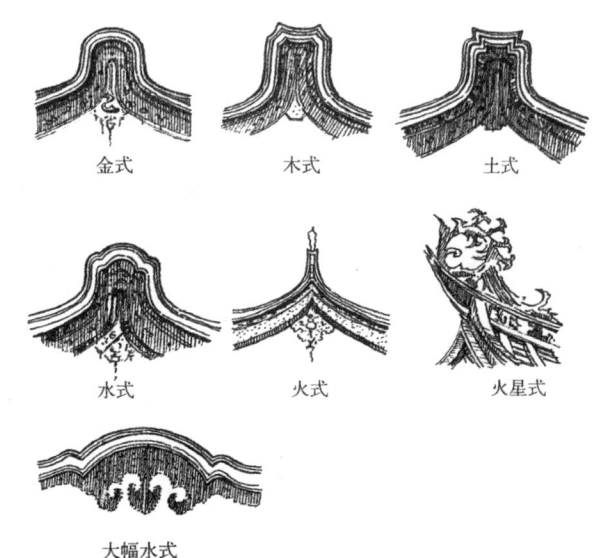

图 3-42
五行山墙墙头做法[①]

---

① 陆琦.广东民居[M].北京：中国建筑工业出版社，2008.

"土"式山墙的顶部宽而平稳。

有了潮汕地区的山墙分类，再去看东南其他地方的山墙都能找到相似之处。广府地区主要采用镬耳墙或称猫弓背、人字墙与方耳墙。普通民居多采用人字墙与镬耳墙，方耳墙多用于宗祠或者庙宇。

福建除了五行山墙外，还有马鞍墙与观音兜等形式。马鞍墙主要出现在福州地区，其线条非常大气延展，墙头宽而平，整体向两侧延伸，末端纤细的翘角向上翘起伸出宅外，形状如马鞍。

图 3-43　镬耳墙细部以及与之相匹配的屋脊

二、木雕

在宋《营造法式》卷十二《雕作制度》中，木雕的技法可分为混雕、剔地雕、线雕、透空雕、贴雕等几大类。不同的雕刻工艺通常用于不同的建筑位置。

在建筑的室内支撑结构构建，如梁、枋、柱、雀替、斜撑等之上，通常使用混雕。混雕是各种技法的综合雕法，形成可以多角度观看的立体效果。部分室内的隔断由于需要多角度观赏，也采用该种雕刻手法。

用以围蔽空间的门、窗、屏风、屏门、屏罩、扶手栏杆等处多采用剔地雕、线雕、透空雕工艺。剔地雕就是浮雕，在木头表面形成凹凸的图案；线雕最为基础，即在木头表面凹刻线条生成平面图案；透空雕可增加建筑构件的通风采光效果，因此在室内隔断如屏罩、格栅中多有采用。

贴雕是一种镶嵌式雕刻工艺，在浮雕的基础上，将重要的表现对象另外雕刻粘贴或者镶嵌至浮雕的相应位置，形成丰富的材质纹理效果。

在木雕的色彩运用上，东南地区除了常见的深漆色以外，较有特色的是金漆木雕与彩绘木雕。金漆木雕使用樟木雕刻，再上漆贴金。金漆木雕可以满布建筑的梁柱、屏风门扇、家具摆件，使建筑整体金碧辉煌、精致绝伦。金漆工艺主要包括浮雕、通花透雕和立体通雕，尤以经路通畅、镂空多层次的雕刻为擅长。彩绘木雕通常伴随金漆木雕出现，赋予建筑结构更多的纹样与色彩，相比金漆木雕更加繁复细密。此类木雕形式常用于宗祠、城隍庙等公共场所，由于过于隆重艳丽，并不适合长时间注视，因此较少用于居住建筑室内。

在雕刻的内容方面，东南传统村落擅长把对生活的美好期盼雕入建筑当中，包括岭南瓜果、人物山水、农渔生产场景、民间传说、戏曲故事、珍禽瑞兽、花鸟虫鱼和其他非常贴近生产生活的生动形象。除图案形象外，还有古典诗词、《朱子家训》之类的格言警句也常见于建筑木雕。

竹篓螃蟹是尤其具有地方特色的木雕题材，潮汕沿海地区人们多靠捕鱼为生，对于虾、蟹、鱼等海产情有独钟，因而竹篓螃蟹就象征着丰收的喜悦。建筑师巧妙地将这个题材与梁托结合，中央镂

图 3-44
金漆圆雕狮子形梁托
（图片来源：广东省博物馆）

图 3-45
通雕蟹篓形梁托
（图片来源：广东省博物馆）

雕一个略为倾侧的蟹篓，通体剔透玲珑，然后以蟹篓为中心，灵活雕出多只形态各异、生动逼真的虾蟹，外围以枝条、篓绳穿插缠绕串联成整体，底部衬以海浪形成稳固的底座作为烘托陪衬，整件作品结构紧凑，浑然一体。

三、砖雕

砖雕是从石雕工艺中衍生出的装饰门类。首先，砖雕继承了石雕硬朗的表达方式，又能满足室外的耐候需求，因此通常作为室外

图 3-46
砖雕

的装饰手段；其次，砖雕相比石雕更加精细，如上等的木雕一般，在东南地区，即使是普通村民家中的砖雕，都大多采用剔地雕、透雕（镂空雕）、混雕等多种工艺，形成复杂、多层的灵动效果；再次，砖雕通常使用与建筑墙面同样的青砖材质，使得装饰画面与建筑本体浑然一体，就如建筑本身生长出来一般。

在工艺方面，制作砖雕必先烧砖，烧出来的青砖需要打磨抛光，填补瑕疵，雕刻最终使用的是青砖细腻致密的坯层。处理好的青砖分块用凿和锤以锯、钻、刻、凿、磨等手法加工成各种人物、花卉、鸟兽等吉祥内容的图案，再通过拼合、粘接、嵌缝形成完整画面，装饰在祠堂、庙宇及民居的门楼、屋脊、角带、山墙、窗户、影壁、飞檐、栏杆和神龛、楣边等处。

四、灰塑

灰塑俗称灰批，是东南地区建筑的传统装饰，工艺材料以石灰为主，所以叫作灰塑。灰塑是集中在室外的装饰艺术，见于墙头、花坛的四壁。它以石灰拌上稻草或草纸，经反复锤炼，制成草根灰、纸根灰，并以瓦筒、铜线为支撑物，在施工现场塑造，待干后再涂上矿物颜料而成。所以，雕塑出来的艺术品，并不像石灰一样暗沉无色，它最鲜明的特点，就是绚丽多彩、立体感强，而且内容丰富，寓意深刻。灰塑题材涉及神话故事、戏曲人物、民间风俗、祥禽瑞兽、花卉果木、几何图案等等，蕴含了吉祥如意的好彩头。不管从外形上还是寓意上，都不是我们想象中的"灰"，而是散发着鲜丽、活泼的气息。

图 3-47　屋脊灰塑纹样

五、陶塑

陶塑就是用陶土塑性烧造拼合而成的建筑户外装饰构件，是东南地区高超的陶瓷工艺在建筑方面的体现，或素色或彩色，人物、山水、花鸟、草木主题各异，其中人物塑形工艺以广东石湾地区最为出色，称为"石湾公仔"。带有釉面的陶塑色彩鲜艳长久，具有很强的装饰性，也能防水、防晒，适应得了东南地区极端的户外气候。陶塑的应用场景比较集

图 3-48　陶塑漏窗与砖雕、灰塑的组合

中,一是建筑的屋脊,称为"陶塑瓦脊",二是用作建筑通风的漏窗、栏杆、花墙等。

陶塑瓦脊,又称"花脊",运用于屋宇、祠堂、庙观等建筑的屋脊装饰上,也称为"瓦脊",采用陶塑人物、动物、花卉进行装饰,体现了东南地区汉族民间建筑装饰浓郁的地方特色。陶塑瓦脊在唐末时期已有生产,到明清更趋兴盛。前期生产的陶塑瓦脊上的装饰图案主要是一些花鸟、瑞兽、山水等吉祥或辟邪意义的浮雕图案。但自清代末期,尤其是咸丰以降,随着广东粤剧的兴起和发展,以粤剧传统剧目中的历史故事、神话传说为题材的人物瓦脊或称瓦脊公仔受到广大人民的欢迎。

六、剪瓷雕与嵌瓷

通过瓷片拼贴而成的立体雕塑是东南地区最具特色的建筑装饰形式，"剪瓷雕"源于福建漳州地区，在广东潮汕地区称为"嵌瓷"，台湾人称之为"剪花""贴瓷花"，是应用在祠堂、庙宇、民居屋脊、山墙、照壁上的装饰艺术，与福建的燕尾脊经常搭配出现。

剪瓷雕是由师傅搜集破损、废旧的陶瓷碎片，经平雕、立体

图 3-49
山墙厝头嵌瓷装饰

雕、叠雕、半浮雕等工序制成。平雕着重于构图，剪裁、镶嵌一般用于近景；叠雕则多用于高处屋顶的龙凤走兽、水族飞禽和花卉树木，用彩瓷表现兽角羽毛、红花绿叶。剪瓷雕工艺中，技术难度最大的要数立体雕，如古装戏剧武将人物的盔甲、文官的蟒袍、才子佳人的宽衣窄袖。剪瓷雕吸收了中国传统绘画的表现形式，在布局经营上采用散点透视的构图法，使剪瓷雕的画面在有限的空间中能够展示更为丰富的内容。

剪瓷雕细节异常丰富，且瓷片纤细尖锐，长期暴露在户外的剪瓷雕，无论多么结实，也都无法永远保留。但凡天灾人祸、自然损耗，都需要一次一次地翻修，一次一次地上新作。如今大多传统村落的居民逐渐搬出，建筑维护日益疏漏，精美完整的嵌瓷艺术品亟待保护。

第五节
历史环境要素与生产空间

传统村落中有一些历史环境要素不随时间而改变，从村庄的起源就伴随着村庄的成长，是村落的记忆与生活地标，是村落历史文化的标识，从传统村落中走出去的人们，即便到了天涯海角，心中都会牵挂。

这些要素是村中的古桥、古井、古树与古巷，它们记载着村庄的点点滴滴，如果它们有记忆，将讲述不朽的村庄故事。

一、古桥

东南地区水网密集，村落与水关系密切，桥自然是必不可少的历史环境要素。古代的桥以石造的为主，多架于村落蜿蜒的小河涌上，形成小桥流水人家的景象，也有工艺奇巧的匠人，使石桥横跨宽阔的江面。与修路一样，修桥也是大成本的公共建设投资，因此建桥不是集群众之财力就是由官商出资兴建，桥梁的兴建也因此留下许多故事。所谓修桥铺路福多，桥对于村落经济的发展有促进作用，尤其在重要商道上的桥，更是与市集有密不可分的关系。本节将从以下几点展开东南传统村落古桥的故事。

（一）记造桥

建造桥梁的故事就是技术进步的故事，英国剑桥大学的李约瑟博士在《中国科学技术史》的桥梁卷中记述："宋代有一个惊人的发展，造了一系列巨大的板梁桥，特别是福建省，在中国其他地方或国外任何地方都找不到和他们相比的。"说明东南地区因水网发达加之经济进步，曾经在造桥技术上处于领先地位，这个论述也很好地解释了为什么福建的古桥多是板梁桥以及由板梁桥演化而来的各种石木桥、风雨桥等。

位于厦门市集美区后溪镇苎溪村的苎溪桥是福建著名的板梁桥，在古同安连接漳、泉两地的古驿道上，始建于北宋大观年间，南宋乾道年间重建，是厦门地区现存最久远的古桥之一。苎溪桥长73米，面宽2.6米，高4米，八墩九孔，桥墩呈船形，桥面以45条石板铺成。元代文人邓子实有《苎溪》描述："日照松梢宿雨乾，秋风剪剪作轻寒。青林缺处云山好,更过桥西仔细看。"

文献记载了苎溪桥的修建者,记录了祖孙两人造福一方的功绩。《同安县志》载:"苎溪桥在仁德里,去城西三十五里(隆庆客志)。溪源出自白桐岑,谷中经蛇蟒所翻蛰,故其水多黑,涉者患瘴疠。宋大观中邑人徐诚始石为桥,后圮,乾道中其孙应昌及道士法昌重修。"《福建通志》也有相应的记载。可见修桥往往不是一代人的事情,尤其是水情复杂的河流,前人修建的桥梁因洪水垮塌,后人要寻找更适宜的建桥方案重建新桥,长此以往,我们今天看见的古桥都是经受住了历史的检验保留下来的工程精品。

造桥除了技术还有情感寄托,传统村落中的河道也分宽窄,桥也分主次。有的河道一跨石板桥就能过河,小的石板桥几户普通人家就可以出资建设,承载着个人的寄托。有的河道则需要跨度较大的石拱桥或者多跨石板桥才能通过,人力物力甚巨,则汇聚了官府、众多百姓或者是乡绅、富商的美好愿望。

福建省福州市仓山区连坂村东有一座形制极为简单的连坂桥,古桥其中的一条石梁刻有铭文:"当境连满与妻林十六娘为所生父母造桥一所,愿家国平安,同沾利禄。上元辛亥八月三日造。"铭文记录了个人捐资造桥的故事,既方便了村民邻居,也借此表达了祝愿与思念。

位于广东省广州市番禺区沙头村的跨龙桥的背后也有出资建桥人的故事。跨龙桥是一座二墩三孔的石拱桥。总长25.17米,宽4.58米,桥面平坦,起伏较小,非常适宜通行。桥墩外砌尖石(俗称火船头)分水。桥下西南角有石砌水井,备潮落时使用。此明代石桥建筑精良,番禺境内实为少见。民间故事讲述跨龙桥是由明代沙头村富庶的王氏家族所建,为了方便远嫁的女儿回娘家,不必苦于河涌阻隔，王氏捐资建造了从沙头经市桥到茶东共18座桥梁，跨龙桥为尚存的一座。

广州市城西北石井镇的石井桥是乡绅募捐建桥的典范，自秦汉起此地就是交通之要地，明清时更形成了商贸发达的圩市。但石井河阻断了商道，过往行人均须摆渡、涉水，很不方便。为改善这一状况，清道光年间当地乡绅李芳、张合、凌盛等人发起并召集募捐，各乡民众积极捐款。由于建筑石井桥的工程相当浩大，甚至连北江多县及江西赣州的民众也有捐助，如此才很快筹集齐了建桥所需费用。石井桥的两端桥头两侧抱鼓石上刻有"道光岁次辛卯""石门周合盛造"字样。在桥的西侧刻有"好进仙人履，能通驷马车"的石刻对联，记录了石匠周合盛受仙人指点建造石桥的民间故事；东侧则刻有"彼岸逢黄石，横江映白虹"，歌颂桥梁宽阔便利，形状如白虹一般动人，可见人们对建桥之人的尊敬与感激之情。

（二）桥与贸易

东南地区水运发达，大江小河都可以通船，因此水陆商道都非常兴盛，重要的桥梁不仅是两岸沟通的枢纽，也是水陆货运的交接点，常与码头、集市相伴。

最有代表性的属广东省佛山市顺德区杏坛镇逢简村的巨济桥，巨济桥为三孔石拱桥，全长24米，顶宽4.45米，高4.1米，桥拱为纵联砌置法，桥两边各有十二级石阶，桥栏两边各有望柱十四根，柱头雕石狮子，石栏华板刻花纹图案装饰。巨济桥始建于宋代，由开村的李仕修所建，历经重修，民国十八年（1929）再次重修。桥护栏上石雕花纹，并刻有"桥面一带，禁卖什物，有碍交通，严拿究罚"和"齐安义盛造"字样。巨济桥附近是原来逢简村的四个圩市之一，常有商贩在桥面摆卖，才特将规定刻于桥上。

（三）桥与节

东南地区的桥不仅与日常生活有关，在重大节日时也发挥着关键作用。元宵佳节，各地都有"走桥"的习俗，起源于中原的"走百病"。"走桥"即登高走桥，赴庙行香，祈求祛除疾病，多为男女结伴同行。这种习俗在福建省福清市叫作"过利桥"，元宵节当天晚上，家家户户都要到利桥上凭栏观赏江景以图吉利。走桥的习俗也广泛留存于广东潮汕地区，称为"度过桥"。清顺治《潮州府志》和乾隆《揭阳县志》载："（上元）妇女度桥投块，谓之'度厄'。"在揭阳，元宵节当日，男女老幼争先度过桥，后生祈望日后娶贤妻，姑娘祈望嫁个好夫婿，老者则祈求健康长寿，小孩子则祈求长大成人。过桥时不可回头，因为"回头不吉利"，过桥的人们还有摸桥头石狮子的习俗。正在读书的小孩喜摸石狮鼻，谓"摸狮鼻，写雅字"；未婚的小伙子喜摸狮肚，谓"摸狮肚，娶雅女"；而已怀孕的妇女则喜摸狮耳，说是"摸狮耳，生阿弟"。在广东佛山有元宵节"行通济桥"的习俗，俗话说"行通济，无闭翳"，行通济桥是佛山每年元宵节的重大民俗活动，家家户户都会扶老携幼，举风车、摇风铃、提生菜，由北向南过桥，祈求来年平平安安、顺顺利利。

除了元宵佳节，端午也与桥有关。每逢农历五月初五，主要河涌的石桥之上是最好的观看龙舟比赛地点。除了观赛以外，古桥还是赛前重要准备仪式——桥头艇会的发生地。桥头艇会，也被称为"趁景"，一般是在端午节前的五月初四。这一天，在顺德大良大门社区，伴随着锣鼓声，大门社区 12 条自然村的龙船和其他兄弟社区的龙船齐聚大门社区内河涌，穿过月华桥，沿着两岸葱绿的水杉，划到田心桥头埠头，登岸前往康帅府参拜，吃龙舟饭，领取礼物，返回田心桥。人们着装齐整落船，在本社区河段绕几圈，预祝竞赛顺利获胜，一路上罗伞招展，彩旗飘飘，锣鼓铿锵，鞭炮齐鸣，弥漫大门河涌。

二、古井

井是村落最重要和稳定的水源，一个村落能否长久很大程度上取决于是否有一处源源不断的优质水源。在传统农耕时代，优良的水井能聚集人气，人多了就有了市，而后又有了村镇，形成所谓"市井"生活。井对于传统村落意味着生活保障、公共生活与对自然馈赠的感恩，因此围绕着"井"有着特定的风俗与教化的传承。

（一）井的崇拜与保护

东南地区有古井的祭拜习俗。在清乾隆年间陈炎宗《佛山忠义乡志》中记载有南海人冬祭井的风俗。每逢节气祭日，村民都要到井边祭拜井神，为了祭祀方便，村民还在井旁设立神龛。如无专设的神龛，也常见井前或井缘上插有香火与红蜡烛。在外地的人归乡后，都会到古井边打上一杯井水，一饮而尽，以解思乡之情。古井崇拜与保护古井是相辅相成的，有的古井，村民不仅为其构筑井台，修筑排除污水的水沟，以便保持水井的清洁与卫生，还形成了众多

东南传统村落

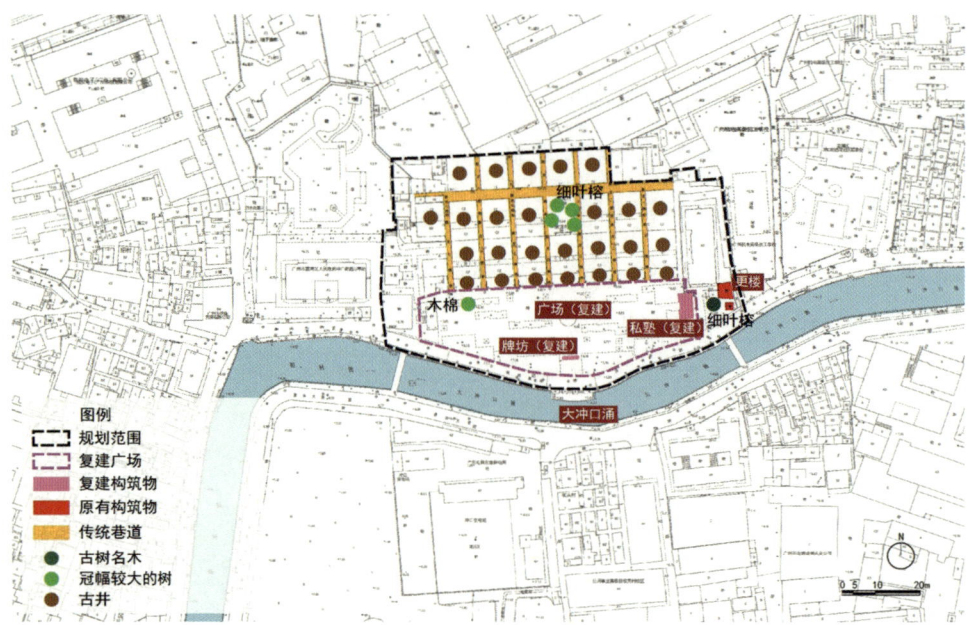

图 3-50　聚龙村古井分布图
（图片来源：聚龙村中国传统村落档案）

用井汲水的习俗，比如不能往井里丢脏物，不能在井前说脏话等。另外，在广州南村的西井有"为天下人共享，任何人都不能占为己有"的严格法则，旨在禁止任何人垄断珍贵的公共资源。

（二）井的传承

古井历经久远不断被人使用，是寄托思念、传承文化的不二载体。对古井的考古，也能发掘村庄的发展历史。

在广东省佛山市丹灶仙岗村，东晋道教名医葛洪在此炼丹时曾在仙岗的流水井取水，历经千年，村内的古井还传承有道教的文化内涵。村内古井"蟹眼双泉"有"仙井"美誉。"蟹眼双泉"自古以来便分为雄雌两泉，雄泉井口呈方形，而雌泉井口呈圆形，取义为道教中的"天圆地方"。其井水甘甜，四季长流，历史上与其并称"仙岗八景"的景观，现大多不复存在，唯有自宋代就存在的"蟹眼双泉"历经岁月沧桑，依旧潺流不息，不负"蟹泉不息"之名。

在广东省广州市番禺区沙湾古镇有一口清水井，原为沙湾古镇中心的一口公用水井，约建于清嘉庆年间。因为清水井处于古沙湾咸、淡水交界处，"清水井"亦由此得名。该井平底方形，全用白麻石砌成。20世纪60年代前，可以看到井水不停地冒出。而在井东面不远处，相传曾挖出大铁索和铁锚等航船之物，而且地下全是白沙、白泥、白蚝壳，所以推断清水井之南，古时为海湾之滨，也是古沙湾居民最早聚集生活的地方之一。

传统村落内除了公共的井外，还有私人的井，即供各家各户自己使用的自家井，一般位于天井，是建筑汇聚阳光雨露的位置。如果有条件，村内各户都会挖有自家井，以方便生活起居。在清光绪五年（1879），在聚龙村建设住宅的同时，每户都在自家天井挖掘水井。第一排民居除屋内配备一口井外，在屋外的小花园内也挖有一口井。目前，除其中两栋房屋倒塌，古井随之消失外，剩余19栋民居内的古井保存完好。

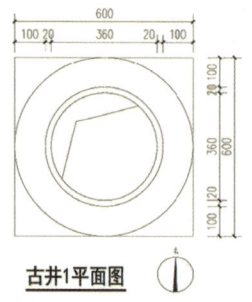
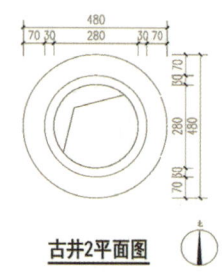

图 3-51
聚龙村古井及尺寸
（图片来源：聚龙村中国传统村落档案）

三、古树

传统村落为节约土地，建筑之间通常只留有狭窄的巷道，村头的晒坪、阳埕，河边的码头、广场等都是村内珍贵的能种绿植的场地。在这些有限的空间里，冠幅巨大的榕树是东南传统村落的首选树种，以对抗东南地区的酷暑，营造传统村落最宜居的公共休闲空间。

大榕树撑起一二十米的巨大冠幅，足以见证村落的发展变迁，树冠遮蔽树下成排的石座椅，以及曾经比肩的庙宇、祠堂。滨河的大榕树下更是村民设置码头、建设石桥的最佳位置。

广东省佛山市南海区烟桥村村口的百年古榕"榕祖公"被村

民称为"国事榕",它已有树头九棵,每棵引种下来都与国家大事有关联,如抗战胜利、中华人民共和国成立、改革开放、港澳回归等。

大榕树还寄托着村落居民的美好愿望。位于广东省肇庆市高要区回龙镇黎槎村东南角的龙凤古榕,有两棵叶盖一亩多的古榕树。说起这两棵古榕树,村民都能讲起一个故事来。传说800年前开村之初,老祖宗整天为建村后福荫的事情想来想去,想多了难以入睡。有一晚,他梦见南海一位神仙对他说:"我知道你难眠的心事,现给你一个办法,保证你开的村代代平安,丁财两旺。"老祖宗记住神仙提供的办法,第二天叫来一对同年同月同日生的小男孩小女孩,让他们每人种了一棵榕树。说也奇怪,这两棵榕树,不到第二年就绿树婆娑,好让村民喜爱,从此,村民就在树头下建起石凳、石椅来乘凉。有了这两棵榕树的茁壮成长,黎槎村就一年比一年风调雨顺、丁财两旺。

自从东南角种了龙凤榕后,村民觉得榕树能给本村带来福荫,于是又祈盼家庭美满、年轻人容易成家立室、村民安康长寿等。村民选了一个良辰吉日,将三棵树苗种在村的东北角,命名为"三星榕",希望以后村民健健康康,家庭美满,青年男女姻缘畅顺。

东南传统村落中的古树不仅有榕树,其他高大的树种也时有出现,广东省广州市番禺区三善村的古树以樟树、榕树和红棉为主,分布在河道与水塘边重要的公共空间。

四、古巷

巷是村落建筑之间组织交通的空间，在格局整齐的村落中，有横巷、纵巷与放射巷之分。其中连接村中重要公共空间的巷道是主巷道。完整的主巷道由巷门，良好的铺装、排水系统，路旁的石座椅等要素组成，有的巷道会分为几个进深，被好几处门楼分隔。主巷道的命名十分讲究，是区分巷道的标识，也是风水格局的重要构成。巷口门楼可开可关，方便管理，夜晚关闭防止小偷潜入，门楼上部设有箭孔、枪眼以防御外敌。

广东省肇庆市黎槎村布局精巧，暗藏洛书河图的玄机，依照八卦原理布局，建设8条射线巷道，10个门楼，20圈房屋。房屋建在凤凰岗的山岗上，按乾、坤、震、巽、坎、离、艮、兑等机理规划，形成"大围屋状、戏水金龟形"。村庄形成八角形的类似围屋的格局，周边水塘环绕如金龟在戏水。在外围环水池塘与村的外沿屋墙之间，便是环村大道，在环村大道不同的方向上共有10个门楼，而每个门楼代表一个坊，每一坊内都设有门楼、巷道、炮楼，防盗设计贯彻始终。另外，每一坊各住着家族中的一个房头，每个门坊便能代表某个房，由房组族，由族组村。每个门楼还有不同的名字，分别是仁和里、遂愿里、兴仁里、淳和里、尚仁里、居和里、柔顺里、毓秀里、仁华里、遂德坊等"九里一坊"。这些门楼名字都蕴含着浓郁深厚的儒家文化中的伦理道德。

广东省佛山市烟桥村，中轴线上有一条"烟桥正道"，两侧边按照《易经》分元、亨、利、贞四巷布局。"烟桥正道"石巷向南直通村头，北面入口有一座高大的麻石门楼，青砖瓦顶，样式朴素。门楣上，出自清末乡贤岭南画派著名画家何丹山（号"西樵老人"）

的手迹字画已随岁月变得模糊不清，但那青石上刻着的"烟桥正道"四个遒劲正楷大字，却是依然如前。"烟桥正道"由"一经堂"创始人何如原（牧野公）于清中后期兴建。光绪年间，何如原从烟桥去澳门做生意，凭借正气、老实的品德发家致富，之后他回烟桥村修了这条"烟桥正道"，希望激励后人将这种精神传承下去。此后，村内举行重要的仪式时都要走上这条"烟桥正道"。

走在村落中的古巷古街上可以一览村民的生活风貌。车陂街位于广东省广州市番禺区沙湾村乡亚中坊以南，东西走向，笔直而宽阔。因建于"猪腰岗"上，故初名"斜坡街"，后名"车陂街"，至民国时期更名"车碧街"，新中国成立后重新采用"车陂街"之名。车陂街是旧时沙湾富户云集的一条街，也是"三街六市"中"三街"之首。约在清光绪二十年（1894），车陂街曾被一批江湖大盗潜入，一夜之间被洗劫一空。车陂街内很多大宅外墙的水磨青砖造工精细，红砂岩石脚筑得很高，石脚越高则代表越富有。修石脚能达到三大作用：稳固房屋基础、防盗及避免潮湿渗水。

广州市港头村古巷口的巷名虽已消失了，但是保留了巷道的完整格局，进入巷门先上三级台阶，以抬高巷道的地势，防止洪水入侵。进入巷道可见两侧房屋的山墙夹道迎接，仍能见到高大的镬耳墙，有的还保留有完整的墙头装饰。由于年久失修，地面已经被杂草占据，房屋的砖瓦也松动脱落，曾经开阔大气的古巷如今令人惋惜。

五、生产空间

村庄最离不开的就是农业生产，农业生产最重要的要素就是阳光、土地和水。阳光雨水充足的东南地区可以释放充足的农业生产力，在资源方面制约农业生产的是有限的土地与特殊的土壤条件。为了更有效地利用土地，东南地区衍生出了一系列独特的农业解决方案，通过空间错落、时间搭配以及农产品之间的互补特性高效利用土地。这一类的农业智慧主要体现为茶山梯田、桑基鱼塘、垛基果林、稻田养鱼、稻田养鸭、间作套种、基围养鱼养虾等等。

（一）茶山梯田

福建以及广东潮汕地区的山与茶是绝配。茶叶喜欢山地气候，海拔高低决定茶叶的好坏。高山云雾笼罩、湿度足够且气压低、日照长，使得茶芽柔嫩，芬芳物质增多，因此醇而不苦涩；另外紫外光照射多，对茶叶水色及出芽影响极大。茶叶种植利用高山坡地形成梯田，很好地扭转了当地山多地少的不利情况。以茶为生的传统村落坐落于一座座产茶大山之中，武夷山产大红袍、铁罗汉、白鸡冠、水金龟、武夷肉桂、金骏眉、正山小种，凤凰山产凤凰单丛、凤凰水仙，安溪茶山产铁观音，太姥山产福鼎白茶。村落因茶而兴起，进而闻名，种茶、采茶、制作茶叶，使得村落、大山、茶田形成一体和谐的生态景观。

（二）桑基鱼塘

桑基鱼塘是生态农业、循环农业的典范。将低洼地挖深变成水塘，挖出的泥堆放在水塘的四周为地基，基上种桑，塘中养鱼，桑叶用来喂蚕，蚕屎用以饲鱼，而鱼塘中的塘泥又取上来做桑树的肥料。清光绪《高明县志》有对桑基鱼塘系统的记载："基种桑，塘蓄鱼，桑叶饲蚕，蚕屎饲鱼，两利俱全，十倍禾稼。"

东南地区虽然顺水而生，但每当洪水来临，农民辛苦种下的庄稼经常被冲毁。明清两代，广州一直保持着对外出口，国际生丝需求促进了蚕桑业的发展。周边的农民纷纷"废稻树桑"，"桑基鱼塘"便迅速传到了珠三角各地。从明清到近代，顺德、南海集中了华南最大的桑基鱼塘区，曾是最发达的机器缫丝业集中地。如今，桑基鱼塘已被风险更加可控的集中式养蚕取代，鱼塘边成片的桑树早难以寻见，但是壮观的鱼塘肌理仍是东南地区村落的一张风景名片。

（三）垛基果林

东南地区水果作物非常丰富，果林农业中最有地方特色的就是垛基果林。利用细密的河网与河漫滩地，再加上珠江入海口自然的潮汐作用，为果林带来营养物质，不需要额外施肥。

位于广州市海珠区的小洲村，自古以果林农业为生，其周边连片的垛基果林被广州市民称为"万亩果园"。2012年，广州市政府实施全国首例只征不转政策，把"万亩果园"11平方千米的果林及河道从农民手中征下，在保留农用地性质的基础上，将其作为"海

图 3-52　水林交融的垛基果林
（图片来源：广州市海珠国家湿地公园管理局）

珠湿地"实施整体保护。海珠湿地内有约40条感潮河涌与珠江相连，潮差超过2米，借助自然潮汐，每日源源不断的珠江水为湿地河网提供生态资源，呈现出多种多样的生境类型。

　　海珠湿地拥有6平方千米垛基果林，顺河挖沟，堆土成基，基上种树，涌（塘）养鱼，河滩栖息鸟类。果树—基塘—鱼虾—鸟类及排泄物形成物质和能量循环，河涌还可以行船，便于田间管理和生产生活物资的长距离输送。果基生态农业模式顺应了人类生产和自然生态规律。

中国传统村落
文化抢救与研究
文化区系列

Chinese Traditional Villages

第四章

东南传统村落的非物质文化景观

第一节
东南传统村落的非物质文化遗产概述与分类

古村落作为历史与自然融合的遗存，是传承中华文化的根，孕育了精彩纷呈的非物质文化遗产，目前古村落保留的各级非物质文化遗产仍占全国重要份额。但近些年来中国村落保护，更关注的是作为物质文化遗产的古村落，很大程度上忽视了非物质文化遗产的保护，从而只保护了一个"文化空壳"，或使文化失去了原真性。古村落的保护，不仅要保护其建筑、物质形态，更重要的是保护其世代传承的非物质文化遗产。值得欣慰的是，我国政府从2012年9月始，将习惯称作的"古村落"改为"传统村落"，以突出其文明价值及传承意义，并在同年发起"中国传统村落"评选项目。"传统村落"的评审标准，在形式上与"历史文化名村"评审类似，但规模上更具有广泛性和大量性，且更多地关注村落非物质文化遗产保护，加大其评分权重和指标内容。因此，本书将传统村落的非物质文化遗产（以下简称非遗）也作为重要内容进行阐述。

本书对非遗的遴选，以东南地区的国家级非遗名录为重要参考依据。目前，我国已制定"国家+省+市+县"4级非遗保护体系，先后批准了4批共计1372项国家级非物质文化遗产，其中，东南地区国家级非遗名录共计187项，项目类别主要包括：民间文学，传统音乐，传统舞蹈，传统戏剧，曲艺，传统体育、游艺与杂技，传统美术，传统技艺，传统医药，民俗等十类。可概括为三大类：民间艺术类（民间文学，传统音乐，传统舞蹈，传统戏剧，曲艺，传统体育、游艺与杂技，传统美术），主要展现传统村落村民的文体活动；传统技艺类（传统技艺、传统医药），主要展现传统村落中部分村民的手艺与技术；传统民俗类，主要体现了传统村落中村民的节庆与大型活动。当然，以上非遗传承人与申报载体并非全在传统村落中，但可以肯定的是，这些非遗大多起源于传统村落，经过多年发展与演化，由村向外有序传播，形成了新的非遗生态圈。

此外，因东南传统村落多为迁徙村落，信仰是村民组建关系、管理村庄的重要途径，是村民日常生活不可分离的一部分，本书将宗族类、宗教类信仰单列为传统村落非遗文化之一（也部分涵盖在非遗名录的传统民俗类中）。另外，饮食文化作为中华民间文化的重要组成部分（也部分涵盖在非遗名录的传统技艺类、传统民俗类中），绝大部分美食的制作技法与烹饪食材来自村庄，各类民间小吃更是精彩纷呈。村民一年四季很长时间都在为种植、采摘、烹饪各种食物而忙碌。因此，我们将饮食文化也单独提取作为本书传统村落非遗的重要组成部分。总体上，本书将从传统信仰、民间艺术、传统技艺、传统民俗、传统饮食等五大类别对东南传统村落的非遗文化分别论述。

第二节
精神家园：东南传统村落的信仰

一、信仰概述

东南传统村落的信仰广泛，主要表现在宗族与宗教两大块。

上古时期，东南广大地区主要是越人天下。两晋之交，北方移民大举南下福建地区，遂有"八姓入闽"之说，即林姓、黄姓、陈姓、郑姓、詹姓、邱姓、何姓、胡姓为避祸迁居福建。至今福州仍有"陈林半天下，黄郑满街排"的说法。广东地区的汉人主要由唐末战乱迁入，2016年，《南方日报》曾整理过"广东26个大姓迁徙图"，陈、李、黄、张、梁、林……如岭南第一大姓——陈姓，即由河南转福建迁至广东。而海南，更是一个"移民的海南"。海南记载的最早移民是"建武二年（26），青州人王氏与二子祈、律，家临高之南村，则东汉有父子至者矣"。王俞春的《历代过琼公传》中指出迁琼始祖，半数来自福建。台湾地区的汉人则主要为闽南后裔，所谓"台语"也就是闽南话。以上迁徙的原因，多半是战乱、朝代更替、天灾等，被迫宗族举家迁徙，至一合适地点后，族人在此安扎，定居生活。因此，东南地区村庄的社会关系主要基于生育血缘。《乡土中国》指出乡民的社群是"根据单系亲属原则所组成，即氏族"。文化是稳定的，很少新的问题，这类社会有的只是"教化"。乡村权力结构是民主的同意权力、不民主的横暴权力和教化权力三者合一的长老统治，即爸爸式的礼治。由氏族伦常建立了管理的差序格局。如粤语文化区的传统村落，一般一个村落为一个姓氏，共同祭祀一位太公。人和人的权利和义务根据生育和婚姻所构成的亲属关系决定。

至于宗教信仰，正是由于东南地区人民自中原而来，其自身带有一定的中原的道、佛、儒等宗教信仰，来到海边、山边后，由于气候温热潮湿、航海技术落后、生存环境恶劣，为谋求生存发展，逐渐对水神、山神等产生信赖，且在迁徙的过程中，也伴有一些保护神产生，如康王等。因此，东南地区的人民宗教信仰异常丰富，天、地、人、儒、道、基督等无所不含。

二、宗族信仰

（一）祠堂文化

由于东南地区村民主要是从中原地区一个家族、一个祖宗迁徙而来，所以东南地区的家族观念相当深刻，村落多建立自己的家庙祭祀祖先。祠堂最早出现于汉代，当时祠堂均建于墓所，曰墓祠；南宋朱熹《家礼》立祠堂之制，从此称家庙为祠堂。村落的祠堂，既是权力的网络空间，也是个多维的文化空间。祠堂的基本功能是祭祀祖先，通过对同一个太公的祭祀，以同姓血亲关系的延续为纽带，把整个家族成员联系起来，形成宗族内部的凝聚力和亲和力。

祠堂也是族长行使族权的地方，族人在这里议会，做出重大决策，进行奖惩，因此，在旧时期，祠堂也是村落的法庭。旧时很多祠堂也承担族人子弟教育，兼做学堂的功能。正因如此，在村落中，祠堂一般位于入口和村庄的核心位置，且祠堂建筑一般比民宅规模大、质量好。越有权势和财势的家族，他们的祠堂往往越讲究，高大的厅堂、精致的雕饰、上等的用材。今日，在东南地区的很多村落，修缮祠堂、新建祠堂仍是村落中的头等大事。每年在祠堂内，仍会举行清明、春节祭祀与太公生辰祭祀等活动，族人红白喜事，也会在祠堂中举行。个别地区举办红事与白事的祠堂分开。在传统村落活化中，也有很多祠堂逐渐成为村民进行休闲活动的地方。因此，很多祠堂也被辟为村史馆、曲艺社、农耕馆、文化馆、老人活动中心和健身娱乐区等多种场所。

值得一提的是，在对广东地区的网络问卷调查中，有68.61%的人说生活的地区周边有祠堂，认为祠堂文化中包括了地方特有的民俗文化、岭南传统建筑文化、宗族同根文化。有55.47%的人希望可以参加在祠堂内举行的活动。这些都说明祠堂在东南地区仍然数量巨大，正面影响较大。

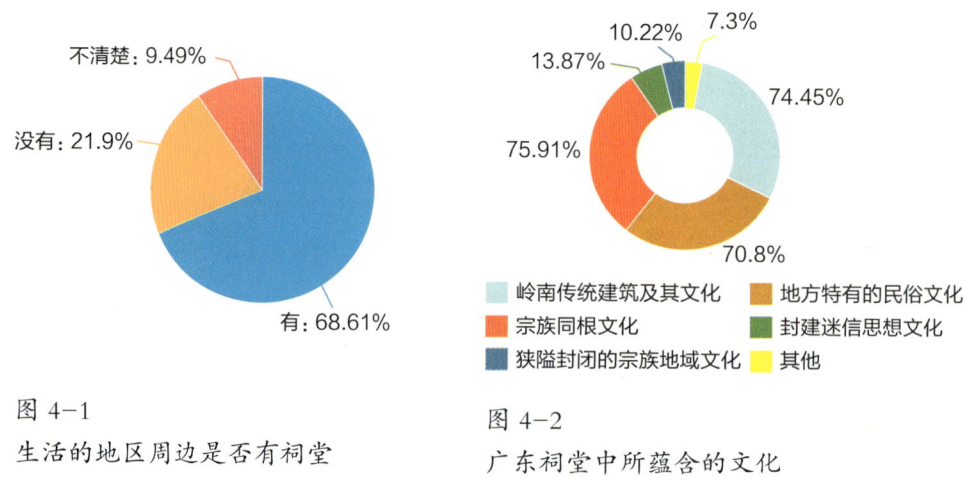

图 4-1
生活的地区周边是否有祠堂

图 4-2
广东祠堂中所蕴含的文化

第四章 | 东南传统村落的非物质文化景观

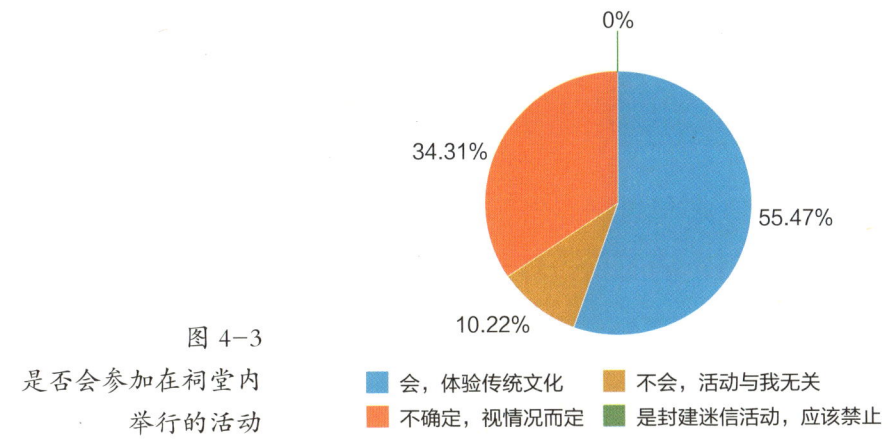

图 4-3
是否会参加在祠堂内举行的活动

（二）太公文化

太公，一般流行于南方社会，多见于东南地区，是古代对长辈的尊称。如《后汉书·李燮传》："李氏灭矣！自太公已来，积德累仁，何以遇此。"由于东南地区村落多为一个宗族，一般共同祭祀一个太公，如何太公、李太公、姜太公等。在村落中，族人们仍会在太公诞辰时日、清明时节举行太公祭祖活动。

以广东地区为例，每年9月，佛山市南海区大沥镇颜峰村，来自全省各地的叶氏后人纷纷云集在此，共同祭拜广东叶氏先祖——南宋左丞相叶颙。在这一天，不同地区的人因同一姓氏而成为同一家人。在每年11月，佛山市禅城区湾华村也会迎来一年一度的太公诞，村内所有族人共同庆贺何氏太公何潜溪的诞辰。多支龙狮队敲锣打鼓，轮流在村里的何氏祠堂舞狮祭拜。舞狮采青结束，拜完祖宗，就是一年一次的村宴。宴席在多个祠堂里举行，族人们共聚一堂。

三、宗教信仰

宗教信仰，既包括对人、神、鬼怪的信仰，也包括对动物的信仰，如牛、鸟、狗和鱼等。本书主要介绍东南地区影响力最广的妈祖信仰和最具特色的石狗崇拜、康王鸭崇拜、人鱼相守，以及民间信俗等。

（一）妈祖信仰

妈祖，是以中国东南沿海为中心，包括东亚等地区信仰的海神，因海运而兴，经宋、元、明、清各代朝廷敕封，列入祀典，成为中国最重要的海神。相传妈祖真名为林默，诞生于宋建隆元年（960）农历三月二十三，宋太宗雍熙四年（987）九月初九逝世。林默生长在大海之滨，相传其通晓天文气象，熟习水性。人们传说她能乘席渡海，测吉凶，必会事前告知船户可否出航，所以又说她能"预知休咎事"。正因她救世济人，泽被一方，被朝廷赐封，沿海人民便尊其为海神，立庙祭祀。自宋代始，妈祖信仰随闽人入粤，在粤地流播，濒海地区及海岛陆续兴建妈祖神祠，粤人敬奉妈祖之虔诚不亚于闽人。随着妈祖信仰在粤地的广泛传播，逐步"排挤"粤地原有海神伏波将军、海龙王等，清初屈大均《广东新语》尚言："凡渡海自番禺者，率祀祝融、天妃，自徐闻者，祀二伏波。"至于海南，由于其不少民众来自福建，对妈祖信仰更是情有独钟。海南的海神信仰包括海龙王、伏波将军、海神娘娘、妈祖、冼夫人、木头公、兄弟公等，但以妈祖信仰更盛。台湾的妈祖信仰也十分普遍，台胞1/3以上信仰妈祖。祭祀妈祖的庙宇在东南各省名字很多，如天后宫、天妃宫、妈祖庙、天后寺、天后祠、圣母坛等，以天后宫为最多。据传，全球妈祖信众多达2亿人，共有5000多座纪念妈祖的庙宇宫殿，福建湄洲岛的妈祖庙是全球妈祖祖庙，广州南沙天后宫是世界规模最大的天后宫，占地面积达100公顷，天后圣像高达14.5米，人称"天下天后第一宫"。2009年，妈祖信仰入选联合国教科文组织人类非物质文化遗产代表作名录。

图4-4　南沙天后宫

(二)雷州石狗崇拜

上古雷州,是一块荒蛮之地,瘴气浓重,人气不旺,为生儿育女,雷州民众便雕刻高大威猛、带有硕大生殖器的石狗进行祭拜祈祷,若有灵验,又前来答谢石狗。直到现在,一些抱孙心切的老人,仍会捧三碗番薯汤或三碗饭与一块猪肉,偷偷地向石狗烧香求拜。在雷州半岛上,放眼村庄的老巷子、庭院、屋顶、门口,会看到一尊尊或坐、或蹲、或趴的石狗。据不完全统计,雷州境内石狗大约有两万只,它们遍布在各镇2500多个村庄,几乎每个村庄都有。距今1500多年的榜山村,石狗文化兴盛。榜山村石狗坡仍保留有南北

图 4-5
雷州石狗

朝时期的石狗，这是目前可查证的最早石狗之一。历史资料表明，当时雷州亦受旱灾之苦，城乡百姓用各种方式祷告赐雨，到元明时，产生了"石狗赶雨"的民俗。人们用大红绸缎缠着石狗，让多名壮汉抬着在山坡上巡游，一路鸣放鞭炮。这种仪式在榜山村石狗坡举行最多，规模较大，参与人员有时多达两三千人。除此，石狗在当地还有招财、祈福、镇煞等各种用途。逢年过节，村民会给石狗刷漆、挂上大红绸缎，香炉前敬拜的人络绎不绝。许多乡村还为石狗建石柱，石狗昂首咧嘴、含笑露善，如司仪迎宾，因此，石狗又被人称为"司仪神"。目前，雷州石狗已被列入国家级非物质文化遗产名录。

（三）康王鸭崇拜

康王信仰原型诸说不一，皆可存之。广东、福建等地大多将宋将康保裔尊为康王。康保裔，河南洛阳人，出生于将门。据《说岳全传》相关章节记载，当年康王被金兵快马追赶时，情急之下蹚过农田，却留下一长串的脚印，极易败露行踪，所幸忽然冒出来一群鸭子从这片水田走过，把康王的脚印踩乱，金兵追到这里时就找不到线索了。最终康王侥幸脱险，为感谢鸭子的搭救之恩，康王发誓不再吃鸭，并下诏官民保护鸭子。在古庙大门的墙体上还贴有"本庙不得带鸭类品进入庙内拜祭"的告示牌。尤其在每年农历七月初七的康公诞，在诞期三日内，还禁食鸭和鸭蛋。有些康王信仰兴盛的传统村落，甚至祖祖辈辈均不食鸭。

（四）浦源人鱼相守

福建省周宁县浦源镇浦源村，是中国唯一的鲤鱼文化传统村落。800多年前，郑氏祖先从河南迁徙至此，沿山溪建村而居。为保溪水洁净，防敌人投毒，先人在溪中投放鲤鱼，此后设立村规民约，立誓爱鱼护鱼，绝不食鲤鱼。鲤鱼自然死亡后被安葬在"鱼冢"，在鲤鱼溪下游的一处土丘上，上书"鱼冢"二字，这就是全国唯一的鲤鱼墓，从此形成独特的"鲤鱼文化"。溪中鲤鱼死亡后，由村里德高望重的族长亲诵祭文，焚香、烧纸钱、放鞭炮、送入鱼冢。因此，这里也是中华鲤鱼文化在东南最完美的延续，是中国乃至世界人与自然和谐共处的典范。

第三节
瑰宝传承：东南传统村落的民间艺术

一、东南地区国家级非遗：民间艺术类概述

民间艺术包括民间文学，传统音乐，传统舞蹈，传统戏剧，曲艺，传统体育、游艺与杂技，传统美术等。东南地区的传统音乐各有特色，不同的劳作背景、不同的宗教信仰、不同的民族都演化出了不同的音乐形式。龙舞、狮舞、蜈蚣舞、鹤舞等传统舞蹈，由动物动作演化而来；老古舞、黎族打柴舞、瑶族长鼓舞、傩舞、高山

族拉手舞等为少数民族舞种,说明东南地区少数民族集聚区众多,居住历史悠久,已形成独特的舞种。传统戏剧除粤剧、潮剧、闽剧、琼剧、雷剧等,还包括采茶戏、歌仔戏等由不同的劳作场景而创作的戏剧。传统美术主要以画、刺绣、塑、雕、镶嵌、刻、剪、编、扎等工艺为主,载体包括花灯、布料、瓷器、纸张、竹子、木头、石头等村庄中能获取的原始材料。

可以看出,东南地区国家级非遗有如下特点:民间艺术主要受不同的地理环境因素(靠海、靠山、靠水各有差异)、资源差异(石、竹、纸、布、木、椰、核等各有差异)、不同的社会文化因素(从事采茶、种植、捕鱼等的人民各有差异,不同民族各有差异)影响。

图 4-6
民间艺术类非遗东南
各省比例分布
(台湾暂无数据)

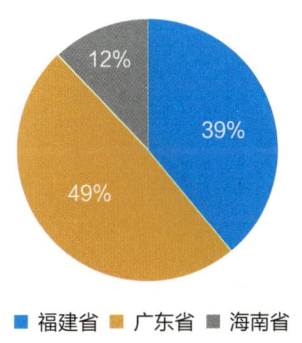

表 4-1　东南地区民间艺术类国家级非遗[①]

序号	名称	类别	公布时间	类型	申报地区或单位
1	畲族小说歌	民间文学	2006（第一批）	新增项目	福建省霞浦县
2	童谣（闽南童谣）	民间文学	2008（第二批）	新增项目	福建省厦门市
3	陈三五娘传说	民间文学	2014（第四批）	新增项目	福建省泉州市洛江区
4	谜语（澄海灯谜）	民间文学	2008（第二批）	扩展项目	广东省汕头市澄海区
5	雷州歌	民间文学	2008（第二批）	新增项目	广东省雷州市
6	畲族民歌	传统音乐	2006（第一批）	新增项目	福建省宁德市
7	唢呐艺术（长汀公嫲吹）	传统音乐	2011（第三批）	扩展项目	福建省长汀县
8	十番音乐（闽西客家十番音乐）	传统音乐	2006（第一批）	新增项目	福建省龙岩市
9	十番音乐（茶亭十番音乐）	传统音乐	2006（第一批）	新增项目	福建省福州市
10	十番音乐（黄石惠洋十音）	传统音乐	2008（第二批）	扩展项目	福建省莆田市
11	南音	传统音乐	2006（第一批）	新增项目	福建省泉州市
12	南音	传统音乐	2006（第一批）	新增项目	福建省厦门市
13	泉州北管	传统音乐	2006（第一批）	新增项目	福建省泉州市
14	莆仙十音八乐	传统音乐	2014（第四批）	新增项目	福建省莆田市涵江区

[①] 资料来源于中国非物质文化遗产网。

续表

序号	名称	类别	公布时间	类型	申报地区或单位
15	梅州客家山歌	传统音乐	2006（第一批）	新增项目	广东省梅州市
16	中山咸水歌	传统音乐	2006（第一批）	新增项目	广东省中山市
17	古琴艺术（岭南派）	传统音乐	2008（第二批）	扩展项目	广东省广州市
18	十番音乐（佛山十番）	传统音乐	2008（第二批）	扩展项目	广东省佛山市
19	广东音乐	传统音乐	2006（第一批）	新增项目	广东省广州市
20	广东音乐	传统音乐	2006（第一批）	新增项目	广东省台山市
21	潮州音乐	传统音乐	2006（第一批）	新增项目	广东省潮州市
22	潮州音乐	传统音乐	2006（第一批）	新增项目	广东省汕头市
23	广东汉乐	传统音乐	2006（第一批）	新增项目	广东省大埔县
24	惠东渔歌	传统音乐	2008（第二批）	新增项目	广东省惠州市
25	瑶族民歌	传统音乐	2014（第四批）	扩展项目	广东省乳源瑶族自治县
26	锣鼓艺术（八音锣鼓）	传统音乐	2014（第四批）	扩展项目	广东省佛山市顺德区
27	渔歌（汕尾渔歌）	传统音乐	2014（第四批）	新增项目	广东省汕尾市
28	崖州民歌	传统音乐	2006（第一批）	新增项目	海南省三亚市
29	崖州民歌	传统音乐	2008（第二批）	扩展项目	海南省乐东黎族自治县
30	儋州调声	传统音乐	2006（第一批）	新增项目	海南省儋州市
31	十番音乐（海南八音器乐）	传统音乐	2008（第二批）	扩展项目	海南省海口市

续表

序号	名称	类别	公布时间	类型	申报地区或单位
32	苗族民歌	传统音乐	2014（第四批）	扩展项目	海南省琼中黎族苗族自治县
33	黎族民歌（琼中黎族民歌）	传统音乐	2008（第二批）	新增项目	海南省琼中黎族苗族自治县
34	黎族竹木器乐	传统音乐	2008（第二批）	新增项目	海南省保亭黎族苗族自治县
35	黎族竹木器乐	传统音乐	2008（第二批）	新增项目	海南省五指山市
36	道教音乐（海南斋醮科仪音乐）	传统音乐	2008（第二批）	新增项目	海南省定安县
37	临高渔歌	传统音乐	2011（第三批）	新增项目	海南省临高县
38	龙舞（大田板灯龙）	传统舞蹈	2008（第二批）	扩展项目	福建省大田县
39	傩舞（邵武傩舞）	传统舞蹈	2008（第二批）	扩展项目	福建省邵武市
40	傩舞（浦南古傩）	传统舞蹈	2011（第三批）	扩展项目	福建省漳州市
41	泉州拍胸舞	传统舞蹈	2006（第一批）	新增项目	福建省泉州市
42	灯舞（莆田九鲤灯舞）	传统舞蹈	2008（第二批）	新增项目	福建省莆田市
43	高山族拉手舞	传统舞蹈	2008（第二批）	新增项目	福建省华安县
44	龙岩采茶灯	传统舞蹈	2014（第四批）	新增项目	福建省龙岩市新罗区
45	龙舞（湛江人龙舞）	传统舞蹈	2006（第一批）	新增项目	广东省湛江市
46	龙舞（汕尾滚地金龙）	传统舞蹈	2006（第一批）	新增项目	广东省汕尾市
47	龙舞（埔寨火龙）	传统舞蹈	2008（第二批）	扩展项目	广东省丰顺县
48	龙舞（人龙舞）	传统舞蹈	2008（第二批）	扩展项目	广东省佛山市

续表

序号	名称	类别	公布时间	类型	申报地区或单位
49	龙舞（荷塘纱龙）	传统舞蹈	2008（第二批）	扩展项目	广东省江门市蓬江区
50	龙舞（乔林烟花火龙）	传统舞蹈	2008（第二批）	扩展项目	广东省揭阳市
51	龙舞（醉龙）	传统舞蹈	2008（第二批）	扩展项目	广东省中山市
52	龙舞（香火龙）	传统舞蹈	2011（第三批）	扩展项目	广东省南雄市
53	龙舞（六坊云龙舞）	传统舞蹈	2011（第三批）	扩展项目	广东省中山市
54	狮舞（广东醒狮）	传统舞蹈	2006（第一批）	新增项目	广东省佛山市
55	狮舞（广东醒狮）	传统舞蹈	2006（第一批）	新增项目	广东省遂溪县
56	狮舞（广东醒狮）	传统舞蹈	2006（第一批）	新增项目	广东省广州市
57	狮舞（席狮舞）	传统舞蹈	2008（第二批）	扩展项目	广东省梅州市
58	狮舞（青狮）	传统舞蹈	2011（第三批）	扩展项目	广东省揭阳市
59	狮舞（松岗七星狮舞）	传统舞蹈	2011（第三批）	扩展项目	广东省深圳市
60	傩舞（湛江傩舞）	传统舞蹈	2008（第二批）	扩展项目	广东省湛江市麻章区
61	英歌（普宁英歌）	传统舞蹈	2006（第一批）	新增项目	广东省揭阳市
62	英歌（潮阳英歌）	传统舞蹈	2006（第一批）	新增项目	广东省汕头市
63	英歌（甲子英歌）	传统舞蹈	2011（第三批）	扩展项目	广东省陆丰市
64	麒麟舞	传统舞蹈	2008（第二批）	新增项目	广东省海丰县
65	麒麟舞（坂田永胜堂舞麒麟）	传统舞蹈	2011（第三批）	扩展项目	广东省深圳市

续表

序号	名称	类别	公布时间	类型	申报地区或单位
66	麒麟舞（大船坑舞麒麟）	传统舞蹈	2011（第三批）	扩展项目	广东省深圳市
67	麒麟舞（樟木头舞麒麟）	传统舞蹈	2011（第三批）	扩展项目	广东省东莞市
68	灯舞（沙头角鱼灯舞）	传统舞蹈	2008（第二批）	新增项目	广东省深圳市
69	禾楼舞	传统舞蹈	2008（第二批）	新增项目	广东省郁南县
70	蜈蚣舞	传统舞蹈	2008（第二批）	新增项目	广东省汕头市澄海区
71	鹤舞（三灶鹤舞）	传统舞蹈	2011（第三批）	扩展项目	广东省珠海市
72	瑶族长鼓舞	传统舞蹈	2008（第二批）	新增项目	广东省连南瑶族自治县
73	瑶族长鼓舞（小长鼓舞）	传统舞蹈	2011（第三批）	扩展项目	广东省连山壮族瑶族自治县
74	跳花棚	传统舞蹈	2011（第三批）	新增项目	广东省化州市
75	黎族打柴舞	传统舞蹈	2006（第一批）	新增项目	海南省三亚市
76	老古舞	传统舞蹈	2011（第三批）	新增项目	海南省白沙黎族自治县
77	梨园戏	传统戏剧	2006（第一批）	新增项目	福建省泉州市
78	莆仙戏	传统戏剧	2006（第一批）	新增项目	福建省莆田市
79	潮剧	传统戏剧	2011（第三批）	扩展项目	福建省云霄县
80	永安大腔戏	传统戏剧	2006（第一批）	新增项目	福建省永安市
81	四平戏	传统戏剧	2006（第一批）	新增项目	福建省屏南县
82	四平戏	传统戏剧	2006（第一批）	新增项目	福建省政和县

续表

序号	名称	类别	公布时间	类型	申报地区或单位
83	泰宁梅林戏	传统戏剧	2006（第一批）	新增项目	福建省泰宁县
84	闽西汉剧	传统戏剧	2006（第一批）	新增项目	福建省龙岩市
85	闽剧	传统戏剧	2006（第一批）	新增项目	福建省福州市
86	寿宁北路戏	传统戏剧	2006（第一批）	新增项目	福建省寿宁县
87	高甲戏	传统戏剧	2006（第一批）	新增项目	福建省泉州市
88	高甲戏	传统戏剧	2006（第一批）	新增项目	福建省厦门市
89	高甲戏（柯派）	传统戏剧	2008（第二批）	扩展项目	福建省晋江市
90	越剧（尹派）	传统戏剧	2008（第二批）	扩展项目	福建省芳华越剧团
91	歌仔戏	传统戏剧	2006（第一批）	新增项目	福建省漳州市
92	歌仔戏	传统戏剧	2006（第一批）	新增项目	福建省厦门市
93	木偶戏（泉州提线木偶戏）	传统戏剧	2006（第一批）	新增项目	福建省泉州市
94	木偶戏（晋江布袋木偶戏）	传统戏剧	2006（第一批）	新增项目	福建省晋江市
95	木偶戏（漳州布袋木偶戏）	传统戏剧	2006（第一批）	新增项目	福建省漳州市
96	打城戏	传统戏剧	2008（第二批）	新增项目	福建省泉州市
97	屏南平讲戏	传统戏剧	2008（第二批）	新增项目	福建省屏南县
98	平讲戏	传统戏剧	2014（第四批）	新增项目	福建省福安市
99	潮剧	传统戏剧	2006（第一批）	新增项目	广东省潮州市

续表

序号	名称	类别	公布时间	类型	申报地区或单位
100	潮剧	传统戏剧	2006（第一批）	新增项目	广东省汕头市
101	潮剧	传统戏剧	2008（第二批）	扩展项目	广东省揭阳市
102	正字戏	传统戏剧	2006（第一批）	新增项目	广东省陆丰市
103	粤剧	传统戏剧	2006（第一批）	新增项目	广东省文化厅
104	粤剧	传统戏剧	2006（第一批）	新增项目	广东省广州市
105	粤剧	传统戏剧	2006（第一批）	新增项目	广东省佛山市
106	粤剧	传统戏剧	2014（第四批）	扩展项目	广东省吴川市
107	西秦戏	传统戏剧	2006（第一批）	新增项目	广东省海丰县
108	采茶戏（粤北采茶戏）	传统戏剧	2011（第三批）	扩展项目	广东省韶关市
109	白字戏	传统戏剧	2006（第一批）	新增项目	广东省海丰县
110	花朝戏	传统戏剧	2006（第一批）	新增项目	广东省紫金县
111	皮影戏（陆丰皮影戏）	传统戏剧	2006（第一批）	新增项目	广东省汕尾市
112	木偶戏（高州木偶戏）	传统戏剧	2006（第一批）	新增项目	广东省高州市
113	木偶戏（潮州铁枝木偶戏）	传统戏剧	2006（第一批）	新增项目	广东省潮州市
114	木偶戏（五华提线木偶）	传统戏剧	2008（第二批）	扩展项目	广东省梅州市
115	木偶戏（广东木偶戏）	传统戏剧	2011（第三批）	扩展项目	广东省木偶艺术剧院有限公司
116	木偶戏（揭阳铁枝木偶戏）	传统戏剧	2011（第三批）	扩展项目	广东省揭阳市

续表

序号	名称	类别	公布时间	类型	申报地区或单位
117	广东汉剧	传统戏剧	2008（第二批）	新增项目	广东汉剧院
118	雷剧	传统戏剧	2011（第三批）	新增项目	广东省雷州市
119	木偶戏（临高人偶戏）	传统戏剧	2006（第一批）	新增项目	海南省临高县
120	木偶戏（文昌公仔戏）	传统戏剧	2008（第二批）	扩展项目	海南省文昌市
121	木偶戏（三江公仔戏）	传统戏剧	2008（第二批）	扩展项目	海南省海口市
122	琼剧	传统戏剧	2008（第二批）	新增项目	海南省琼剧院
123	琼剧	传统戏剧	2008（第二批）	新增项目	海南省海口市
124	海南斋戏	传统戏剧	2011（第三批）	新增项目	海南省海口市
125	福州评话	曲艺	2006（第一批）	新增项目	福建省福州市
126	福州伬艺	曲艺	2006（第一批）	新增项目	福建省福州市
127	南平南词	曲艺	2006（第一批）	新增项目	福建省南平市
128	锦歌	曲艺	2006（第一批）	新增项目	福建省漳州市
129	歌册（东山歌册）	曲艺	2006（第一批）	新增项目	福建省东山县
130	答嘴鼓	曲艺	2006（第一批）	新增项目	福建省厦门市
131	讲古	曲艺	2008（第二批）	新增项目	福建省厦门市思明区
132	龙舟说唱	曲艺	2006（第一批）	新增项目	广东省佛山市顺德区
133	歌册（潮州歌册）	曲艺	2008（第二批）	扩展项目	广东省潮州市

续表

序号	名称	类别	公布时间	类型	申报地区或单位
134	粤曲	曲艺	2011（第三批）	新增项目	广东省广州市
135	木鱼歌	曲艺	2011（第三批）	新增项目	广东省东莞市
136	中幡（建瓯挑幡）	传统体育、游艺与杂技	2008（第二批）	扩展项目	福建省建瓯市
137	宁德霍童线狮	传统体育、游艺与杂技	2006（第一批）	新增项目	福建省宁德市
138	五祖拳	传统体育、游艺与杂技	2008（第二批）	新增项目	福建省泉州市
139	地术拳	传统体育、游艺与杂技	2011（第三批）	新增项目	福建省精武保安培训学校
140	咏春拳	传统体育、游艺与杂技	2014（第四批）	新增项目	福建省福州市
141	蔡李佛拳	传统体育、游艺与杂技	2008（第二批）	新增项目	广东省江门市新会区
142	赛龙舟	传统体育、游艺与杂技	2011（第三批）	新增项目	广东省东莞市
143	漳州木版年画	传统美术	2006（第一批）	新增项目	福建省漳州市
144	剪纸（漳浦剪纸）	传统美术	2008（第二批）	扩展项目	福建省漳浦县
145	剪纸[泉州（李尧宝）刻纸]	传统美术	2008（第二批）	扩展项目	福建省泉州市
146	剪纸（柘荣剪纸）	传统美术	2008（第二批）	扩展项目	福建省柘荣县
147	剪纸（浦城剪纸）	传统美术	2014（第四批）	扩展项目	福建省浦城县
148	寿山石雕	传统美术	2006（第一批）	新增项目	福建省福州市
149	惠安石雕	传统美术	2006（第一批）	新增项目	福建省惠安县
150	漳州木偶头雕刻	传统美术	2006（第一批）	新增项目	福建省漳州市

续表

序号	名称	类别	公布时间	类型	申报地区或单位
151	木偶头雕刻（江加走木偶头雕刻）	传统美术	2008（第二批）	扩展项目	福建省泉州市
152	竹刻（莆田留青竹刻）	传统美术	2014（第四批）	扩展项目	福建省莆田市城厢区
153	灯彩（泉州花灯）	传统美术	2006（第一批）	新增项目	福建省泉州市
154	竹编（安溪竹藤编）	传统美术	2014（第四批）	扩展项目	福建省安溪县
155	木雕（莆田木雕）	传统美术	2011（第三批）	扩展项目	福建省莆田市
156	软木画	传统美术	2008（第二批）	新增项目	福建省福州市
157	永春纸织画	传统美术	2011（第三批）	新增项目	福建省永春县
158	错金银	传统美术	2014（第四批）	新增项目	福建省莆田市涵江区
159	佛山木版年画	传统美术	2006（第一批）	新增项目	广东省佛山市
160	内画（广东内画）	传统美术	2008（第二批）	扩展项目	广东省汕头市
161	剪纸（广东剪纸）	传统美术	2006（第一批）	新增项目	广东省佛山市
162	剪纸（广东剪纸）	传统美术	2006（第一批）	新增项目	广东省汕头市
163	剪纸（广东剪纸）	传统美术	2006（第一批）	新增项目	广东省潮州市
164	粤绣（广绣）	传统美术	2006（第一批）	新增项目	广东省广州市
165	粤绣（潮绣）	传统美术	2006（第一批）	新增项目	广东省潮州市
166	象牙雕刻	传统美术	2006（第一批）	新增项目	广东省广州市
167	潮州木雕	传统美术	2006（第一批）	新增项目	广东省潮州市

续表

序号	名称	类别	公布时间	类型	申报地区或单位
168	潮州木雕	传统美术	2008（第二批）	扩展项目	广东省揭阳市
169	潮州木雕	传统美术	2008（第二批）	扩展项目	广东省汕头市
170	泥塑（大吴泥塑）	传统美术	2008（第二批）	扩展项目	广东省潮安县
171	灯彩（东莞千角灯）	传统美术	2006（第一批）	新增项目	广东省东莞市
172	灯彩（佛山彩灯）	传统美术	2008（第二批）	扩展项目	广东省佛山市
173	灯彩（潮州花灯）	传统美术	2008（第二批）	扩展项目	广东省潮州市湘桥区
174	灯彩（忠信花灯）	传统美术	2011（第三批）	扩展项目	广东省连平县
175	石雕（雷州石狗）	传统美术	2008（第二批）	新增项目	广东省雷州市
176	玉雕（广州玉雕）	传统美术	2008（第二批）	新增项目	广东省广州市荔湾区
177	玉雕（阳美翡翠玉雕）	传统美术	2008（第二批）	新增项目	广东省揭阳市
178	核雕（广州榄雕）	传统美术	2008（第二批）	新增项目	广东省增城市
179	彩扎（佛山狮头）	传统美术	2008（第二批）	新增项目	广东省佛山市
180	彩扎（麒麟制作）	传统美术	2014（第四批）	扩展项目	广东省东莞市
181	灰塑	传统美术	2008（第二批）	新增项目	广东省广州市
182	镶嵌（嵌瓷）	传统美术	2008（第二批）	新增项目	广东省汕头市
183	镶嵌（嵌瓷）	传统美术	2008（第二批）	新增项目	广东省普宁市
184	镶嵌（潮州嵌瓷）	传统美术	2011（第三批）	扩展项目	广东省潮州市工艺美术研究院

续表

序号	名称	类别	公布时间	类型	申报地区或单位
185	新会葵艺	传统美术	2008（第二批）	新增项目	广东省江门市新会区
186	盆景技艺（英石假山盆景技艺）	传统美术	2008（第二批）	新增项目	广东省英德市
187	瑶族刺绣	传统美术	2011（第三批）	新增项目	广东省乳源瑶族自治县
188	抽纱（汕头抽纱）	传统美术	2014（第四批）	新增项目	广东省汕头市
189	抽纱（潮州抽纱）	传统美术	2014（第四批）	新增项目	广东省潮州市
190	木雕（花瑰艺术）	传统美术	2011（第三批）	扩展项目	海南省澄迈县
191	椰雕（海南椰雕）	传统美术	2008（第二批）	新增项目	海南省海口市

二、音乐类：十番音乐

十番又称十盘，十番鼓是福建、广东、海南等地的古老民乐，由约十种乐器组成，包括管乐器、弦乐器和打击乐器三大类。原以打击乐为主，锣鼓和丝竹合奏比较晚，其打击方法别具一格，只敲击每节第一个音节，不能演唱，但可以吟诵，以行进式演奏为主，主要用于祝贺迎亲、寿宴、金榜题名等喜事。其音调古朴、和谐、明快、热烈，是福建省龙岩市、福州市、莆田市，广东省佛山市，海南省海口市等地的民间传承。佛山十番的最大特色是轻薄小钹，一手执钹冠，一手甩动穿上绳子的另一钹擦击，十人八人同时表演各种花式，有很强的可舞性和可观性，故名"飞钹"。佛山十番以茶基传统村落传承最盛。

龙岩十番，也称闽西客家十番音乐，又称客家十欢、打十般等。乐队演奏用二胡、吊规、椰胡、板胡、月琴、三弦、扬琴、琵琶、竹笛、唢呐等管弦乐器及板、堂鼓、堂锣、小钹、碰铃等打击乐器。"十"是泛指，并非一定是十人演奏十件乐器，可七八人，也可十五六人。目前龙岩市连城县有3个传习点，共有20支十番音乐队伍，成立了十番协会，通过定期开展演奏技能培训、组织会演、外出交流等方式，传承技艺、进行创作交流，注入更多的新生力量。

三、舞蹈类：泉州拍胸舞

泉州拍胸舞是泉州及闽南地区最普遍、最具代表性的传统民间舞蹈，是古闽越族舞蹈遗存，被誉为"东方迪斯科"，2006年被列入首批国家级非物质文化遗产名录。拍胸舞为男性舞蹈，舞者头戴草圈、赤足、裸上身，舞蹈动作以蹲裆步为主，双手依次击掌，拍击前胸、两胁、腿部，高昂、激越时可双脚反复顿地，双手使劲将胸、胁、全身拍得通红；舒缓和畅时则抚胸翻掌、扭腰摆臀，动作圆柔而诙谐，活泼而妙趣横生。拍胸舞不受道具、场地、音乐等限制，茶余饭后、农耕劳作，兴起时民众只要一边哼着民间歌调，一边用双手拍击自身便可起舞，因跳舞时的环境、情绪的差异，形成了不同的跳法和风格，如"酒后拍胸""乞丐拍胸""拍胸乐""踩街拍胸"等。在泉州乃至闽南地区，举凡重大文化活动、集会庆典或迎神赛会、婚丧喜庆等，随处可见拍胸舞表演的身影，该舞蹈已得到良好的传承与创新。传承模式包括师带徒模式、学院模式、教学模式、编创模式等。

四、戏曲类：平讲戏

"蒲山多胜迹，漈水有贤俊。"福建省屏南县棠口乡漈头村的科举文化、民俗文化、戏剧文化、武术文化、饮食文化等闻名遐迩，享有屏南"四大书乡"之首的美誉。漈头村入选第五批中国历史文化名村，还被誉为"戏剧之乡"，村民素爱看戏、听戏。漈头村早在明末清初，就有戏剧活动，屏南7种地方戏有4种发祥于此，平讲戏就是其中之一。该戏属第二批国家级非物质文化遗产，被誉为古老剧种"活化石"。平讲戏是闽剧前身之一，明末清初时期，结合屏南民间的"驮故事"，吸收四平腔以及乱弹的逗腔、洋歌等唱腔，用当地方言演唱，道白唱腔平俗如讲话，因而得名平讲戏。以语改腔或改腔用语，一人唱，多人和。特色乐器有刀鞘板、无月大锣、毛胡、平面低音锣、指呐等。平讲戏的剧目，主要从江湖十八本发展起来，传统剧目有"三十六本头"，后期发展到50多个剧目。常演的剧目有《双封侯》《双状元》《赠宝塔》等，此外有折子戏《楼台会》《小方卿唱道情》《云头送子》等。通俗易懂而又贴近生活的台词与故事，是平讲戏一度兴盛的积极因素。"看戏屏南班，下酒老鼠干，零吃地瓜干，配粥豆腐干"，这句闽东北民谣，道出了屏南平讲戏的广泛影响。

每逢节庆，漈头村张氏祠堂内的古戏台上，高亢悠扬的戏曲声依然回荡，短则一周，长则半个多月。2006年，漈头平讲戏剧团

《马匹卜换妻》剧目，在全国四平腔学术研讨会期间演出，受到中外专家的一致好评。这次演出成功，使屏南平讲戏古老剧种活化石重新焕发生机。其后，屏南潦头平讲戏剧团也参加了与台湾、东南亚等地的文化交流。

五、美术类：潮州剪纸、漳浦剪纸

潮州剪纸和漳浦剪纸同为国家级非物质文化遗产。潮州剪纸是在日常生活中应用和流传的一种艺术形式。千百年来，剪纸艺术一直在潮州村落中广为流传。旧时潮州地区几乎村村都有庵寺，剪纸艺人大都为尼姑、斋姨、庙祝。为配合民俗活动，他们都练就一手剪纸技艺。在他们的影响和带动下，不少乡间村民也学会了剪纸，乡村妇女逢婚嫁、寿诞、喜庆诸事，结合供品进行剪纸竞赛。各种各样的剪纸图案，贴在供品上，作为装饰，特别吉祥。后来，政府把各地剪纸艺人组织起来，成立剪纸工艺社，潮州剪纸正式大批投入有组织、有计划的生产，并作为商品问世。潮州剪纸多为单色剪纸，也有多色剪纸。因剪纸多用于节庆、礼仪装饰，潮州剪纸大都是红色。工艺上，潮州剪纸更注重以细腻入微的线条和合理的空间疏密对比来表现题材，具有很强的装饰性和工艺性，多以祈福图案文字、佳花异卉、瑞兽祥禽、戏曲人物等为题材；柚花、桶盘花、猪头花、鸭花、香蕉花等，是潮州民间剪纸最具特色的作品。

剪纸在福建漳浦也同样受欢迎。漳浦是中国剪纸之乡、书法之乡，拥有有"中国民间毕加索"之称的剪纸艺术家——林桃。漳浦剪纸以浓烈的原始趣味和稚拙的美感在中国民间艺术中占有重要地位。中国传统村落旧镇镇石牛尾村定期举办剪纸活动,当地中小学也开辟了剪纸艺术课堂,使这一国家级非物质文化遗产得到较好传承。

第四节
本土工匠:东南传统村落的传统技艺

一、东南地区国家级非遗:传统技艺类概述

传统手工技艺主要包括器具类(陶瓷、纺织、漆器与端砚等)、饮食类(茶水制作、盐与月饼制作等),还包括一些民居、家具、桥与房屋等土木营造技艺,这些技艺都由生活的必需发展而来。传统医药类较少,主要包括中医养生和疗法以及中医药剂。

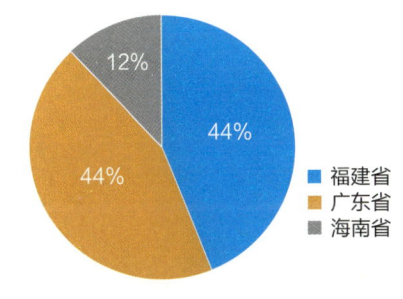

图 4-7
传统技艺类非遗东南各省比例分布
(台湾暂无数据)

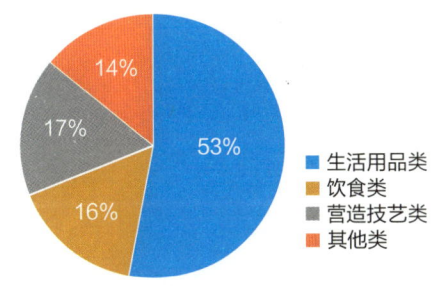

图 4-8
东南地区传统技艺类非遗各类别比例

表 4-2　东南地区传统技艺类国家级非遗[①]

序号	名称	类别	公布时间	类型	申报地区或单位
1	德化瓷烧制技艺	传统技艺	2006（第一批）	新增项目	福建省德化县
2	客家土楼营造技艺	传统技艺	2006（第一批）	新增项目	福建省龙岩市
3	客家土楼营造技艺	传统技艺	2011（第三批）	扩展项目	福建省南靖县
4	客家土楼营造技艺	传统技艺	2011（第三批）	扩展项目	福建省华安县
5	银饰锻制技艺（畲族银器制作技艺）	传统技艺	2011（第三批）	扩展项目	福建省福安市
6	银饰锻制技艺（畲族银器锻制技艺）	传统技艺	2014（第四批）	扩展项目	福建省宁德市
7	家具制作技艺（仙游古典家具制作技艺）	传统技艺	2014（第四批）	扩展项目	福建省仙游县
8	福州脱胎漆器髹饰技艺	传统技艺	2006（第一批）	新增项目	福建省福州市
9	厦门漆线雕技艺	传统技艺	2006（第一批）	新增项目	福建省厦门市
10	武夷岩茶（大红袍）制作技艺	传统技艺	2006（第一批）	新增项目	福建省武夷山市
11	竹纸制作技艺	传统技艺	2008（第二批）	扩展项目	福建省将乐县
12	雕版印刷技艺	传统技艺	2008（第二批）	扩展项目	福建省连城县
13	民族乐器制作技艺（漳州蔡福美传统制鼓技艺）	传统技艺	2008（第二批）	新增项目	福建省漳州市
14	印泥制作技艺（漳州八宝印泥）	传统技艺	2008（第二批）	新增项目	福建省漳州市

---

① 资料来源于中国非物质文化遗产网。

第四章 | 东南传统村落的非物质文化景观

续表

序号	名称	类别	公布时间	类型	申报地区或单位
15	水密隔舱福船制造技艺	传统技艺	2008（第二批）	新增项目	福建省晋江市
16	水密隔舱福船制造技艺	传统技艺	2008（第二批）	新增项目	福建省宁德市蕉城区
17	水密隔舱福船制造技艺	传统技艺	2014（第四批）	扩展项目	福建省泉州市泉港区
18	花茶制作技艺（福州茉莉花茶窨制工艺）	传统技艺	2014（第四批）	扩展项目	福建省福州市仓山区
19	乌龙茶制作技艺（铁观音制作技艺）	传统技艺	2008（第二批）	新增项目	福建省安溪县
20	聚春园佛跳墙制作技艺	传统技艺	2008（第二批）	新增项目	福建省福州市
21	木拱桥传统营造技艺	传统技艺	2008（第二批）	新增项目	福建省寿宁县
22	木拱桥传统营造技艺	传统技艺	2008（第二批）	新增项目	福建省屏南县
23	闽南传统民居营造技艺	传统技艺	2008（第二批）	新增项目	福建省泉州市鲤城区
24	闽南传统民居营造技艺	传统技艺	2008（第二批）	新增项目	福建省惠安县
25	闽南传统民居营造技艺	传统技艺	2008（第二批）	新增项目	福建省南安市
26	闽南传统民居营造技艺	传统技艺	2014（第四批）	扩展项目	福建省厦门市湖里区
27	建窑建盏烧制技艺	传统技艺	2011（第三批）	新增项目	福建省南平市
28	白茶制作技艺（福鼎白茶制作技艺）	传统技艺	2011（第三批）	新增项目	福建省福鼎市
29	石湾陶塑技艺	传统技艺	2006（第一批）	新增项目	广东省佛山市
30	家具制作技艺（广式硬木家具制作技艺）	传统技艺	2008（第二批）	扩展项目	广东省广州市
31	端砚制作技艺	传统技艺	2006（第一批）	新增项目	广东省肇庆市

续表

序号	名称	类别	公布时间	类型	申报地区或单位
32	凉茶	传统技艺	2006（第一批）	新增项目	广东省文化厅
33	枫溪瓷烧制技艺	传统技艺	2008（第二批）	新增项目	广东省潮州市枫溪区
34	广彩瓷烧制技艺	传统技艺	2008（第二批）	新增项目	广东省广州市
35	陶器烧制技艺（枫溪手拉朱泥壶制作技艺）	传统技艺	2014（第四批）	扩展项目	广东省潮州市
36	香云纱染整技艺	传统技艺	2008（第二批）	新增项目	广东省佛山市顺德区
37	漆器髹饰技艺（阳江漆器髹饰技艺）	传统技艺	2011（第三批）	扩展项目	广东省阳江市
38	白沙茅龙笔制作技艺	传统技艺	2008（第二批）	新增项目	广东省江门市
39	龙舟制作技艺	传统技艺	2008（第二批）	新增项目	广东省东莞市
40	月饼传统制作技艺（安琪广式月饼制作技艺）	传统技艺	2008（第二批）	新增项目	广东省安琪食品有限公司
41	潮州彩瓷烧制技艺	传统技艺	2014（第四批）	新增项目	广东省潮州市
42	陶瓷微书	传统技艺	2014（第四批）	新增项目	广东省汕头市
43	传统香制作技艺（莞香制作技艺）	传统技艺	2014（第四批）	新增项目	广东省东莞市
44	黎族原始制陶技艺	传统技艺	2006（第一批）	新增项目	海南省昌江黎族自治县
45	黎族传统纺染织绣技艺	传统技艺	2006（第一批）	新增项目	海南省五指山市
46	黎族传统纺染织绣技艺	传统技艺	2006（第一批）	新增项目	海南省白沙黎族自治县
47	黎族传统纺染织绣技艺	传统技艺	2006（第一批）	新增项目	海南省保亭黎族苗族自治县
48	黎族传统纺染织绣技艺	传统技艺	2006（第一批）	新增项目	海南省乐东黎族自治县

第四章 东南传统村落的非物质文化景观

续表

序号	名称	类别	公布时间	类型	申报地区或单位
49	黎族传统纺染织绣技艺	传统技艺	2006（第一批）	新增项目	海南省东方市
50	黎族树皮布制作技艺	传统技艺	2006（第一批）	新增项目	海南省保亭黎族苗族自治县
51	黎族钻木取火技艺	传统技艺	2006（第一批）	新增项目	海南省保亭黎族苗族自治县
52	陶器烧制技艺（黎族泥片制陶技艺）	传统技艺	2011（第三批）	扩展项目	海南省白沙黎族自治县
53	晒盐技艺（海盐晒制技艺）	传统技艺	2008（第二批）	新增项目	海南省儋州市
54	黎族船型屋营造技艺	传统技艺	2008（第二批）	新增项目	海南省东方市
55	中医传统制剂方法（漳州片仔癀制作技艺）	传统医药	2011（第三批）	扩展项目	福建省漳州市
56	中医正骨疗法（林氏骨伤疗法）	传统医药	2011（第三批）	扩展项目	福建省福州市仓山区
57	中医养生（灵源万应茶）	传统医药	2008（第二批）	新增项目	福建省晋江市
58	中医养生（永定万应茶）	传统医药	2008（第二批）	新增项目	福建省永定县
59	畲族医药（六神经络骨通药制作工艺）	传统医药	2008（第二批）	新增项目	福建省罗源县
60	中医诊疗法（一指禅推拿）	传统医药	2014（第四批）	扩展项目	广东省珠海市
61	中医诊疗法（贾氏点穴疗法）	传统医药	2014（第四批）	扩展项目	广东省深圳市
62	中医传统制剂方法（罗浮山百草油制作技艺）	传统医药	2011（第三批）	扩展项目	广东省博罗县
63	中医传统制剂方法（保滋堂保婴丹制作技艺）	传统医药	2011（第三批）	扩展项目	广东省医药行业协会
64	中医传统制剂方法（太安堂麒麟丸制作技艺）	传统医药	2014（第四批）	扩展项目	广东省汕头市

续表

序号	名称	类别	公布时间	类型	申报地区或单位
65	中医正骨疗法（平乐郭氏正骨法）	传统医药	2008（第二批）	扩展项目	广东省深圳市
66	传统中医药文化（潘高寿传统中药文化）	传统医药	2008（第二批）	新增项目	广东省广州潘高寿药业股份有限公司
67	传统中医药文化（陈李济传统中药文化）	传统医药	2008（第二批）	新增项目	广东省广州陈李济制药厂

二、器具类：黎族原始制陶技艺

海南省昌江黎族自治县保突村作为黎族制陶文化发源地之一，至今仍保留着新石器时代传统手工制陶工艺。他们以黏土为原料，露天低温（800℃）烧制，以手工泥条盘筑的方法制成生活器物，主要有缸、罐、碟、壶、瓶等，最后在器物上刻绘黎族文字、黎族图腾等。这种技艺仅在昌江地区保存，是原始制陶的"活化石"。因对大自然的敬畏之情，黎族先民在烧制陶器前，会以热烈的歌舞敬火神、敬泥土，举行驱"鬼"仪式，口中念念有词，又唱又跳。特别的是，黎族制陶有"女制陶男莫近"的说法，制陶时从挖土到制陶坯、烧陶，全部由妇女操作，制陶技艺传女不传男，男人一般只做一些取火、砍树皮和从火中挑出陶器的杂活。

2006年，昌江"黎族原始制陶技艺"入选首批国家级非物质文化遗产名录。2013年，为发扬保突村黎族制陶技艺，保突村成立保突村制陶专业合作社，带动本村200多名妇女学习黎族制陶技艺，既传承黎族传统制陶技艺，又努力将其打造成村里的"一村一品"

产业，促进村民增收。

三、饮食类：儋州晒盐

海南省儋州市洋浦半岛的盐田村依海而筑，是中国最早日晒土盐的地方，也是中国最后一个保留原始晒盐的古盐场。"千年古盐田"源自唐天宝年间，福建籍盐工自莆田迁徙至洋浦，结合当地高温少雨、日光充足和火山岩的特点，变煮海制盐为晒海制盐，始建洋浦古盐田，沿袭至今。自唐以来，盐田村沿袭传统女种田、男晒盐的习俗，生息繁衍。清乾隆皇帝御书"正德"赐给盐田人。2008 年，洋浦盐田村的晒盐工艺被列入第二批国家级非物质文化遗产名录。

盐田的制盐程序采用最原始的民间制盐手法，"洋浦盐田，朝潮汐钱"这句俗语道出了洋浦盐田与潮汐有很大关系。盐田就地取材，将海边火山岩石凿成无数石槽，大小、高低错落排列，无一般盐田的功能分区。6800 多槽石槽形成一垄垄盐田，蔚为壮观。每当海水涨潮，盐工用沙土吸收海水，冲刷过滤制成卤水，再倒入盐槽中，经暴晒制作成盐巴。阳光好的日子，村民会忙个不停地往自家古盐槽里添加卤水，希望有个好收获。与我们平时吃的粗盐不同，盐田村的盐为自然结晶的细颗粒，咸中带甜，含有碘元素，具有一定的消火功效。陈年老盐是盐民们的馈赠佳品，老盐焗出的食物，如盐焗鸡、盐焗鱼、盐焗虾、盐焗蟹等，风味独特，形成特有的盐焗饮食文化。

第五节
古老的狂欢：东南传统村落的民俗活动

一、东南地区国家级非遗：民俗类概述

不同地区的民俗差异较大。东南地区列入国家级非遗名录的传统民俗主要可分为传统节庆类，如端午节、七夕节、中秋节、三月三节等；祭祀类活动，如妈祖祭典、清水祖师信俗、波罗诞、悦城龙母诞、长洲太平清醮、鱼行醉龙节、太公祭、石壁客家祭祖习俗、灯杆彩凤习俗、下沙祭祖等；聚会类活动，如庙会、歌会、灯会、抬阁、菊花会、耍歌堂等；婚庆活动；特殊服饰类活动。

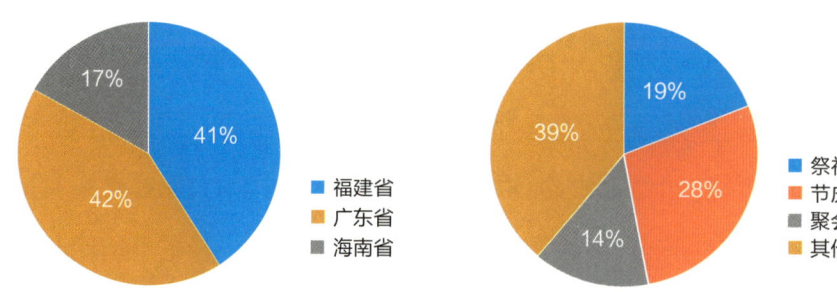

图 4-9
民俗类非遗东南各省比例分布
（台湾暂无数据）

图 4-10
东南地区民俗类非遗各主题比例

表 4-3　东南地区民俗类国家级非遗[①]

序号	名称	类别	公布时间	类型	申报地区或单位
1	端午节（安海嗦啰嗹习俗）	民俗	2008（第二批）	扩展项目	福建省晋江市
2	端午节（石狮端午闽台对渡习俗）	民俗	2011（第三批）	扩展项目	福建省石狮市
3	中秋节（中秋博饼）	民俗	2008（第二批）	扩展项目	福建省厦门市
4	妈祖祭典	民俗	2006（第一批）	新增项目	福建省莆田市
5	惠安女服饰	民俗	2006（第一批）	新增项目	福建省惠安县
6	元宵节（马尾-马祖元宵节俗）	民俗	2008（第二批）	新增项目	福建省福州市马尾区
7	元宵节（泉州闹元宵习俗）	民俗	2008（第二批）	新增项目	福建省泉州市
8	元宵节（闽台东石灯俗）	民俗	2008（第二批）	新增项目	福建省晋江市
9	元宵节（枫亭元宵游灯习俗）	民俗	2008（第二批）	新增项目	福建省仙游县
10	元宵节（闽西客家元宵节庆）	民俗	2008（第二批）	新增项目	福建省连城县
11	灯会（南安英都拔拔灯）	民俗	2008（第二批）	新增项目	福建省南安市
12	民间信俗（保生大帝信俗）	民俗	2008（第二批）	新增项目	福建省厦门市海沧区
13	民间信俗（保生大帝信俗）	民俗	2008（第二批）	新增项目	福建省龙海市
14	民间信俗（陈靖姑信俗）	民俗	2008（第二批）	新增项目	福建省古田县
15	民间信俗（陈靖姑信俗）	民俗	2008（第二批）	新增项目	福建省福州市仓山区

[①] 资料来源于中国非物质文化遗产网。

续表

序号	名称	类别	公布时间	类型	申报地区或单位
16	民间信俗（闽台送王船）	民俗	2011（第三批）	扩展项目	福建省厦门市
17	民间信俗（清水祖师信俗）	民俗	2011（第三批）	扩展项目	福建省安溪县
18	民间信俗（三平祖师信俗）	民俗	2014（第四批）	扩展项目	福建省平和县
19	抬阁（芯子、铁枝、飘色）（霍童铁枝）	民俗	2008（第二批）	新增项目	福建省宁德市蕉城区
20	抬阁（芯子、铁枝、飘色）（福鼎沙埕铁枝）	民俗	2008（第二批）	新增项目	福建省福鼎市
21	抬阁（芯子、铁枝、飘色）（屏南双溪铁枝）	民俗	2008（第二批）	新增项目	福建省屏南县
22	抬阁（海沧蜈蚣阁）	民俗	2011（第三批）	扩展项目	福建省厦门市海沧区
23	祭祖习俗（石壁客家祭祖习俗）	民俗	2011（第三批）	扩展项目	福建省宁化县
24	蟳埔女习俗	民俗	2008（第二批）	新增项目	福建省泉州市丰泽区
25	畲族服饰	民俗	2008（第二批）	新增项目	福建省罗源县
26	歌会（瑞云四月八）	民俗	2011（第三批）	新增项目	福建省福鼎市
27	婚俗（畲族婚俗）	民俗	2014（第四批）	扩展项目	福建省霞浦县
28	马仙信俗	民俗	2014（第四批）	新增项目	福建省柘荣县
29	七夕节（天河乞巧习俗）	民俗	2011（第三批）	扩展项目	广东省广州市天河区
30	中秋节（佛山秋色）	民俗	2008（第二批）	扩展项目	广东省佛山市
31	瑶族盘王节	民俗	2006（第一批）	新增项目	广东省韶关市
32	小榄菊花会	民俗	2006（第一批）	新增项目	广东省中山市
33	瑶族耍歌堂	民俗	2006（第一批）	新增项目	广东省清远市

续表

序号	名称	类别	公布时间	类型	申报地区或单位
34	灯会（泮村灯会）	民俗	2008（第二批）	新增项目	广东省开平市
35	庙会（佛山祖庙庙会）	民俗	2008（第二批）	新增项目	广东省佛山市
36	民间信俗（波罗诞）	民俗	2011（第三批）	扩展项目	广东省广州市黄埔区
37	民间信俗（悦城龙母诞）	民俗	2011（第三批）	扩展项目	广东省德庆县
38	民间信俗（贵屿双忠信俗）	民俗	2014（第四批）	扩展项目	广东省汕头市潮阳区
39	民间信俗（冼夫人信俗）	民俗	2014（第四批）	扩展项目	广东省茂名市
40	抬阁（芯子、铁枝、飘色）（南朗崖口飘色）	民俗	2008（第二批）	新增项目	广东省中山市
41	抬阁（芯子、铁枝、飘色）（台山浮石飘色）	民俗	2008（第二批）	新增项目	广东省台山市
42	抬阁（芯子、铁枝、飘色）（吴川飘色）	民俗	2008（第二批）	新增项目	广东省吴川市
43	抬阁（芯子、铁枝、飘色）（河田高景）	民俗	2008（第二批）	新增项目	广东省陆河县
44	祭祖习俗（灯杆彩凤习俗）	民俗	2011（第三批）	扩展项目	广东省揭东县
45	祭祖习俗（下沙祭祖）	民俗	2011（第三批）	扩展项目	广东省深圳市福田区
46	汉族传统婚俗（斗门水上婚嫁习俗）	民俗	2008（第二批）	新增项目	广东省珠海市
47	茶艺（潮州工夫茶艺）	民俗	2008（第二批）	新增项目	广东省潮州市
48	婚俗（瑶族婚俗）	民俗	2014（第四批）	扩展项目	广东省连南瑶族自治县
49	装泥鱼习俗	民俗	2011（第三批）	新增项目	广东省珠海市斗门区
50	寮步香市	民俗	2014（第四批）	新增项目	广东省东莞市
51	黎族三月三节	民俗	2006（第一批）	新增项目	海南省五指山市

续表

序号	名称	类别	公布时间	类型	申报地区或单位
52	妈祖祭典（海口天后祀奉）	民俗	2014（第四批）	扩展项目	海南省海口市
53	民间信俗（冼夫人信俗）	民俗	2014（第四批）	扩展项目	海南省海口市
54	民间信俗（冼夫人信俗）	民俗	2014（第四批）	扩展项目	海南省定安县
55	民间信俗（冼夫人信俗）	民俗	2014（第四批）	扩展项目	海南省澄迈县
56	黎族服饰	民俗	2008（第二批）	新增项目	海南省锦绣织贝有限公司
57	黎族服饰	民俗	2008（第二批）	新增项目	海南省民族研究所
58	南海航道更路经	民俗	2008（第二批）	新增项目	海南省文昌市
59	南海航道更路经	民俗	2011（第三批）	扩展项目	海南省琼海市

二、礼俗

（一）松塘村开笔礼、孔子诞

开笔礼是古代中国少儿教育的启蒙仪式。古时，开笔礼与成人礼、婚礼、葬礼，并称为"人生四大礼"。孔子诞，是后人为纪念孔子诞辰的节日，一般为农历八月二十七或阳历九月二十八日。国家历史文化名村、中国传统村落的广东省佛山市西樵镇松塘村素有"南海衣冠推望族，西樵灵秀萃吾门"之美誉。松塘村人向来崇文尚学，耕读文化兴盛。据史料考证，仅在明、清两代，松塘村考取进士者有6人,其中翰林4人。每年村内会定期举行开笔礼、孔子诞、翰林宴等。松塘村的开笔礼主要分为以下几个步骤:正衣冠,所谓先正衣冠,后明事理;喝益智茶;启蒙开笔,蒙童描红;敲响状元鼓,寓意今后学习、事业都能平步青云;进孔庙拜孔子,朝拜学界先师;朱砂开智,由村中德高望重的老人为学童朱砂点痣,寓意孩子从此眼明心明等。孔子诞中,"拜孔圣庙,惊叹六佾舞,观赏麒麟舞,

图4-11 松塘村的孔子诞
(图片来源:松塘村)

步青云路,过翰林门,领翰林利是,上国学讲堂,品翰林学宴"。在松塘村孔圣庙翰林广场,村中长者带领众学子、村民代表缓步迈入孔圣庙,献上祭品,向文曲星像、孔子像、魁星像敬香献果;其后,围绕松塘村月池游走一圈,并步入青云路、登翰林门。

(二)半月里村畲族婚礼:以"歌"为媒

畲族是中国 56 个民族大家庭中的重要成员。福建是畲族主要聚居地,仅闽东地区畲族人口就有 18 万,约占畲族总人口的 40%。福建省霞浦县的畲族婚礼属第四批国家级非物质文化遗产。下面以霞浦县溪南镇半月里村的畲族婚礼为例进行讲解。

半月里村祖祖辈辈沿袭畲族风俗,在很长时间里严格实行宗族外婚制和民族内婚制。同姓不能通婚,几乎不与汉族通婚。畲族婚俗的最大特色是"俗不离歌",以歌传情、以歌结交、以歌述怀、以歌欢娱,几乎以歌贯穿从恋爱到完婚的全过程。每场婚礼都是畲族文化大盛宴,融合了畲族民歌、舞蹈、服饰、礼仪等。在婚姻中,女性的地位高于男性,突出表现在婚礼时男跪女不跪,这与母系社会的遗留、盘瓠传说中女性是高辛帝三公主或凤凰公主有关。1956 年,霞浦县根据畲族婚礼,创作了《难为亲家伯》《畲族婚礼舞》,并到北京参加"全国第一届农村业余文艺会演",得到好评,作品入编《中国民间舞蹈集成》,并选入《中国民间舞蹈》邮票。

畲族婚礼主要为以下流程:

1. 定亲

确定恋爱关系后,经过提亲、看寮、讨庚帖、合婚、小定、大定的程序后，确定结婚的吉时吉日。出嫁前，待嫁姑娘要到母舅家中"做表姐"，出嫁前一晚，新娘与父母唱着哭嫁歌依依惜别。看寮是指女方随母到男家，了解男方人品及家境，男家也趁机观察女方的容貌举止。双方满意，男家便送春糍粑让女方带回。此后，男家即遣媒携面、糖之类礼物，到女家讨庚帖（女方的生辰八字），男家得到庚帖，就请阴阳先生合婚，即据男女双方八字推算生克冲合。合婚后，一般还要把庚帖放在家里三天，如无出现人畜不宁或其他不吉利征兆，才算和合。半月里村流行着姑娘在出嫁前"做表姐"这一陪客唱歌的风俗，时间短则半个月，长则三个月。姑娘的母舅，在收到礼饼、猪脚，得悉嫁期后，便安排外甥女及其母前来做客。届时，年轻小伙子相聚陪姑娘对唱畲歌。对歌每每通宵达旦，一"娘"对众"郎"，有时一连唱几夜。畲族以能唱为荣，姑娘尤须善歌，不善歌是一种耻辱。

2. 迎亲

迎亲队伍要过五关才能顺利接亲。第一关杉刺拦路求对歌，第二关喝宝塔茶，第三关脱鞋礼，第四关难为亲家伯，第五关抓石洞讨喜钱。出门前，新娘要"啼分散"、吃"千斤饭"、"分筷子"，出门时"拦轿留分水"，出门后还要"泼水"和"分花钱"。难为亲家伯是指在成亲前两天，男方请一名机智出色的歌手做"亲家伯"，与媒人一起把"盘担"（礼品担）送往女家，并在女家会歌。一进村，村里的妇女们便热情相迎，并做善意的戏弄（如交接"盘担"时，稍不留神就会被满脸抹黑）；到达女家后，见板凳放在厅堂左首（大边），就应将其挪到右首（小边）而后坐下，以示谦卑礼让，否则，妇女们就会毫不客气地点着鞭炮相轰。接着要主动向女家亲友敬香烟，每人两支，见者有份，连小孩也不例外。最后为会歌。主人（妇女们）开唱"歌头"，"亲家伯"马上答唱。如果"亲家伯"不善歌，对输了，妇女们便会不客气地起哄倒彩、戏谑作弄。

3. 成亲

这个环节包含了抢嫁妆、拜堂、踩红袋、会八仙、敬茶讨百家银、寻找凤凰蛋、新妇下灶前等环节。

4. 回门

新人一起回娘家做"头转客"，留宿几日，返回夫家。

三、特色祭祀：广东飘色与福建抬阁

广东省中山市南朗镇崖口村地处珠江出海口旁，距今有700年历史，是"广东省民间艺术之乡"。崖口飘色源于唐代"耍菩萨"祭祀民俗，每年农历五月初六举行"龙王诞"。飘色技术集合了材料、力学、音乐、造型、装饰于一身，在一个木箱（色柜）里放入石块、砖块，在箱面装上铁枝，底层连接箱面（色脚），铁枝上放一小童（色芯）。人抬着随巡游队伍行进，抬色人一步一颠，木箱上的小童亦随之在色板上随意翻腾、舞动。小童凌空而起被称为"飘"。巡游队伍中还增添头牌、布绣、花篮队等。2008年，崖口飘色入选国家级非物质文化遗产。目前，在广州、吴川、珠海、茂名、香港等地，飘色活动也广受欢迎，各地飘色活动各有特色，已成为联结海内外华夏儿女的重要纽带。与飘色本质相同的福建满族聚居村长乐琴江村的抬阁活动也很精彩并传承至今。抬阁是集历史故事、神话传奇于一体，融绘画、戏曲、彩扎、纸塑、杂技等艺术为一身的民间艺术，也是一名演员站着，其他演员悬立在道具上表演各种剧目，抬着舞台走动演出。村里每逢庙会、喜庆节日等，也常举行抬阁活动。

图 4-12　崖口飘色

四、节庆活动

(一)龙眼点睛

广东省佛山市顺德区龙眼村古称"龙渚",明清时代,龙眼渐多,且当时县官来村观看"龙舟点睛",大为赞赏,便将"龙渚"改名为"龙眼"。龙眼村内香火最鼎盛的地方是距入村埠头仅 20 米的汉太尉相公庙,庙内供奉汉初名臣——太尉周勃。自古以来皇帝就被认为是龙的化身,点龙舟眼,即点亮皇帝

图 4-13　龙眼点睛
(图片来源:龙眼村)

之眼。每年农历五月初三，来自中山、佛山等地的上百条龙舟陆续而至，前往太尉庙，由当地德高望重的长辈进行"点睛"，寓意一切顺利。龙舟点完睛后，在鞭炮声、欢呼声中，在环村的河涌中穿行一圈或三圈，将祝福带给全村。这项延续了600多年的省级非物质文化遗产，发展至今已成为一项远近闻名、广受欢迎的民俗文化活动。

（二）珠村乞巧节

七夕乞巧起源于汉代，最早关于乞巧的记载来自东晋《西京杂记》："汉彩女常以七月七日穿七孔针于开襟楼，俱以习之。"后在唐宋诗词中，妇女乞巧也被屡屡提及，这一习俗在民间也经久不衰，代代延续。天河乞巧民俗入选第三批国家级非物质文化遗产，传承地主要在广东省广州市天河区珠村。作为广州市及其周边唯一的乞巧文化发源地，珠村乞巧文化节独具特色，每年在七夕节左右举办。节日到来之前，姑娘们就预先备好彩纸、通草、线绳等，编制成各种奇巧的小玩意，还将谷种和绿豆放入小盒里用水浸泡，使之发芽，待芽长到约6厘米多长时，用来拜神，称为"拜仙禾"和"拜神菜"。从初六晚开始至初七晚，一连两晚，姑娘们穿上新衣服，戴上新首饰，一切都安排好后，便焚香点烛，对星空跪拜，称为"迎仙"，自三更至五更，要连拜七次。拜仙之后，姑娘们手执彩线对着灯影将线穿过针孔，如一口气能穿七个针孔者叫得巧，被称为巧手，穿不到七个针孔者叫输巧。七夕之后，姑娘们将所制作的小工艺品、玩具互相赠送，以示友情。

第六节
悠悠舌尖：东南传统村落的饮食文化

一、食在广东：美食博物馆

（一）经典菜式

中国八大菜系中，粤菜格外突出。其烹饪技术之精妙，菜式茶点之纷繁多样，味道之鲜美，色、香、味、形整体设计之完美，以及饮食环境、气氛之优雅和服务之细致周到，都可谓首屈一指。粤菜由广州菜、潮州菜、客家菜三种风味组成，讲究时令，注重食材，所谓"不时不食"。省外粤菜以广州风味为代表，具有独特的南国风味，世界各国的中餐馆多数是以粤菜为主。

广州菜范围以珠三角和韶关、湛江等地为主，用料丰富，选料精细，清而不淡，鲜而不俗；擅长小炒，还兼容许多西菜做法，讲究菜的气势、档次；飞禽走兽、山珍海味、中外食品，无所不有，可谓全国之冠。粤菜可选原料多，讲究原料的季节性，吃鱼，有"春鳊秋鲤夏三鰵（鲥鱼）隆冬鲈"；吃虾，则为"清明虾，最肥美"；吃蔬菜要挑"时菜"，菜心为"北风起菜心最甜"。烧味是广府菜的一种特色做法，烧味包括豉油鸡、叉烧、烧肉、烧乳猪、烧鸭、烧鹅等。其中叉烧是烧味中很受欢迎的一种，使用上好梅花肉，瘦肉占90%以上，烤过后肥肉丝融入瘦肉内，成为口感更香更嫩却不腻的蜜汁叉烧。为了买到上好的烧味，食客们经常守着店铺，等着出炉。如顺德黄连古村的大头华烧鹅店，烧鹅肉嫩多汁，刚出炉的鹅肉本身带着香味。由于天气，广州菜十分注重汤水，不同时令煲不同的汤，养胃的、去湿气的、下火的……先上汤，后上菜，是广州宴席的既定规则。"靓汤"有冬虫草竹丝鸡汤、老鸭薏米汤、西洋菜猪骨汤、霸王花猪肉汤等，用厚厚的砂锅，慢慢煲，小火焖，四五个小时后一道靓汤即可到位。

潮州菜发源于潮汕地区，以烹制海鲜见长，汤类、素菜、甜菜最具特色。从选料到酱碟作料，都要求新鲜美味、清而不淡、鲜而不腥、郁而不腻。鸳鸯膏蟹、蚝烙、清汤蟹丸等是潮菜海鲜类的代表名作。各种粿类，如炒粿、蒸粿、粿条汤、韭菜粿、芋头粿、地瓜粿、萝卜粿等纷繁多样；各种肉丸类，如手打撒尿牛丸、鱼丸、墨鱼丸、猪肉丸、虾滑、贝滑等无不彰显了潮汕的丰富物产。海鲜以清蒸、生腌为主。提到潮汕菜，不得不说的是潮汕卤味。卤味，是潮人对鹅、鸭或猪脚、猪头皮等的一种很普遍、很常用的烹饪方式，很有特色。关键在于卤水的调制，将适量红糖、盐、豆酱（或酱油）加入，称为"打卤"。将肉类放入铁锅翻滚上卤色，再加水和葱头等，用文火炖烂，这便是香嫩可口的卤味。

客家菜是源于梅州、河源、惠州等广东东江一带客家人聚居地区的菜品，多用肉类，极少水产；主料突出，讲究香浓；以"肥腻咸"为特点，无鸡不清，无肉不鲜，无汤不香，无时不浓。首先，因客家人耕山住山，肥腻食品能有效充饥；其次，因长期粮食不足，水多米少，菜咸既适合送粥，又增加体内盐分。招牌菜包括客家酿豆腐、梅菜扣肉、盐焗鸡、猪肚包鸡、盆菜、酿苦瓜、炒猪大肠等。盆菜源于传统的"发财大盆菜"，用一个大大的盆，将食物都放到里面，和在一起，融汇出一种特有滋味。客家盐焗鸡，把处理过的嫩鸡，塞进已烧至相当高温的粗盐堆里，焗约一炷香的时间，鸡已全熟，皮带金黄，非常鲜香。

（二）特色小吃

广东点心作为中国面点三大特色之一，历史悠久、品种繁多、造型精美，多为蒸、煎、煮、炸4种。广东盛行"一盅两件"的早茶文化，每一个茶楼的点心纸粗略一数都有100多款。广东点心大致可分为5类：

油品。即油炸小吃，以米、面和杂粮为原料，风味各异。各种酥类：榴梿酥、咸水角、叉烧酥、天鹅酥、春卷、香芋酥、蛋黄酥等，以及大良蹦砂、九江酥皮煎堆、炸角子等。

糕品。以米、面为主，杂粮次之，可分为发酵和不发酵两大类。如粤式早茶"四大天王"，虾饺、干蒸烧卖、叉烧包、蛋挞。虾饺以澄面皮包着一至两只虾为主馅，分量大小多以一口为限。叉烧包，切成小块的叉烧，加入蚝油等调味成为馅料，外面以面粉包裹，放在蒸笼内蒸熟而成。包类主要有叉烧包、奶黄包、流沙包、莲蓉包等。糕点类主要有马蹄糕、萝卜糕、红枣糕、姜汁糕、马拉糕、芋头糕、钵仔糕、黄金糕等，萝卜粄、刀切粄、仙人粄、味酵粄、忆子粄、七月七药粄、笋粄、鹤山竹筒粄等。阳江炒米饼、中山杏仁饼、佛山盲公饼、广州鸡仔饼都是广东的著名饼类点心，合称为"广东四大名饼"。还有平洲福肉饼、开平软饼、恩平烧饼、霞洞豆饼、腐乳饼、春饼、青油素饼、西樵大饼、梅菜酥饼等。

粉、面食品。以米、面为原料。拉肠（肠粉）使用米浆做成，根据不同做法可分为布拉肠粉和抽屉式肠粉；根据不同馅料可分为鲜虾肠粉、牛肉肠粉、鸡蛋瘦肉肠粉和叉烧肠粉等。云吞面，又称馄饨面、细蓉、大蓉，分为汤面与捞面，煮熟的馄饨和蛋面，加入热汤即成。沙河粉以最早出自沙河镇而得名，取九龙泉水泡大米，磨成粉浆蒸制，切条而成，食法有干炒、湿炒、泡食、凉拌等。干炒牛河为广府必点主食。

粥品。广东人爱喝粥，艇仔粥、砂锅粥、及第粥、皮蛋粥等都是广东人至爱。根据做法主要有老火粥、生滚粥、砂锅粥。老火粥是把煮粥用的配料、米和水一起入锅，经熬制而成的，配料和粥受火时间一样老，所以叫老火粥，其特点是配料和粥水乳交融，味道醇厚。生滚粥是把生的配料放到滚烫的白粥里头煮，配料一熟就可以吃了，其特点是味道鲜美。艇仔粥、及第粥、鱼片粥、香菇滑鸡粥等都属生滚粥。潮汕砂锅粥是潮汕地区传统名点，专用砂锅熬煮的咸香粥，粥是主料，配料有河海鲜、禽类、蛇、蛙、龟等。

甜品。用料除蛋、奶以外，多为植物的根、茎、梗、花、果、仁等。广东人一年四季皆喜甜品，尤以夏季为甚。糖水甜品豆类的有红豆沙、绿豆沙，糊类的有芝麻糊、杏仁糊、花生糊、核桃糊；药材类的有百合糖水、莲子糖水，牛奶类的有窝蛋奶、姜撞奶、双皮奶。另外，诸如银耳炖木瓜、芝麻汤圆、养颜西米露、黑糯米这样的甜食，也是糖水店里的常备之物。其中，以沙湾姜撞奶、大良双皮奶最为著名。相传双皮奶是1850年由一位董婆婆在顺德大良发明的，目前以南信、仁信和民信为老字号。

（三）茶与酒

广东茶文化是中国四大茶文化系列之一。自明代以来，广州"早茶"与潮州"工夫茶"，这两朵岭南茶文化的花蕾绽开。茶文化既是传统民俗文化，又是饮食文化。如有客到，第一件事便是奉上一杯"靓茶"，第一句话是"请饮茶"。广东名茶有普洱茶、单丛茶、绿茶、红茶、英德茶、潮州茶、罗浮山茶等。英德红茶，产于英德县，茶区峰峦起伏，江水萦绕，无霜期长，土壤酸度适宜；所栽培的茶树选取其一芽二、三叶为原料，经适宜萎凋、揉切、发酵、烘干、精选等多道工序精制而成；单独泡饮或加糖、奶调饮，已达到国际红茶高级水平，远销 40 多个国家和地区。凤凰单丛茶，产于潮州市凤凰镇凤凰山区，具有自然花香型 79 种、天然果味香型 12 种、其他清香型 16 种。凤凰茶以芳香物质含量高闻名，其香气特征大多数属自然花香及果香型。

凉茶"既不凉也不是茶"，是粤港澳地区民间将土产草药煎熬而成的饮料。按照凉茶的不同功效，凉茶可分为四类：清热解毒茶，代表药材有银花、菊花、山栀子、黄芩等；解感茶，代表药材如板蓝根，此茶四季都适饮；清热润燥茶，代表药材有沙参玉竹、龙脷叶、麦冬、雪耳等；清热化湿茶，代表药材有银花、菊花、绵茵陈、土茯苓等。广东凉茶历史悠久，传说东晋道学医药家葛洪南来岭南，当时瘴疠流行，他悉心研究岭南各种温病药汤，经过后世演化，形成了底蕴深厚的凉茶文化。2006 年，凉茶经国务院批准列入第一批国家级非物质文化遗产名录。

广东多产白酒，如长乐烧、九江双蒸、佛山太吉、红荔米酒等，以九江双蒸酒最为知名。九江双蒸酒创于清道光初年，采用岭南双蒸酿造技艺，以"蒸谷米"为原料，配以优质黄豆、西江水，采用续添蒸饭、再度发酵、冷却馏酒、斋酒贮存、陈肉酝浸、精心勾兑、过滤包装的方法精酿而成。在坊间流传着"有华人的地方，就有九江双蒸酒"一说。

二、美食福建：山珍海味

（一）经典菜式

闽菜作为中国八大菜系之一，是以福州菜为基础，融合闽东、闽南、闽西、闽北、莆仙五地风味菜形成的菜系。闽菜以烹制山珍海味而著称，尤以"香""味"见长，其清鲜、和醇、荤香、不腻。福州菜淡爽清鲜，讲究汤提鲜，擅长各类山珍海味。闽南菜（厦门、漳州、泉州一带）讲究作料调味，重鲜香。闽西菜（长汀、宁化一带）偏重咸辣，烹制多为山珍，特显山区风味。故此，闽菜形成三大特色，一长于红糟调味，二长于制汤，三长于使用糖醋。佛跳墙是十分经典的闽菜代表，用料十分名贵，主要由鲍鱼、海参、鱼翅、鱼肚、鱼唇、蹄筋、火腿、瑶柱、冬菇等28种原料配制而成，加入绍兴酒等，贮入酒坛中，拌泥密封，以文火煨制10多个小时而成，味美至极，芳香四溢，是闽菜中的精品。除此之外，福州鱼丸、荔枝肉、白雪鸡、醉排骨、红糟鱼排等菜式，均别有风味。土笋冻因为和肉冻十分相似故名冻，原料为海洋生物沙虫。沙虫味道鲜美，富含丰富的胶原蛋白，是闽南地区冬春的时令佳肴。福州有"无丸不成席"的说法，福州鱼丸是用鳗鱼、鲨鱼或淡水鱼肉剁蓉，加甘薯粉（淀粉）搅拌均匀，再包以猪瘦肉或虾等馅制成的丸状食物，以其包心有馅为特色，与实心无馅的闽南鱼丸各具风味。福州鱼丸以福州的木金鱼丸最为正宗，无论是煲汤或者下火锅都是最佳的选择。

（二）特色小吃

福建小吃可分为以下几种：福州小吃，如海蛎饼、千页糕、锅边糊、清明粿、燕皮等；厦门小吃，如馅饼、炸五香、花生汤、鱼皮花生、花生酥等；泉州小吃，如面线糊、烧肉粽、润饼；莆田小吃，如妈祖糕、兴化米粉；漳州小吃，如手抓面、卤面、鸡仔胎、五香卷；宁德小吃，如福鼎肉片、芋头面、光饼；三明小吃，如熏鸭、蛋菰、蕨须包、芝麻咸饼等；南平小吃，如武夷熏鹅、薜荔冻、苦槠糕、鼠曲粿等；闽西小吃，如八大干（长汀豆腐干、连城地瓜干、永定菜干、上杭萝卜干、武平猪胆干、宁化老鼠干、明溪肉脯干、永安闽笋干）。这些风味小吃，均以甜、咸搭配，荤、素适宜，融合了多种风味，形成了独特体系，部分小吃制作特色鲜明。肉燕是福州小吃中最精巧的一味，用猪肉捶打成蓉，制成薄如纸的燕皮，再包馅成肉燕，可谓"肉包肉"，煮熟时温润剔透，因形状似燕而得名；海蛎饼是用大米和黄豆粉将海蛎肉、猪瘦肉、芹菜馅包起来炸制而成，成品为圆形，色呈金黄，壳酥香，馅鲜美，味荤；千页糕，如千层叠嶂，香润软糯，入口溶化，常被选作筵席的甜点；鼎边糊（又称锅边糊）是用大米加清水磨成浓浆，摊在锅边，半熟后铲入正在熬煎的汤中，煮制而成；烧肉粽以香菇、虾米、芋头粒、栗子、猪肉（或鸡肉）、糯米等为原料，制作时先把糯米浸后晾干，拌上卤汤、葱头油，放在锅里炒得又干又松，再与红烧猪肉、生栗子搅拌均匀，用竹叶包好煮烂，吃时配上沙茶酱、蒜蓉、红辣酱等调料，香甜嫩滑，油润不腻。

（三）茶与酒

福建位于亚热带地区，气候温暖，雨量充沛，多山地且森林覆盖率高。山地土壤多为砖红壤、红壤、赤红壤等，土壤非常适合茶叶的生长，是乌龙茶、青茶、白茶、红茶、茉莉花茶的故乡。福建的茶种类繁杂，产区众多，品质上乘，有千年的茶文化历史，是茶文化的发祥地，明末清初福建创制了乌龙茶。安溪铁观音是闽南乌龙茶的代表，干茶卷曲肥壮，色泽墨绿，香气如兰，滋味鲜醇，独具"观音韵"。武夷岩茶是闽北乌龙茶中的代表，大红袍又是武夷岩茶中声名最显赫的茶品，干茶乌润紧结，香气馥郁，滋味醇厚绵长。绿茶方面，福建绿茶品种有二三十种，种植规模大，主产地福安的年产量不少于 1 万吨。白茶方面，福建白茶产量占全国总产量的 90% 以上，生产出的白茶主要有白毫银针、白牡丹、寿眉及新工艺白茶等。

先秦时代，居住在福建一带的人就开始将糯米酿成黄酒，称为老酒。福建老酒以糯米为主要原料，以红曲为发酵剂，精酿而成。经 3—5 年或更长时间自然陈酿、生香，香气浓郁，酒味醇厚。据分析，福建老酒含有葡萄糖、糊精、氨基酸、维生素和多种脂类，素有"液体蛋糕"的美称，是福建人的传统佳酿。福建白酒种类主要有酱香型、兼香型、浓香型、米香型等系列，酿酒原料包括高粱、米、谷物等。

三、舌尖海南：味蕾盛宴

（一）经典菜式

　　享受大自然恩赐的味蕾盛宴，这就是海南。文昌鸡、加积鸭、和乐蟹、东山羊是海南四大名菜。其中，文昌鸡居海南四大名菜之首，正所谓"无鸡不成宴"。文昌鸡一般白斩，摆盘美观，色泽淡黄光亮，皮脆肉嫩味鲜，醮作料而吃，入口香。海南人喜食鸡，海南鸡饭也是一道色香味俱全的名点，主要食材是鸡肉和大米，因起源于文昌，故也称文昌鸡饭。20世纪初期，文昌鸡和文昌鸡饭随着移民潮传至东南亚和港澳，备受欢迎。加积鸭鸭脯大、皮薄、骨软、肉嫩、脂肪少，食之肥而不腻，故人们把加积饲养的番鸭称为加积鸭。东山羊产于万宁市东山岭，膘肥皮薄、肉嫩无膻、肥而不腻，曾被列为"贡品"。

　　在海南一定要吃海鲜。鱼类肉嫩味鲜，各种基围虾、对虾、龙虾、螃蟹及各种贝类如鲍鱼、扇贝、鸡腿螺、剪刀贝等是必食之珍。各种沿海村落的渔港，质朴的渔家摇着小船来往接送猎鲜客，千艘渔船海上归来，鱼跃满舱，渔民们满面春风，喜获丰收。

（二）特色小吃

　　除了经典菜式，海南传统村落中也有非常多的地方小吃，以各种粉、粿最为知名。海南人早餐一般吃抱罗粉、腌粉、海南粉、后安粉、酸粉等。海南粉用细细白白的米粉，配上花生、芝麻，再加上豆芽、牛肉丝……最后浇上香浓卤汁，一碗红、白、黄、绿的美食立刻呈现在眼前。文昌市抱罗镇的抱罗粉，粉条粗大，浇骨汤汁，汤质清香，鲜美可口，味道鲜甜不腻，且甜中带酸，酸中带辣。

因盛产波罗蜜、椰子、榴梿、番石榴、杨桃、黄皮、香蕉、荔枝、芒果等热带水果，海南小吃也喜欢以水果入味。如根据当地气候、生活习惯调制的清补凉，原料有 20 多种，常见用料有花生、红豆、绿豆、新鲜椰肉、红枣、西瓜粒、菠萝粒、凉粉块、珍珠、薏米、芋头等，文昌市会文镇清补凉最为知名，是夏天消暑好食品。椰子作为海南最常见的水果，除了直接饮用、榨汁外，海南人更将它与众多美食搭配得妙不可言，如椰子鸡盅、椰子鸡火锅、椰子冻、椰子羊肉盅、椰子饭、椰丝糯米粑等。椰子饭是将椰肉切碎，加入适量鸡肉和糯米，蒸熟后食用。椰丝糯米粑用糯米粉做皮，填以新鲜椰肉丝、芝麻、碾碎的炒花生、白糖等配成的馅，以椰子树叶包成圆粑，蒸熟趁热吃，此粑糯而不腻，清甜可口。

（三）茶与酒

作为中国唯一热带岛屿茶区，海南是世界上最好的大叶茶产地之一，茶多酚含量高，曾经的"南海茶厂"是"新中国五大茶场"之一。海南人喜饮老爸茶，类似岭南地区的"一盅两件"，这是海南特色茶文化，人们相聚，一壶茶，一碟花生，或一两个点心与甜品，静静待一个下午。茶一般是绿茶、红茶，或是菊花茶、茉莉花茶等。在海南，最具药用价值的名茶是澄迈火山岩苦丁茶，因火山土肥沃，有机质含量高，长出的火山岩苦丁茶以药用价值高、香气浓、耐冲泡而闻名。也有一些以植物与茶融合的新品种，如香兰茶，是用香草兰与红、绿茶做原料：香兰红茶清甜纯正，汤色红艳明亮；

香兰绿茶香气鲜纯隽永，汤色黄绿明亮。槟榔果茶，采用海南槟榔和茶为原料，具有消毒止咳、消食醒酒等功能。

因独特的地理位置和丰富的动植物资源，海南的制酒条件非常优越。椰子酒是海南特有酒类，以椰子为原料，辅以糯米、大米，经过发酵、蒸馏等一系列步骤，窖内贮存，酒精浓度偏低，带着椰子的甜甜口感。"甜不过黎家糯米酒，美不过黎家三月三"，黎族甜糟，用黎族特产山兰糯米发酵制成。在山兰糯米饭中拌以黎山特有植物做成酵母，用新鲜干净的芭蕉叶盖好，自行发酵几天后再密封进坛里，经过半个月时间便成为甜糟。地瓜酒，最有名的要属澄迈的桥头地瓜酒，号称海南"茅台酒"，一般为红色、无色、淡红色等，口味清香。其余如獐子酒、山兰酒、鹿龟酒、槟榔酒、咖啡酒等特色酒也值得一尝。

四、宝岛台湾：美食天堂

（一）经典菜式

台湾物产丰富，粮食充裕，菜果极多，禽畜甚众，渔产亦多。因此，也被誉为"美食岛"。

台湾的主食花样繁多，最为著名的当推卤肉饭。台湾有句谚语，"哪里的厨房有炊烟，哪里就有卤肉饭"。一碗好的卤肉饭，需要把切得刚刚好又不能太碎的五花肉在酱油和五种香料中慢炖，饭又香又韧，卤肉要多汁，再加上鲜脆可口的腌制酱菜，口感肥美而不油腻。台湾牛肉面是最受喜爱的台湾美食，牛肉面摊位遍布台湾大街小巷。有着"牛肉面之都"美誉的台北，每年都举办盛大的"台北国际牛肉面节"。牛肉面的做法讲究"一青二白三黄四绿五红"，包括熬煮五天的高汤"一清"，白肉锅"二白"，荞麦面"三黄"，香菜、青蒜衬味的"四绿"，辣椒加味的"五红"，这才能算上是一碗美味的台湾牛肉面。三杯鸡则是用一杯米酒、一杯油和一杯酱油作为调味品制成，再添加新鲜罗勒、红辣椒和蒜。蚵仔煎作为台湾小吃的最佳代表，原料同时来自大海和陆地，鸡蛋和小牡蛎在海岛很容易找到，加入源于大陆的地瓜粉，蚵仔煎就会变得黏软而口感十足。蚵仔面线是台湾主食小吃中极具有特色的一种，主要原料为蚵仔（小牡蛎）和面线，蚵仔面线的优劣取决于蚵的大小与新鲜度，一碗好吃的蚵仔面线应该有浓郁美味的汤底和薄薄的面线，蚵仔应保留其独特的纹理。

（二）特色小吃

台湾有很多弹牙、糯糯的小吃。九份藏着全台湾最好吃的芋圆，芋圆熬得香糯润滑，口感细腻，整条古街飘香；麻薯数花莲的最为好吃，花莲好山好水产好米，麻薯以糯米粉、澄粉为外皮，内馅有红豆沙、绿豆沙、芋泥等，一口将弹牙的表皮和甜软的内馅咬进嘴里，弹中带着甜香的美味；肉圆以彰化和新竹闻名，彰化肉圆特选番薯粉，上等猪肉、香菇、蛋黄、冬虾、竹笋配葱、玉桂香料，经过配制炊蒸，放入油锅炸数分钟，捞起浇洒特制甜酱与酱油，吃起来皮脆馅香。

这些特色小吃一般在夜市会集中出现。夜市在台湾有超过100年的历史，通常是因当地的交通方便，或是有辽阔场地以及多人群聚集而形成和发展成规模。在台湾夜市，能够找到浓郁的地方特色与地道的乡土原味。

（三）茶与酒

台湾茶源自福建，至今约有200年历史，以高山茶闻名。高山茶是指海拔1000米以上茶园所产制的半球形包种茶，芽叶柔软，叶肉厚，色泽翠绿鲜亮，滋味甘醇，香气淡雅，耐冲泡。高山茶主要产地为嘉义县、南投县内海拔1000—1300米茶区，包括嘉义县梅山乡、竹崎乡、番路乡及阿里山乡等，以及南投县竹山镇、仁爱乡、水里乡、信义乡等。近年来阿里山邹人文化部落的阿里山高山茶已成为台湾最具代表性的茶叶。

台湾酒第一名非金门高粱酒莫属。金门高粱酒与阿里山、日月潭被称为"台湾三宝"，是台湾的象征。同时高粱酒系列中有台湾福峰高粱酒、八八坑道酒、台湾玉山高粱酒、马鹰酒、原住居民小米酒等。随着乡村农业的发展，台湾人还创立了诸多梅酒品牌。新鲜的梅子经过盐的搓洗、糖的发酵，可变化为数百种不同的口味。

中国传统村落文化抢救与研究
文化区系列

Chinese Traditional Villages

第五章

东南典型传统村落

第一节
福建典型传统村落

一、闽东北典型传统村落：宁德市周宁县陈峭村

（一）村落概况

周宁县礼门乡的陈峭村原名张家峭，张氏约在五代后唐时期逆霍童溪而上，得此地拓居，南宋淳祐十年（1250），礼门乡溪山村陈继九公迁入，娶张氏为媳，陈氏繁衍盛于张氏，后更名为陈家峭，简称陈峭。陈峭村位于周宁县西南部，距县城约46千米，地处洞宫山脉南端，为周宁、屏南、政和三县交界地。村落建在火山喷发口形成的微小盆地间，村落四周有五座小山峰。村落周围属火山熔岩地貌，高山绝壁，奇峰异洞，地势险峻，沟深岭峻，植被茂盛，物种丰富，海拔落差大，村北为海拔1040米的石马顶大山，南边是海拔仅有260米的岔溪，山多、地少、水缺，仅在平缓的山腰有少量呈条状分布的山田。村内有元代祭天坛遗址，明代当境土主庙和玉泉庵，明清古民居群、岔溪石拱廊桥、清代烽火台、古炮楼、张氏宗祠及楼下桥，等。

（二）村落选址和格局

陈峭村依山傍水，就势建屋，聚族而居。陈峭村始祖约在南宋

末年，为躲避战乱，举族迁居到此，开荒繁衍至今。村落位于石马顶山脚下，周围地势险峻，成为村落天然保护屏障，因此村落也是村民为躲避战乱而选择的聚居之地。村落依山势而建，错落有致，环境优美。整个村落的布局相对简单，民居主要分布在路的两侧，住房条件比较简陋。周围灌溉较不便的地方开垦为茶园、林地等，稍平缓的开垦为水田、菜地。

陈峭村的整体传统格局、建筑风貌保存完整。因村落与周边的山顶相对高度较小，

图 5-1　村尾水尾池

山体又以泡沫岩为主，表层土壤较薄，蓄水不足，村民为解决人畜的饮水及土地的灌溉问题，在村的南北两端及东面修筑了三个蓄水池，形成依山傍水的传统村落。由陈峭旅游开发公司投资改造的悬空山道，从村西面通往屏南县鸳鸯溪自然保护区。

（三）村落价值特色

1. 村落建筑

陈峭村现存古民居多建于清代和民国时期，整体风貌保持完整，并集中连片分布。陈峭村由于地处偏远，山高水寒，经济落后，在民居方面均为夯土墙体，杉木或杂木构架，上铺青瓦，平面布局简单，屋内几无多余的装饰，更无任何外来的建筑材料。

图 5-2　陈峭村古民居群
（图片来源：李锦 摄，本部分下同）

图 5-3　叉溪桥

第五章 | 东南典型传统村落

图 5-4
楼下桥

叉溪桥位于陈峭村西南山脚下，为周宁县通往屏南的交通古道，原为木拱廊桥，建于清光绪十六年（1890），焚毁于民国九年（1920），1968年两县拨款共建，改为石拱桥，更名为友谊桥。桥长52米，净跨30米，宽4.5米，高18米。楼下桥位于陈峭村通往礼门乡的古道间，现桥建于清宣统三年（1911），为木拱廊桥，长24米，净跨18.2米，宽4.2米，是周宁县第三批县级文物保护单位之一。

陈峭村地处高山之上，水源奇缺，先民在祭天坛下发现一细小的泉眼，便在此兴建玉泉庵。玉泉庵位于陈峭村西南通往叉溪的古道边，始建于明宣德年间，经多次重建重修，庵前留有一片梨园。

祭天坛原为陈峭村张氏于元代在此以块石垒砌，为春秋两季祭天之场所，后损毁。2013年由陈观庆五兄弟出资，在遗址上重建。站在祭天台上，透过云层，屏南县的鸳鸯溪自然保护区尽收眼底。

图 5-5　玉泉庵

图 5-6　祭天坛

在陈峭村，最不起眼但又最为重要的乡土建筑便是张氏宗祠。张氏宗祠始建于明代，原众厅仅有一进，在民国时期增加一座戏台，并在众厅的天井前又新建一座建筑，成为两进式的宗祠。

三门亭位于陈峭村东南山脚，是通往周宁、屏南、政和三县的岔路节点，始建于清乾隆年间，后坍塌，2012年在原址重建。

大王林又名土主，为闽地传统村落不可或缺的公共乡土建筑，多位于村之水尾，用于祈望家畜家禽的成长和农作物的丰收。

图 5-7 三门亭

图 5-8 大王林

2. 村落承载的非物质文化遗产

陈峭村保留着祭天文化。陈峭村地处三县交界处，交通不便，信息闭塞，经济条件也相对落后。村民为祈求来年风调雨顺，旱涝保收，每年农历正月初一和八月十五，在族长的带领下，携带供品、香烛等到祭天坛做"供"，迎神仙，保佑族人。陈峭村每年农历三月初三还举行祭祖、添谱活动。

陈峭村每年正月初一至十五也举办舞龙活动，此地的"龙"为稻草龙，其上遍插竹香，一组由10人组成，其中1人执球，其他

图 5-9　悬空山道

图 5-10　鸳鸯溪大峡谷

9人执龙身，按统一的节奏旋转舞动，在夜间香火随龙身上下飞舞，刺激而热闹。

陈峭村由于农业耕作不能自足，村民的主要副业有制造棕制品，如棕绳、棕刷、棕衣、棕垫、棕床，以及弹棉花、夯筑土墙等。这些制作传统也成为陈峭村村民的传统手艺。30岁以上的村民几乎都会从事夯筑土墙工作。制作棕制品、编织竹器，是陈峭村村民从事农耕之外的另一项基本的谋生技能。

陈峭村一带许多村民，祖祖辈辈一直从事棕衣加工，其工艺之精湛，曾名扬闽东、闽北等地。现今，尽管塑料雨衣、雨伞等流行，但是棕衣透气、结实、保温，还是很适合种地时挡风遮雨的，特别是在阳春三月间下田插秧时使用。现在这里的村民大部分下地干活依然保留着穿棕衣的习惯。制作棕衣时，先要抽棕丝，用棕耙把棕片梳理成片状的棕丝，以及另外搓出棕绳。编制时，先做领子，将片状的棕丝按衣服的形状叠起，用棕绳细细缝起来。衣领制成后，再一片片地扩展成肩部、背部，然后制作棕衣下摆，最后拼接成一件棕衣。这种棕衣为长衣、无袖，且下垂一层密集的棕片，使其不透水，样子像燕子，因此也叫燕子棕衣。制作棕衣的工具有棕针、油罐、竹签、棕刀、棕耙等。

（四）村落价值评估

陈峭村传统乡土建筑较集中，建筑风格较为单一，格局也较为简单，建筑材料皆为就地取材，夯土墙体，青瓦屋面，杉木构架，极少有多余的装饰，仅能满足最基本的居住要求，屋内较为宽敞，

图 5-11　陈峭村街巷

但卫生设施薄弱，多无室内卫生间。整体受外来建筑风格影响较少，建筑风貌保存完整。

陈峭村自然环境优美。在村中视野所及的最外围，四周群山围绕，山势险峻，气候宜人，植被茂盛，山腰部位多为林地，山脚延续到村边以水田、菜地与茶园点缀其间。

村内原有巷道地面为毛石铺设，后改为水泥路面，近年来因有美丽乡村建设资金的投入及开展旅游的需要又改为块石铺面，并增加了公共厕所、垃圾桶、指示牌等设施。2014年，政府在对村内路网改造的同时，进行了雨污分流改造。村内公共停车场、医务室、警务室、农家书屋、健身点等设施齐全。

陈观庆五兄弟及部分村民集资拆迁了位于山坡下的危房和灰楼，建成消防通道及停车场，修通了陈峭村至礼门乡、陈峭村至政和县洞宫山的车道，以及陈峭村至屏南县鸳鸯溪景区的旅游悬空栈道。目前，陈峭村的所有乡土建筑、村落布局、建筑风格均受到很好的保护，村内的路网、水网、电网等基础设施也不断提升完善。①

二、闽东典型传统村落：福州市长乐区航城街道琴江村

（一）村落概况

琴江村地处洋屿半岛，东南接长乐城区，西与福州（马尾）经济技术开发区隔江相望，北经琅岐经济区与马祖列岛隔海相望，南连福清市，距长乐区城区4千米。该村地处闽江下游、马尾港东侧，与隔江对岸的闽安镇绿营及江面上的圆山水寨共同构成闽江入海口的军事防御系统，是古代控制马江、守卫福州城的重要军事要塞。

清康熙年间，康亲王入闽平叛之后，留驻福州城的旗汛口、蒙古营一带。雍正六年（1728），福州驻防副都统阿尔赛入觐，钦承上谕："尔等旗人，宜知水务。"阿奉命旋闽，乃与总督高其倬会舟溯流，以"洋屿去海不远，密迩省城，既可扼守三江，又可与闽安成掎角之势"，选定洋屿为福州驻防三江口水师旗营营盘，并报经

---

① 李锦，陈峭村传统村落调查登记表。

议政大臣会议，批复照准。不到一年时间，旗营基本建成。雍正七年（1729），朝廷先从驻福州的老四旗抽调513名行营旗兵，后又从驻扎于闽安汉军绿营抽调100名水手做教习，三江口水师旗营正式成立。辛亥革命后，水师旗营逐渐成为一个居民村落。民国初期，琴江隶属闽侯县江左里。民国二十三年（1934），江左里等6里划归长乐县，翌年编查保甲，琴江属洋屿乡齐里保。中华人民共和国成立后，长乐县设立第四区（营前）洋屿乡，1958年公社化时期改为城关公社洋屿大队，琴江在其管辖范围之内。1978年8月31日，长乐县革命委员会承认琴江社员的满族身份，1980年12月经莆田行署批准成立琴江满族大队，1981年3月13日长乐县人民政府行文，正式成立琴江满族大队，是福建省唯一满族大队。1984年起改为琴江村至今。

（二）村落价值特色

1. 村落建筑

将军行辕又称"公廨门"，俗称"将军楼"，始建于清雍正七年（1729），是三江口水师旗营的最高指挥所和驻闽将军每年视察水师操演的行辕，也是平时旗营官员公议大事的场所。清光绪十年（1884）中法马江之战，穆图善将军曾在此指挥旗兵抗击法国侵略军。行辕原为三进，头进是将军大堂，两侧各有厢房数间，中进是将军寝所，后进是杂役的居所。清宣统二年（1910），中进改建为2层楼，保存至今。辛亥革命后，前进大堂坍塌，后进被日寇破坏，大门改为朝东，原来北门位置现在立着旗营创立时的圣旨碑。

贾府位于大街与首里街交叉口处，原是左翼防御衙门和骁骑校，民国初贾勤改建。宅第三进三天井，入口是木质结构的"七柱初游廊"，厅前门窗花格组成"树德莫如滋"字样，十分精致。北侧有小花园，种有榕树，环境优美。贾府百年来有9代19人服务于海军和航海业，是一个海军世家。

赖府原是清雍正七年（1729）赖坤奉文移驻洋屿时修建的兵房，其玄孙赖以森出任海澄知县后扩建，是琴江村一座较大的官宦故居。赖府为三进五间两排厢房结构，数根梁长20多米，门窗精雕细琢，雕梁画脊，保存完好，后进五间在中华人民共和国成立前拆除。

黄府（文官）为黄恩浩故居，位于帅正街西端，光绪年间重修，三进三天井，后进是藏书楼，精致雕花木门，二进大门上有一块写有"觀察第"的黑字白底匾。

黄府（武官）为黄恩禄故居，位于阳春街（东门口），清光绪年间重建，两进式大宅院，有边厢、后花园和高大彩绘封火墙。正门在"第喜门"外套有双扇矮门，刻有"加官晋爵"彩雕，厅堂曾悬挂"簪缨继美""裘带风和"金字红底横匾。

许府位于帅正街，原是右翼防御衙门和骁骑校，民国十四年（1925）许建廷任舰队司令时改建。前后两进，砖木结构，建筑宏大而又不失精致。南侧花园的门洞上有郑孝胥题写的"颐园"二字，至今尚存。

曹维廉故居位于太平里，始建于清雍正年间，原是曹氏祖屋。清末，重扩建，二进五间排，前进有花厅，后进的"百叶窗"藏书楼是曹伯伦民国初期任知县所建，旁边还有花果园。此宅先后培养出新华社香港分社副社长曹维廉、皖南事变烈士曹维新等近现代知名人士。

李氏祖屋位于太平里，原是右翼佐领衙门，坐南朝北，该建筑在民国十六年（1927）改建，设有"百叶窗"藏书楼，后有花果园。此宅曾是"天涯三客"之一的画家李廷迎的故居。

　　在旗营左右翼原有毓麟宫各一座。现存的毓麟宫位于南营门东侧，又称右翼子孙庙，建于清雍正六年（1728）。庙分前后两进，前进是戏台，两厢有看楼，后进是神庙，是满族乡亲宗教朝拜场所。戏台设计仿清代宫廷戏台的造型，做工精雕细琢，四角饰以飞檐雕角，周饰小框笼，以各种艺术图案衬垫花饰，舞台正中横眉嵌金楷书六字。中间的"遏云"取遏云绕梁，余音在耳之意；左侧的"叶商"以商音协调其他音阶使韵律具音乐性和节奏感，悦耳动听；右侧的"韵徵"的徵音是五个音阶的雅韵，喻音用来调节音律的和谐感。同治八年（1869）和光绪三十三年（1907）曾被两度维修。

　　妈祖庙位于村北部。清雍正七年（1729），福州将军阿尔赛捐廉修建，水师每年都在此举行朝拜活动。

　　孝友坊是琴江的一个标志性建筑。清同治元年（1862）十二月十七日，为褒奖赖通照孝亲爱友，皇帝下诏在琴江村建孝友坊。

图 5-12
孝友坊
（图片来源：福建省住房和城乡建设厅）

2. 村落承载的非物质文化遗产

琴江村的各色小吃随着八旗兵随带家属走南闯北，兼收并蓄，不断创新，形成独具特色的风味。甜的汤圆麻团，咸的馄饨，各色饺子，茯苓糕、夹糖糕，油炸的虾饼，炉烤的烤炉饼，米面做的旱面饺。夏令凉品有马蹄糕、九层糕，冬令点心有地瓜饺，四时咸宜的有南瓜糕配疙瘩汤。小孩爱吃的有糖通、路路通、麦花籔、夹心糖烧饼等。

满族妇女长衫外面多加坎肩，有时也穿马甲，冬天多穿长袍。普通妇女一般以披风、袄裙作为礼服，下裳多穿裙，以红为贵，寡妇多穿黑裙。妇女服饰最为精巧的要算衣边。清初袖口镶边较狭，颜色较素；清末衣缘越来越阔、花边越绲越多，有三镶六绲、五镶五绲等。

清代时期，受清典"旗人与民人不通婚"的限制，实行营内互婚制，故有"关起城门都是亲"之说。到抗日战争后期，仍以营内互婚为主，少数嫁往外地。中华人民共和国成立后，内外通婚才开始流行。一般婚嫁习俗有议婚、相看、换庚帖、下定、添箱、迎娶、入洞房等。

村落丧葬习俗与汉族多有不同，主要有停尸、成服、立幡、大殓、送三、开眼喉、回殃出殡、下葬。"文革"前，旗人家里有人过世，不起炊烟，有亲友送点心，叫作"觐食"。

抬阁又称"台阁"，是在琴江村流传了200多年的一种文艺形式。演出时，演员被固定在隐形的"铁机"上，由人抬着，随地演出，用旗语演唱，背景音乐是东北小调。抬阁与舞狮、杂技相比，雄浑不足，却很清新灵巧，独领风骚。传统的剧目有《许仙借伞》《哪吒闹海》《水漫金山》《黛玉葬花》《荷花三娘子》等。2001年，创新剧目《仙女散花》获得福州市第九届文艺百花奖民间文艺大赛金奖，琴江村也因此被福建省政府授予"福建省抬阁戏民间文化艺术之乡"称号，抬阁也被列入福建省非物质文化遗产保护名录。

太保爷迎会每年从农历三月初八开堂，一直要延续到三月十六回驾西岳殿，前后延续九天。太保爷庙的庆典活动包括开堂、下殿行台、奉众踩街、出巡城乡、回驾西岳殿等。据说，在众多庙宇中，数太保爷最灵验，信奉者众。

每年的农历十月十三为满族颁金节。清崇德元年（1636），皇太极颁诏天下，年后成立八旗。因此，每年农历十月十三满族村民都要举行各种庆祝活动。

毓麟宫庙会于每年农历正月十五元宵节举行，村民在毓麟宫举行烧香朝拜、民间戏曲演出、游神、闹花灯等活动，这是满族人生活中的重要民间活动。

图 5-13
毓麟宫

七月初三悼念忠魂。琴江村村民每年农历七月初三都要念经超度、制作祭品、放水灯，以悼念甲申海战中捐躯的忠魂。

五炮神传说。甲申战争的时候，清廷当局不准我军先行开炮，如果先行开炮也是"虽胜亦斩"，三江口水师旗营官兵忍无可忍，不顾禁令，先行开炮，击伤法军旗舰。事后，朝廷派人来调查此事，官兵推说谁也没有开炮，而是江边外五炮神庙的五炮神开的炮，一位炮神还被震断一根手指。调查的官员看到神像的手指确实如此，只好无奈地走了。

（三）村落价值评估

军民合一的水师旗营是扼守三江的军事旗营，三江口水师旗营与闽江中的圆山水寨（大屿小岛）、剑屿小岛、闽安旗营构成掎角之势。如果说闽江口第三道防线马江像个大布袋，则大布袋口处即是三江口水师旗营，此位置江面开阔，位于出海口与福州城中间，既可以抵御外敌，又可以增援福州城。

文化内涵丰富。一是水师文化。琴江村选址在三江咽喉之地，利于作战的街巷布局，"兵民合一"的兵房建筑，当今依然保存良好。该村文化底蕴的形成与我国近代海战、海军教育的发展息息相关。二是船政文化。琴江村的历史渊源与我国船政文化是紧密联系的。三江口水师旗营当时是全国沿海四大水师旗营之一，比马尾的福建水师早建151年。据《琴江志》记载，林则徐多次来到琴江，江滨照壁曾书林公墨宝"海国屏藩"。三江口水师最辉煌的一页是参与甲申中法马江海战抗击侵略者。洋务运动后，水师旗营中青年人纷纷投入船政学堂，毕业后成长为中国海军的栋梁之材，其中将级 3 名，上校级 4 名。三是满族文化。村落的先祖们是以八旗中的老四旗为主体，在抗击侵略者的同时，他们也把满族文化逐渐带到琴江。从戏曲到饮食、从旗下话到生活习惯，满族文化渗入村落发展的各个方面。

闽江口的军事要塞，历史悠久，军事意义非同一般；历史人物众多，尤以近代海军将士为耀，促进了我国海军的发展；民间习俗丰富多彩、特点鲜明、传说逸事众多；马江海战是我国抗击侵略者的重要战役，也是警示、教育后人的最好例证。

三、闽南典型传统村落：泉州市永春县岵山镇茂霞村

（一）村落概况

茂霞村位于福建省永春县岵山镇中北部，永春县南部，是岵山镇政府所在地。茂霞村明代时期属于永春十三都，民国时期属永春县小姑区，后并入岵山区茂霞乡；1958 年 9 月，属永春县岵山人民公社茂霞生产大队；1984 年 10 月改为茂霞村委会。2012 年，茂霞村正式入选由住房城乡建设部、文化部、财政部联合评选的首批中国传统村落名录，成为永春县第一个国家级的传统村落。

（二）村落价值特色

1. 村落建筑

茂霞村传统建筑达到一定规模，"古厝群"撼动人心，保存有

明清至今的 70 多座古厝，闽南侨乡文化原汁原味保留。70 多座古厝中，保存完好的有 10 多座，有建于 1312 年的祥奏小宗、建于 1496 年的敦庸堂、建于 1512 年的聚美堂、建于 1632 年的唯德堂，还有建于 1712 年的福春堂、赤路厝、贻福堂、美池堂、井居厝、贻华堂等。而那栋建于乾隆年间、有 50 多间房、供奉着"吕洞宾"的三落大厝墩好厝里曾经住着一位祖母，"吕洞宾"正是随着这位祖母来到这座古厝内。300 年来，每年的农历四月十四都会举行"吕祖诞生"祭祀仪式。仪式上，独具闽南特色的闹台、闹厅、掌中木偶戏等演出精彩呈现。墩好厝从始建到现在，子孙延绵，至今已有 13 代，这些子孙后代里曾经在清代出现过"三代连科"的辉煌。现今其后代足迹遍布海内外，大多旅居在中国台湾以及马来西亚、新加坡、印尼等地。

茂霞村不只有古厝，还有古寨。石城寨有一个从来不干枯的石马槽，即使再怎么干旱也绝不干枯。福茂寨（俗称后头寨）建于 1526 年，它是茂霞村的标志性建筑，也是闽南聚落的宝寨，全寨占地 20 亩，环寨一周的寨墙高 6—10 米，长足有 2000 米。这一闽南宝寨是曾任职泉州户粮司的讳思澄于明嘉靖年间修建的，保留至今。

2. 村落特色

茂霞村历史悠久，源远流长。村落整体风貌特征为典型的闽南传统风格，百年历史的原始古寨，石头堆砌的石城寨落，自然田园风光，百年古树交错，形成独特迷人的园林村落景致。村落的古厝经历了时间的洗礼，形成"红砖、赤瓦、白石基"的独特的闽南特征建筑风格。

福茂寨是茂霞村的主要标志性建筑，更是闽南聚落的宝寨，由建寨始祖讳思澄即员渠公（明嘉靖年间任职泉州户粮司）于嘉靖年间建寨筑祠，整个寨墙目前保存较好。

石城寨是茂霞村两座古寨之一，有一个从来不干枯的石马槽。据当地传说，曾经有一个姓汪的傻子住在寨子里，有一天早晨他醒来，突然发现自己不傻了，不仅不傻还预言自己将"造鸡鸡啼，造狗狗吠，纸人成真，芦苇成箭射到皇帝金交椅"。话说胆小的皇帝闻讯就以莫须有的造反之名派林、萧二元帅领兵围剿抄家灭族。林、萧二元帅并不盲从，他们认定罪在汪家，剿灭汪家而没有株连九族。当地群众感念其恩，把二位元帅造成佛像敬奉。他们在石城寨歇脚时驻马使用的石马槽就是那个永不干枯的传奇石马槽。

茂霞村古民居受中国五千年文化的影响，在建筑形式、文化内涵等诸多方面承上启下、传承有序。诸如斗拱、梁柱的榫卯结构，许多古厝内还保存有砖雕、石雕、木雕、灰雕等装饰手法，房屋样式、布局的建造规制等建筑技术及其所包含的思想理念，无不反映出闽南建筑对中国传统建筑的传承，具有深厚的文化内涵和研究价值。

3. 村落承载的非物质文化遗产

农历每月十九有法会。法会在始建于清代的龙水院内举行，据传该院曾是一个具有一定名望的大学堂，如今是一座极富闽南特色的庙宇。院内现供奉释迦牟尼、观音佛祖两尊大佛，另外还有六尊民间神：三代祖师、黄公祖师、张公圣君、广应尊王、广泽尊王、三显真仙。院墙上的彩绘惟妙惟肖，有十八罗汉、八仙过海，还有精美的泥雕，极具观赏价值。农历每月十九的法会都有道士在此院做敬（做醮），每年的农历八月份院内戏台还有闽南地方戏剧上演。

一家四代做香饼。说起陈跃皇家的"后头寨香饼"可不寻常，据他介绍，茂霞村香饼制作传承时间已有100年以上，从他爷爷辈起就专制香饼。眼下传到他儿子这一代了，四代人，近百年钻研制饼一行。人们评价他家的香饼嫩滑温润、制作精细、外形雅观、香甜可口、别有风味。香饼主要原料是面粉、红糖、猪油和香料，制作精细，是传统喜庆节日、嫁娶中必备的馈赠礼品。

颇具闽南特色的球舞已不多见，可在茂霞村却可一睹为快。球舞的起源已不可考，通常是老年人的一种健身活动。岵山老人会会长郑瑞府描述起来绘声绘色，"大家围成一圈，中间站一个人，所有人一起唱歌，押着节拍将手中的绣球抛给他人，接球时，得做出个优美舞姿，并用双手去接。"

（三）村落价值评估

茂霞村拥有百年以上具有闽南文化载体之称的古厝70多座，还有距今400多年历史的明代石砌古寨，绵延成片的荔枝园林，充满历史人文气息的闽南骑楼式古街和异彩纷呈的古民俗。古厝、古寨、古树、古街、古民俗汇聚成别具韵味的传统村落，而该村乃至该镇"家家户户有侨亲"也传为佳话。保留完好的古厝，不仅为茂霞村增添一道亮丽的风景线，更成为当地在外华人华侨魂牵梦绕的家乡故里。

四、闽北典型传统村落：武夷山市武夷街道下梅村

（一）村落概况

下梅村坐落在武夷山风景区以东 4 千米处，距离市区 12 千米。因该村位于梅溪的下游，故称下梅。下梅地形是武夷山典型的盆地地形，俗称"锅庄"，意指下梅地形如同一口锅，村庄坐落其中。下梅村三面环山，一面抱水。四周山麓层叠，内层山峰的平均海拔在 600 米以上，南面的芦峰海拔在 900 米以上，北面的夏主岭峰海拔也在 800 米以上，东面的黄竹岭海拔只有 400 米左右。

下梅的历史可以追溯到 3000 多年前的商周时期。宋咸平元年（998）下梅、上梅、会仙、将村、周村、黄村等 6 里从建阳划归崇安县管辖。清代初年，下梅进入发展的鼎盛时期，成为武夷山重要的茶叶集散地。当溪的 9 个码头装卸不绝，每日行舟 300 艘，一片繁忙。茶叶贸易的繁荣带来地方的富裕。下梅邹氏四兄弟获资百万，成为下梅首富，便大兴土木，建豪宅 70 余幢。在此前后，方姓、岳姓、程姓、陈姓等也在下梅建宅修祠，构成独具特色的建筑群。解放后，下梅隶属崇安县武夷乡，1958 年成立人民公社，下梅属于崇安县武夷人民公社下梅大队，1989 年崇安县撤县建市，武夷乡撤乡建镇，2005 年为武夷山市武夷街道下梅村。

（二）村落价值特色

1. 村落建筑

砖雕、石雕、木雕是下梅村古建筑的奇葩。民居门楼无一例外

地饰以精美的砖雕，体现了豪华和高贵。砖雕以浮雕为主，也有镂空雕，内容或取自历史故事、神话传说，或取自谐音的吉祥语；也有民间喜爱的花卉、鸟兽、祥云等。精雕细刻，造型逼真，描绘贴切，寓意深刻，表现出古代劳动人民美好的愿望、朴素的民风和精湛的技艺。石雕有础石、门当、石鼓、花架、池栏、井栏、水缸等，既是实用品，又是装饰品，不失为赏用兼备的艺术精品。下梅村古民居的木雕更是精彩纷呈，有挑梁、吊顶、桌椅、栏杆、窗棂、柱础等，尤以窗棂为最。下梅村古民居的窗户以透花格式为主，有四扇、六扇、八扇为一樘的格扇窗。窗棂有斜棂、平行棂等，最大限度地艺术化。木雕图案多以群众喜闻乐见的动植物、人物、祥云为主题，表现古代劳动人民勤劳、善良的传统美德。在下梅村古民居里，至今还保留有十几块古牌匾，都是清代遗物，内容大体可分为堂斋题匾、寿匾和敬赠匾，书法工艺采用了阴刻、阳刻、边刻。这些牌匾内涵丰富，书法精湛，既记录了下梅村厚重的文化历史，也成为书法艺术的宝藏。下梅村现尚保存完好的古民居有邹氏家祠、西水别业、邹氏大夫第、施政堂、陈氏儒学正堂、邹氏闺秀楼、方氏参军第、程氏隐士居等近40幢。

邹氏家祠是下梅村标志性建筑，也是武夷山境内保存得最完善的一座祠堂建筑。祠堂门楼气势宏阔，砖雕图案丰富多彩。门两侧的"木本""水源"，是两幅篆刻横批。意思是说一个家族的繁荣昌盛，如树木一样，有赖于深深遍布在乡土中的根；又如江河之水，有赖于源头的涓涓细流，揭示了邹氏追思祖先、不能忘本的理念。门楼左右两侧圆形砖雕图，分别刻着"文丞""武尉"，希望子孙后代能文能武，人才辈出。家祠的门础上，立着一对抱鼓石，构成了"户对"，门楣的上方原来是四根半尺左右长的雕花石柱，叫"门当

（或门簪）"，"门当户对"是建筑部件，起着镇宅求安的作用。大厅正堂原有二十四孝木雕鎏金门四扇，雕刻着我国传统孝道的二十四个经典故事。神坛上供着祖先灵位和邹氏艰苦创业时的扁担麻绳23条。每至清明祭祖时，都要供奉扁担麻绳，借此激励后人要知道创业的艰辛，不忘祖先功德。家祠下厅是用于搭建临时戏台的场所。顶上构件是藻井，两侧是厢楼，供听戏时用，邹氏家祠每年举行春秋两祭

图 5-14　下梅村古豪宅大门砖雕

（春祀秋报）活动，活动期间除祭祖饮胙外，还请戏班在家祠内唱大戏。一切费用开支，皆由祖宗公产照田的年田租提供。管理照田事务按房轮值。邹氏有很多照田，不仅下梅有，还在曹墩等地购置田产，并设庄收取田租，用于家族公共开支。

2. 村落承载的非物质文化遗产

茶文化。明末清初开始，下梅村就成了闽北地区最大的茶叶集散地。如今，许多下梅村的后代仍然继承着祖先制售茶叶的生意，不过，早已从小店铺变成了现代化的大工厂。2006年，武夷岩茶的制作方法已经被列为中国国家级非物质文化遗产。

理学文化。朱熹当年从五夫往武夷山，常途经下梅古道。已坍毁的下梅文昌阁，据传是朱熹当年在那里讲学的地方，渡溪头的五欣亭也是朱熹途经下梅最爱歇脚的地方。

图 5-15
晋商万里茶路起点标志

五、闽中典型传统村落：三明市尤溪县台溪乡书京村

（一）村落概况

书京村坐落于福建省三明市尤溪县台溪乡，地处尤溪县城的西南部，距县城 18 千米，离乡政府 3 千米，东与洋尾村接壤，南与四斗村相邻，西至包溪山顶分水，北同莒洋村毗连。

书京村属山地地貌，东连大致西东走向的块状连山，背靠大山，一条 3.5 米宽、1700 米长的水泥路贯穿全村，山涧溪水从西南向东北经村旁流过，山上多以毛竹、马尾松为主。所处地域为亚热带季风气候，冬短夏长，雨量充沛，土地肥沃，水田连片，土质为黑色泥质土。

（二）村落价值特色

1. 村落历史沿革

明洪武十年（1377），书山邱氏始祖海三公迁到书山，始建村落。书山村俗称书坪，原为福建省延平府尤溪县廿五都龙溪境书山保。1961 年，书坪、京岭及莒洋从洋尾大队分开后，由书坪与京岭组成一个大队，各用其一字取名，故称"书京"。

2. 村落历史建筑

书京村现存清代以前古建筑 10 余座。民国及中华人民共和国成立后屡次修建民居数十座。明洪武十三年（1380），开基祖邱福伍（海三公之孙）主持修建完成邱氏祖祠"时思堂"，这是书京保

存最早的古建筑。明成化二年（1466），京岭陈氏由尤溪廿五都盖竹洋迁至书山前寮定居，始建房屋。明弘治年间，文通公在祖祠左边上方建造二祖祠。清乾隆五年（1740），陈氏祖先由书山前寮迁至京岭村定居。陈氏必选、必琼、振雅诸公在大坪之上建造祖祠，取名"聚德堂"。

民居大部分散落在山坡上，传统建筑以书京瑞庆堂、书京光裕堂为代表，其结构较完好，建筑特点明显，依山而建，高落差，属山坡类型，是集居住与防御为一体的土堡，平面呈前方后圆，布局合理，规模宏大，同时又具围龙屋的建筑元素，木雕、石雕、彩绘精美，故事典型，内容丰富，充分反映了当地老百姓求福纳祥，向往美好生活的愿望。

清道光二十七年（1847），尤溪邱氏兆庆二十一世孙长厚公为防匪患，始建光裕堡，于道光三十年（1850）建成。光裕堡占地面积2600平方米，建筑面积2200平方米，由高台阶、高堡门、两级门厅、前楼、天井、厢房、主堂、护厝、后花台、后楼、碉式角楼、

图 5-16
光裕堡

阶梯跑马道等组成。土堡整体呈围廊院落式民居样式，俯瞰土堡，前方后圆，坐西向东，包括前通道、高台阶、高堡墙等。该堡最大的特点为：依山势分四级台基构建，前后楼高差近 15 米；门洞做成微缩的瓮城状，门内设有射击吊脚炮楼，中部二级大天井，天井两侧二级厢房；厕所蹲坑与粪坑落差大，悬于半空中；山顶、路口夯筑碉式角楼，内设瞭望台和枪眼。正门框为石拱结构，大门由铁皮和铆钉加固而成，两旁的对联为"光前集百福，裕后庆千祥"，横批匾额"宽厚流风"四个大字是当朝县令博崇武所题，是对先辈艰苦创业精神和为人忠厚品德的肯定与赞扬，激励着无数子孙奋发图强，不断进取。光裕堡至今已繁衍 400 多人，人才辈出。

清光绪六年（1880），建瑞庆堡。瑞庆堡占地约 2500 平方米，建筑面积 2300 平方米，它的结构与光裕堡极为相似。俯瞰瑞庆堡可以看出土堡的基本形式——民居加围墙，可以简单理解为这是一座围城的缩小版。堡墙的作用就是防御，相对独立，不像土楼的墙体除了防御之外还要作为房子的承重墙。在这里，堡墙即使倒了，里

图 5-17
瑞庆堡

面的房子依然完好。这也是与土楼的主要区别之一。土堡古建筑，成为三明地区主要的古民居代表形态。

六、闽客家典型传统村落：龙岩市连城县宣和乡培田村

（一）村落概况

宣和乡位于龙岩市连城县西部，是古汀州府往连城、永安、龙岩的交通重镇，也是汀江上游朋口溪的发祥地，中间河源溪自北向南贯通全乡，两岸盆地、坡地土壤肥沃，气候温和，雨量充沛，无霜期长，稻可三熟。培田村即在河源溪畔，从西北方向蜿蜒而来的武夷山余脉南麓的松毛岭，挡住了西北的寒流与霜害；河源溪从北、东、南三面绕村而过，给村落带来了丰足的水源；村落正东1000多米高的笔架山防御着夏秋台风的侵袭。村落在国家风景名胜区冠豸山以西35千米，距319国道7千米，离宣和乡政府3千米，全村面积13.4平方千米。农业以水稻为主，副业以种经济作物、畜养家禽家畜为主。

培田村民居始建于南宋，明中叶初具规模，鼎盛于康乾盛世，历经800余年。历史上培田又是归化、清流、宁化、永安、连城等县的官商士民往返汀州府城的通衢集镇和歇息之地。一代代的培田人利用优越的地理位置、丰富的山林资源、产多质好的米粮，开店铺，办作坊，搞贩运，兼批零，生意不但做到福州、漳州、泉州，还远及湖南、江西、广东等地。如培田吴昌同在潮汕就拥有12家商号。吴氏家族的知名经济产业以造纸业、钱庄为主，布业为辅。谱

载有培田人经营的福州"云车纸业",汀州"昌同油行、仁昌布庄、早珍号纸庄"。培田布业也很发达,当时种植的一种称为"兰靛"的植物,用于制成染料。其他还有药局、客栈、轿行等。

培田村民风淳朴,院不闭户。迎客以茶,送客以柑。谈笑有鸿儒,往来无白丁。儿童热情指点,老者侃侃而谈,对乡梓之热爱溢于言表。至今延续的客家民俗活动使人们更加团结向上,也颇为壮观。

培田可耕可读的山水环境优美宜人,河源溪自北向南绕村而过;村落向西依靠着卧虎山,延绵向东展开,笔架山逶迤在溪东,真是青山绿水户门外;村头村尾屹立"圣旨""恩荣"两座跨街牌坊,可以想象当时"文官下轿,武官下马"的显耀;两条水圳穿行于村庄之间,如白练环绕;众多古民居鳞次栉比,房内雕梁画栋,楹联题额精美异常。

(二)村落选址和格局

"水如环带山如笔,家有藏书陇有田""前有朝山溪水流,后有丘陵龙脉来",正是培田村落选址的写照。

培田村西靠的卧虎山(后山)为龙脉,东临河源溪,村东近处的矮山为案山,远处千米高的笔架山为朝山,怀抱中的明堂呈虾形,因而村落建筑群因地制宜,以卧虎山为中心呈放射状布局。民居院落中轴线起于卧虎山而止于笔架山,自然生长一般,各自稍做调整,形成最佳的风水环境,故大门常有"斗山并峙"、"三台拱瑞"(意龙脉、案山、朝山)的横联。如果俯瞰培田,松毛岭的三道绿色山峦,自北向南直落培田,如三龙环抱;村外周边五个山头似五虎踞护；远在东边千米高的笔架山成为村落的东方屏障；蜿蜒绕村而过的河源溪似玉带环绕；南边水口处枫香伟岸茂密，似巨人把口。村落选址"枕山、环水、面屏"，符合中国传统堪舆理念，形成自然和谐的人居环境。

（三）村落价值特色

1. 村落建筑

民居。培田村古民居建筑群由 30 幢高堂华屋、21 座吴氏宗祠、6 处私家书院、4 座庵庙道观、2 道跨街牌坊、1 条千米古街组成。培田建筑类型丰富，有牌坊、店铺、民居、祠堂、戏台、书院、庙宇、亭阁等。一些特殊类型的建筑如修竹楼（又名廉让居）、绳武楼、容膝居、武厂等，前二者都是规模较大的二层楼房建筑，分别用于村中儿童玩耍娱乐和存放粮食，后二者分别用于教化妇女和练武健身，有如专门的特殊学校。

客家民居中有广东梅州的多层围龙屋、永定的土楼、长汀的九厅十八井，而培田村民居即是其中的九厅十八井建筑。培田客家民居在表现形式上继承客家先民南迁时期的建筑风格，并移植了徙居之地的做法，加之渗透着南下时所经历的各个地域建筑特色，与土楼一道形成两种截然不同的建筑风格。其建筑之精美、保护之完好、文化底蕴之深厚，堪称人类建筑史上的一枝奇葩，是客家文化的重要组成部分。

祠堂。培田村单一用于祭祀活动而非居住的祠堂有衍庆堂、八四公祠、天一公祠、衡公祠、久公祠等。这些建筑的共同之处是：单一中轴线；开敞的两厢以容纳聚集的族人；进深较少，多为一进，

图 5-18　九厅十八井建筑

较大规模的为两进；或有戏台这类公共建筑形式的出现。

庙宇。培田村的四座庵庙道观有两座位于村内，即文武庙和天后宫，最有意味的是这两座建筑的选址，一在村口，一在桥头。在村口茂密的枫香掩映下，文武庙扼住水口，该庙始建于明初，初为关帝庙，仅为一层，乾隆年间改成两层，上祀文圣孔子，下祀武圣关公。这种文武同庙的建筑极为少见，客家人崇文尚武的精神在这里得到充分的体现。在连城通往培田的官道上，跨越河源溪必要通过一座桥——万安桥，方得进入培田，天后宫屹立桥头，远望连城方向，保佑培田远行儿女的平安。现两座庙宇均为中华人民共和国成立后复建，位置仍在原址，但建筑材料、做工，以及建筑细部、形式与村落整体的要求相去甚远。

书院。培田村历史上曾先后出现过 20 多所书院学馆，有因宅成书院，有建简舍草堂做学馆。其中南山书院最为知名，规模较大，其建筑形式自由、完整，建筑环境设计、地形利用独具匠心，书院于光绪三十二年（1906）改为小学堂，故至今主体建筑尚存。书院门外有棵 600 年高龄的罗汉松见证着书院的辉煌，这里曾经有"距汀城郭虽百里，入孔门墙第一家"的美誉；并且书院之勤读壮景"南山书声"成为宣和十景之一，五百年培田村文武竞秀，而被誉为"文墨之乡"。这里培养出 140 余名秀才，步入仕途 19 人，官至五品有 7 人，其中有翰林、诰封大夫、教谕、巡检、守备等；民国时期造就了 4 名留法生、3 名黄埔生。

2. 村落承载的非物质文化遗产

民间技艺。十番、鼓吹乐、提线木偶、武术、根雕、龙灯、剪纸等，各种文字及花草、树木均可入图。

剪纸。又叫剪花或脱花。在连城，每至春节，民间妇女多有操剪剪纸的习俗。用红纸剪成各种图案和文字，贴于神案、门窗、墙上及礼品上等，有祝福之意。这些剪纸图案、文字与寓意，主要有以下几种，图案有：四灵（龙、凤、麒麟、龟）、四兽（狮、虎、象、豹）、岁寒三友（松、竹、梅）、四君子（梅、兰、菊、竹）、八仙、门神、寿星、招财童子，以及琴、棋、书、画、佛八宝、道八宝等。文字有：福、禄、寿、喜、宝、万及"四季发财""春福满堂"等词语。从图文内涵上看，用谐音法的有鹿（禄）、蝙蝠（福）、花瓶（平安）、鲇鱼（年年有余）、猴（好）等；用寄情法的有仙鹤（长寿）、牡丹（富贵）、石榴（多子）等。

连城客家木偶戏。清光绪年间从上杭白砂传入连城。据连城县志记载，光绪二十四年（1898），上杭县白砂乡村尾坝上"霁月楼"木偶戏班艺人李如意与连城县赖源乡徐象球结拜金兰，并迁居赖源；同时，将其二子李金铃过继徐家，改名徐传华。李如意与徐象球一起创办"老福星堂"木偶戏班，培养了徐寿球、徐源深、徐金水等30多名学徒。自此，提线木偶艺术流入连城。木偶戏在传入连城过程中，不断吸收连城当地方言和民间艺术养料，从而孕育、衍化、发展，形成了具有浓厚连城地方特色的客家木偶戏。

民俗。新年正月初二拜图祭祖，行三献大礼。续嗣——其中有续弦、过继、倒插门等秩序规则。订丁——生长子，初六庆花魁。还有婚嫁、诞生、贺寿、丧葬等，以及各种节日风俗，其中以元宵节游龙灯最为知名和热闹。

美食。涮九品、芋子饺、酿豆腐、雪花鱼糕、鳝鱼苦笋、慈姑猪蹄、白鸭鲍鱼、鱼饺、珍珠土龙、荸荠羹、珍珠丸、金银酥、金包银等等，其中河源米冻是培田现今最知名的百姓小吃。

红色文化。"官厅"原称"大屋"，因吴氏接待过往官员而称"官厅"。中央红军北上前的温坊、松毛岭战役中，"官厅"成为红军的指挥部，战斗结束，红九军团即由此出发。培田成为红军长征前夕的一个出发地。

（四）村落价值评估

培田村古民居建筑群的产生、发展与成熟反映了闽西客家人民在特定的自然地理环境条件下和重大社会变迁与动乱中的生存发展状态，是闽西客家人奋斗史的真实写照。培田村的古民居因地制宜，又兼容了京城、皖南建筑风格，汇聚了闽南、闽北、潮汕及粤东、赣南等地的民居建造手法。以九厅十八井建筑的典型特色，集政、经、居、教于一体。培田村民居都是内通廊式布局，院内各户相通，体现了客家人聚族而居所特有的公共性与群居性的文化精神。居祠合一的建筑，既是族人生息之地，又是祭祀祖先的场所。祖堂置于中轴线上最核心的位置，突出体现了客家人祖先至高无上的信念。古民居建筑群所表现出的书院文化、耕读文化、宗法文化，是客家文化的重要组成部分，所包含的历史信息对客家人发展史的研究具有重要意义。

培田村古民居建筑群与自然环境和谐搭配的景观风貌呈现出一派优美的田园风光，具有极高的观赏性、艺术性。自然和谐的人居环境，满足了人们对居住空间的物质与心理需求，具有重要的研究价值。在当前建设社会主义新农村的机遇下，对培田村古民居建筑群的保护具有更为重要的现实意义。

第二节
广东典型传统村落

一、粤语区传统村落：佛山市三水区乐平镇大旗头村

（一）村落概况

广东省佛山市三水区乐平镇大旗头村是国家历史文化名村、"广东第一村"。据《三水县志》记载，大旗头村始建于明代。整个村占地面积 52000 平方米，古建筑群面积约 14000 平方米，为清广东水师提督郑绍忠于光绪年间统一建造的古民居建筑群。2002 年，大旗头村建筑群被公布为省级文物保护单位；2003 年，被评为首批 12 个国家级历史文化名村之一。大旗头村福寿文化独特，郑绍忠生前颇得慈禧太后器重，1894 年其 60 岁大寿时，慈禧亲题"寿"字，赐寿仪。此外，大旗头村的民间传说、民俗文化、祠堂文化、将军文化等都具有很高的挖掘研究和开发利用价值。

（二）村落选址和格局

大旗头村古建筑群坐西向东，呈现以池塘为背景的总体布局。前面开阔，背面封闭，呈梳式布局。村落东西走向，有三条巷子，分别叫安宁里、长安里、积善里，规划布局充分考虑了采光、隔热、排水、防御、交通、人文等功能。

大旗头村梳式布局在防洪、防卫方面构思独到，是以村落修建百余年，即便在暴雨时节，也从未发生过积水浸村的事件。当时三水的匪患比较严重，而大旗头周边地势又较为平坦，无险可守，因此大旗头村在建造之初的村落格局的防卫方面下了很大功夫。从现存的痕迹来看，原来门楼上装有铁闸，遇到土匪打劫，村民便将铁闸关上，整条巷子和房子就会形成闭合的防御系统，而且建筑群内部还有第二层的门楼和闸门，一旦巷子西段的第一道防线被敌人攻破，将第二层的闸门落下，东段的巷子立即可以形成新的封闭防御系统。另外，在环境效益方面，村前村后的水塘、农田、树木构成了低温空间，梳式布局的村庄整体是一个大空间，村内大小巷道、天井、厅房为大空间分割

 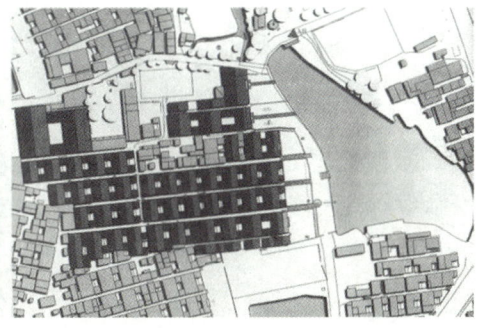

图 5-19　村落整体格局
（图片来源：大旗头村）

而成的不同小空间，这种空间组合的对比和差异，形成了空气压力差，造就了通风条件。

村庄格局另一大特色是"文房四宝"齐聚，包括墨池、毛笔、砚台和宣纸。村前的池塘代表洗笔墨池。相传郑绍忠只字不识，因擅武才打拼到广东水师提督的位置，因此他希望后代能读书做官，便在村舍前修建了洗笔墨池。村口笔形古塔——文塔，代表毛笔。文塔与塔下红棉树体现了村落规划建设者对郑氏家族后代能文能武、披荆斩棘、文采出众，做国家栋梁，治国平天下的冀望。塔下的两方巨石象征砚台。以整体建筑前的广场来代表宣

图5-20　文房四宝图
（图片来源：大旗头村）

纸。广场不仅可以用于农作物晾晒，也是村民集会的场所。

（三）村落价值特色

1. 村落建筑

大旗头村现存祠堂、府第建筑 4 座，分别是裕礼郑公祠，郑氏宗祠，振威将军家庙、尚书第、建威第，郑绍忠府第，以及民居 40 多间。建筑的基本材料包括麻石、青砖、陶土

图 5-21　古建筑群

砖、石灰、灰沙、铁板等。麻石、青砖、陶土砖等对文化村庄的韵味形成至关重要。

村内屋舍全部饰以镬耳形封山墙，而头顶的官帽样屋墙，又叫硬山顶镬耳式封火山墙，人称"鳌鱼墙"，官帽两耳是厚厚的麻条石墙，可起到隔火的作用。这种具有珠三角地区特色的造型象征官帽两耳，后引申为"独占鳌头"的意思，只有拥有功名的人才能采用，后来在珠三角民居中被广泛采纳，远看墙体高耸严整，顿觉肃穆。

在村东向的古建筑群中，分布着各大祠堂建筑，振威将军家庙、裕礼郑公祠和郑氏宗祠从南到北排列。以振威将军家庙为例，振威将军为郑绍忠曾祖封号，该家庙为四合院式建筑，占地面积为293平方米，建筑面积为264平方米，门口檐廊及大殿内梁架均以木雕装饰。在其屋面与墙壁交接处，有题材为花木风景的彩绘。建筑正脊采用末端为博古形的平直正脊，中间为图画，两边为博古纹。建筑的瓦当不设琉璃瓦，灰黑色的瓦楞与土黄色的瓦片形成色彩上的对比；门楣上的题字为浅蓝色。建筑为二进，两进之间是天井，天井两旁是两廊。门口的梁柱上面几乎每一寸地方都雕有以故事为题材的木刻。梁与梁之间还有连接的木构件，并被制作成龙的造型。目前，祠堂已活化为村史馆、清代军事文化馆等。

大旗头村古建筑群的住宅形式为"三间两廊"式，天井两侧是行廊及厨房，正房三间，中间厅堂由一木屏风分隔为厅堂和卧房，卧房上为阁楼，放置杂物，木屏风前有简易神龛，供祭祖先。厅堂以木趟栊与天井相连，天井的墙面饰有"天官赐福"砖雕，为拜天官之用。山墙立面开窗少且小，山墙顶为镬耳式封火山墙，下有草尾装饰，入户门为框门，上有门罩。大旗头村每栋住宅的墙裙至少有40厘米，且为大石板墙裙，加强了防潮效果。从屋顶到墙壁分了

图 5-22　振威将军家庙外景与内景

好几层，最里面的是花岗岩，中间隔着一层铁板，外面还有一层青砖，加强了防盗效果；入户门为框门，上有门罩，厅堂以高大的木门与天井相连。房屋结构为山墙承重。

位于村口的文塔，高三层，为阁楼式砖塔，仅顶部为窣堵坡式，塔身每层都砌出柱、额、门、窗形式，三层面宽和高度自下而上逐层减少，各层辟门窗，可以登临眺望。塔平面为六角形，坐落在石砌基座上，石台阶有石栏板做护栏，首层额枋刻有"层峦叠翠"，可见

图 5-23　文塔

塔始建在茂密的丛林中，有一幅与层峦相望的美景。文塔供奉的神像被排列为三层，从低到高分别是土地公、文昌帝、魁星君。

2. 装饰工艺

大旗头村村内建筑体的装饰元素丰富多样，做工精美；装饰手法包括石雕、木雕、砖雕、灰雕、灰塑等，充分体现了当时雄厚的建造背景。这些雕刻艺术分布在全村每一个角落，在屋檐、屋脊、斗拱、柱础、木梁等各个部位，都反映出清代雕刻工艺的审美特征，是研究清代建筑特色与风格的珍贵现存材料。

灰塑。大旗头村祠堂、民居内外的灰塑

图 5-24 灰塑

较多。振威将军家庙头门内的灰塑保存最为完整，绘画以人物为主。人物线条洗练，形象丰满生动，画面构图与用色均有独到之处，内容为梅兰竹菊、喜鹊登枝、田园牧歌、童子读书等，其中加官晋爵、一品当朝与郑绍忠地位相符合。

石雕与砖雕。大旗头村的石雕以花岗岩石材为主，主要用于石柱及其柱础。由于花岗岩的自然属性较为粗糙，不易塑造，故石雕艺术主要被运用于较大型的建筑架构之中，如祠堂门前的石狮造型构件、柱础等。砖雕多用于细部装饰，如墀头、墙身、墙楣等部位。砖雕花纹多为四瓣花纹、石榴纹样，表达多子多福的愿望，在民居和庭院中常用于通花漏窗和神龛。在民居院落中常见的"天官赐福"神龛，多为砖雕作品。

灰雕与木雕。大旗头村在山墙部分及墀头部位仍保留比较完整的灰雕，多以装饰性的卷草纹样为主。在尚书第北墙上的排水口是灰雕鳌鱼，屋顶有灰雕的葫芦。在文塔上的灰雕包括重叠的花瓣造

图 5-25　石雕与砖雕

图 5-26　灰雕与木雕

型，有石榴、牡丹、松竹梅、喜鹊和仙鹤等，体现了大旗头村独有的艺术魅力，也反映了大旗头村村民积极乐观的生活态度。木雕均以浮雕为主，内容为传统戏曲。振威将军家庙前檐斗拱的水束部分为龙文透雕，与家庙内部的"一品当朝"彩绘题材相呼应。

3. 村落乡土绿化

岭南村绿化最大的特色就是村口大树。一棵大树，象征一个村庄，村落灵魂以大树为载体，村落精神为"前人栽树后人乘凉"。大旗头村村口老榕树、老木棉，是建村时所栽，用树来记录历史。而村内其他主要乡土植物包括：小叶榕、樟树、木棉、大腹木棉、白兰、紫薇、鸡蛋花、扁桃、龙眼、凤凰木、铁冬青、菩提榕、无忧树等。

图 5-27
乡土绿化

二、潮汕地区传统村落：潮州市龙湖古寨

（一）村落概况

龙湖古寨位于潮州市韩江中下游西岸、护堤公路旁，面积约1.5平方千米。南距潮安县城庵埠11.5千米，北距潮州市区16千米。龙湖古寨于南宋绍兴二年（1132）建立，至今有800多年历史。古寨，多为抵御外敌而建，因此围墙高达两三丈，一部分寨子围墙外还挖有护城河。古寨就像一座小型城池，设有东西南北四门，城门开时，与外面畅通；城门关时，就形成了一座严密的堡垒。潮州有"十乡九寨"之称。在古代，龙湖古寨既是韩江平原重要的贸易商埠，又是人文蔚起的"风水宝地"，以"潮居典范、祠第千家、书香万代"之美誉而闻名海内外，是"广东十大古村落"之一。

（二）村落选址与格局

历史上的龙湖古寨水陆交通便利，东有韩江西溪，西临尚未湮没的古彩塘溪，陆路又是通往府城的要道。龙湖恰处于韩江的出海口，由于具备水陆交通的特殊位置，成为潮州历史上的物资集散地之一，故龙湖历史上一直是潮州商业贸易十分活跃的圩市。由于晚期地理位置的变化，海运口岸的功能逐渐退化，整体经济衰退，龙湖也成为内陆镇。

走进寨门，街巷井然有序，祠第无数，千年老榕树盘根错节，随处可见。为防御倭寇的侵扰，筑寨自卫，龙湖古寨就形成了"三街六巷"的聚落格局，直街东面有三条街，西门有六条巷。先人按

照九宫八卦修建，寨中央直街由于形似"龙脊"，加上该寨四周韩江水、池塘、湖水环绕，因而称"龙湖"。在街巷中，仍保存着宗族祠堂、名宦府第和商贾富绅豪宅100多座，不少有五进、十进之深。由于地理条件的限制，从平面布局来看，龙湖古寨中的大多数政府建筑和居住建筑都无法横向发展，而且大部分是沿着垂直轴线建造的。这在潮州的住宅建

图5-28　龙湖古寨规整沿水布局
（图片来源：潮州古村之友）

筑中尤为罕见。龙湖古寨是研究潮州移民文化、商业文化、建筑文化、民俗文化不可多得的大型民居聚落。

（三）村落价值特色

龙湖古寨古建筑群为广东省文物保护单位，寨中尚保存着少量线条洗练的宋式建筑构件，大量简约风格的明式建筑，华贵尚美、精雕细刻的清式建筑，带太平洋彼岸装饰风格的侨眷建筑，可谓古今并存、中西兼有的潮州民居建筑博物馆。建筑形制上，由于受商业经济的影响和具体地理条件的限制，龙湖寨中的府第、民居较少受到《营造法式》和《工程做法则例》等官式建筑形制的约束。

俗话说："潮州厝，皇宫起。"这些府第、民居的门廊主面装饰浓重，门匾、侧壁等多绘风俗彩画，十分气派；天井地铺卵石或条石，摆设花盆，简洁明快；门厅与天井间置同花屏风隔扇，使空间转折变化。这些建筑虽历经沧桑，但石刻文字仍清晰可见，墙上壁画栩栩如生，屋脊嵌瓷的花虫鸟兽生动传神。

著名的祠堂如许氏祠堂，建于清康熙年间。祠堂面向天井的前后四栋主楼，每侧都有一个类似于"金"字的房间角落，祠堂占地约780平方米，分为四步布局，中心轴包括大门、第二大厅、中间大厅和后大厅。第二个大厅入口有三面墙，称为三山门，中间的门称为弓门。三山门的建筑反映了主人显贵的身份。

婆祠是龙湖古寨中另一座著名祠堂，也是潮州市唯一的女祠堂，是清代富甲一方的商人黄作雨建造。黄作雨的母亲去世后，他想把母亲的牌位放在氏族的祠堂里，但遭到了氏族的强烈反对，因为其母是妾侍，不能进入祠堂。黄作雨十分孝顺母亲，为此在家族

图 5-29
许氏祠堂
（图片来源：潮州古村之友）

图 5-30
婆祠
（图片来源：潮州古村之友）

祠堂的旁边建了宏伟的寺庙，名婆祠。

其他知名建筑还有龙湖古寨南北门、姚探花府、方伯第、太卿第、夏氏府（夏雨来故居）、龙湖书院。而这里众多的书斋同样引人瞩目。

有志称潮汕过去是家有千金者，必构书斋，雕梁画栋，缀以池台竹树。宋代时，注重文化教育的龙湖寨富家大户更在自己的房舍中设立书斋，聘请学识好的先生教授自家的子弟。至明清时期，龙湖的书斋迅速发展。其中，既有富户人家设立的，也有以宗族名义创办的。全盛时全寨书斋数量不少于 30 处。这些书斋大都环境优美、装饰漂亮、雕梁画栋，成为当地教书育人的好地方。

由于龙湖寨中大量书斋和龙湖书院（创办于明时）的创立，龙湖寨人文荟萃，仅进士、举人、贡生等有 60 多人，其中进士、举人达 53 人。其中有北宋探花姚宏中、明代布政使刘子兴、明代御史夏懋学、清代诗人黄衍启等一大批名人名家。

三、雷州文化亚区传统村落：雷州市鹅感村

（一）村落概况

鹅感村位于雷州半岛西部，西濒北部湾。鹅感村属嵌入型主姓村落，始建于明嘉靖年间，官姓祖先从福建迁来落居，基本全为官姓。这户姓官的人家，养了一只白鹅，每天天一亮，这只白鹅就飞到离虎头岭不远的盘地中央（鹅感村现在的村址）寻找食物，引颈高歌。白鹅直到天黑还在那儿觅食，每天都要主人下山来赶才回家，天天如此，仿佛与此地有缘。主人深受感动，就把家搬下山来，安居在盘地中央，随鹅居住。经过几百年的繁衍、发展，就成了现在的鹅感村。鹅感村在乾隆年间是雷州六大"富贵双全"村庄之一；2002 年被评为广东省历史文化名村；2014 年，入选第三批中国传统村落名单。

（二）村落选址与格局

鹅感村三面环山，一面临河。该河上游的平沙瀑布是雷州市有名的旅游风景胜地，被誉为"雷州市第一瀑布"。鹅感村呈饼状，以南北向一条村道为躯干向四周发散，整体布局以四条古巷为核心，分别为石狗巷、大宗巷、中央巷和福堂巷，这四条古街巷呈分散布置，并和多条小巷相互交叉。村落四周遍布农田林地，并于村边设立三个闸门，村民安居乐业。鹅感村现存清代砖木结构瓦房古民居40多座，其中官宦世家有奉政第、二肯第、树德第、善居、翰苑第，还有两座炮楼屹立于村中，总共面积2万多平方米，绝大多数为书香门第，贤书高荐，富豪显赫。高耸的炮楼在成群的古建筑中显得格外醒目，也成为该村古建筑中一大特色。

图 5-31　鹅感村全貌
（图片来源：雷州古村之友）

（三）村落价值特色

1. 村落建筑

鹅感村的建筑类型以民居为主，其中民居为岭南民居常见的类型，民居在空间格局和外观形式等方面具有一定的典型性。建筑的建造材料丰富，有贝灰三合土夯筑、青砖砌筑、贝灰土砖砌筑和砖木石混合建筑等。常用花岗岩石砌筑基础和勒脚，其上再以贝灰三合土或青砖砌筑墙体，在墙转角和门窗洞口常置以石材，外墙往往以红砖砌成，看起来非常有厚重感。住宅结构精巧，饰物华美。如门楼墙头灰塑"三多"（柑——多福，桃——多寿，石榴——多子），"四灵"（龙凤龟麟）及花卉等饰物，精美绝伦，栩栩如生；门额上方"五谷丰登""五子登科""四逸"（耕读渔樵）等绘画，尺幅之内，气象万千，情趣盎然。

古民居建筑群中面积最大的是藩佐第，面积达1300平方米，以中轴对称布局，三进二厅，分为五部分——下井厅、照壁、大庭院、客厅、正厅，另外两侧还有包帘、厢房，一共有40多间。这座大院建筑工艺精湛，雕梁画栋，有山川胜景、奇花异草、亭台楼阁、喜鹊红梅等，增添了浓厚的文化色彩，具有清代的建筑特色。

翰苑第，面积约为200平方米，正门前有一砖砌照壁，在整个鹅感村内比较特殊；内部有一个方形天井，位于中央巷中段；西侧有一土地庙，内部窗花雕刻尤其精美，显示出了当时建筑雕刻艺术的高超。

据清官陈昌齐编著的《雷州府志》与《鹅感村谱》记载，该村明清时期曾出过举人2人，贡生、监生等50多人。鹅感村还有一件值得骄傲的事：乾隆年间，官冠、官腾、官候、官爵和官霸兄弟五人

图 5-32
藩佐第
（图片来源：雷州古村之友）

图 5-33
翰苑第
（图片来源：雷州古村之友）

一起赴考，同时金榜题名，均中贡生，名声响彻雷州府，有"五虎入城"之说。当时有一首民谣："五人去考五人中，若有十人中十人。"

2. 村落承载的非物质文化遗产

鹅感村历史悠久，其村规习俗无不体现出深厚的历史文化底蕴。村落有着许多饶有情趣的民俗风情，如舞龙、诞生礼、出花园等习俗和仪式，同时也具有雷州特有的文化，如对石狗雕塑的崇拜、雷州话的传承、特有的雷剧和雷歌无一不显示出鹅感村的深厚文化底蕴。

舞龙。逢年过节，群众以舞龙祝贺吉祥，祈求风调雨顺、国泰民安。当地舞龙已有200多年历史，采用竹篾分别扎成龙头、龙身和龙尾，上面糊纸，画成彩龙，每节龙身之间用布缝接，每节龙身中间安上蜡烛，一路游行助兴。后来乡里的许湘琴、许传丰、陈春元等人在此基础上，模仿祠堂的木雕盘龙和龙的壁画，博采鳄鱼的脸、虎的牙、鹿的角、鱼的鳞、凤的尾巴等形状，制作出别具特色、可以舞动的龙。

雷剧。起源于雷州歌。旧时，雷州歌是自我歌唱、自我抒情的汉族民间歌谣。据传，清雍正十二年（1734）端午节，海康县（今雷州市）南渡河赛龙舟沉船死人，翌年，麻扶村乡老把场地改为"赛歌台"，进行赛歌活动。自此，雷州歌登上舞台（乡里人称踏楼板）。后来，由民间歌手自由组合，逐渐形成雷歌班，对歌唱词是口头文学、天文地理、风土民情，无所不唱，随问随答，比赛歌才。"鸟子叫叫叫呼呼，鹅感书房好读书。昌伯树下好乘凉，和家岭湾好养牛。"这首广为流传的雷歌也是鹅感村重视人才培养的真实写照。

四、粤客文化亚区传统村落：韶关市湖心坝

（一）村落概况

湖心坝为韶关市翁源县江尾镇的自然村，始建于明正统年间，是一座占地约30万平方米的大村落，至今有550多年历史。建筑极

富客家特色，在粤北乃至岭南地区的客家传统建筑中颇具代表性，有"粤北客家第一村"之称。明清时期湖心坝是翁北地区的重要商埠，商船穿梭如织，商贸繁荣。村庄地势平坦，土肥水足，历史上素有"江尾粮仓"之称。其建筑类型多样，民居空间形态各异，集合岭南、客家、徽派等多元风格于一体，具有丰富性。湖心坝民居群（外翰第、大夫第、长安围、三门楼）为广东省级重点文物保护单位。

（二）村落选址与格局

村落临河而建，周边农田环绕，规模宏大，其历史环境、传统风貌和整体格局保存良好。目前保存基本完好的近40座历史建筑中，有围屋、围楼、宗祠、当铺和私塾等不同建筑类型，其建筑规模、建造材料、空间格局、外观形态和细部做法等方面都各不相同，丰富多样。此外，还有20世纪50年代建造的会堂和小卖部等现代优秀建筑。整体为楼外有楼，楼中有楼，千姿百态，集古、奇、幽于一体。

（三）村落价值特色

1. 村落建筑

长安围，始建于明天顺年间，整体坐西向东，平面为半圆形，占地面积约10000平方米，建筑面积为6020平方米。门前有晒坪和半圆形风水塘，晒坪现存有两对红砂岩功名石。围屋由中央纵列厅堂和内、外两围构成。围屋中央为永初公祠，原用河卵石和灰沙夯

东南传统村落

图 5-34　湖心坝整体格局

筑，清嘉庆年间整修时，部分墙体被替换为青砖砌筑，结构为五进式，全长 49 米，有三道大门，皆以厚 20 厘米的红条石做竖门框。第一进大门（即正门）是外围大门，直通第二进大门（即外围内门），第三进大门为内围大门（实际就是永初公祠大门）。过了前天井即是公祠前厅，其前檐之石柱础为鼓形，与后檐柱之锥体石柱础有所不同。中厅是永初公祠建筑主体部分，前后两对檐柱与金柱呈一直线，其柱础皆为鼓形，木质圆柱粗大。该厅由于跨度大，梁枋做成穿斗结构，其前檐柱与承重横梁间的棚形额枋板，刻松鹤祥龙和凤凰麒麟涂彩图案。中厅后檐柱用两枋连接，枋间垫木雕刻成花草形状，后厅前檐以拱形枋上置雕刻成云龙图案的替木承撑藻井。后厅设神位，由神楼、神位牌、香案台构成。神楼雕花镂空，题材是日月乾坤、龙凤吉祥。

外翰第，紧邻长安围之南界，其南侧与乐善楼连为一体，两座建筑平面布局互相咬接，平面呈不规则的曲尺形。这是外翰第不同于湖心坝客家围楼群其他建筑的一个特色。建筑纵横最大宽距约40米，占地面积约1090平方米，总建筑面积712平方米，是村内规模较大、保存较完整的围屋。外翰第采用砖木混合承重，墙体结构为底部砂石夯土墙基，上部青砖砌或夯土砖砌墙体，坡顶瓦屋面。围屋一层，内部多设储物用的阁楼，局部有高起的防御性敌楼（相当于内部设两层阁楼），楼层间通过临时搭设的便梯上下。

大夫第，平面呈"回"字形，总建筑面积为2600平方米，分为前院和主体两部分。前院两边房屋与围墙连接，围墙开有院门，房屋外墙以青砖砌就，悬山顶，檐下砌菱牙砖。院内以河卵石铺砌地面，有一口水井，井筒以整石板砌成方形。院内以侧门通两侧封闭式小院，右侧小院后端起三层碉楼凸出外墙。主体部分呈"回"字形，中央部分为公祠，公祠建筑精致，雕梁画栋。整座建筑布局规整，规模宏大，其建筑工艺精良，体现出雄厚的财力和优雅的文化底蕴。

2. 村落承载的非物质文化遗产

追龙。湖心坝有追龙风俗，在正月初一至元宵节举行。每天白天和晚上各举行一次，各家各户自备一面锣或鼓，穿街走巷，自敲自擂，晚上还有人家自备火把或灯笼，加入追龙的行列。

义会组织。在传统社会中，湖心坝存在着众多的义会组织，作为乡村传统社会发展经济、扶贫济困的组织形式和增强族群凝聚力的有效方式，是湖心坝传统社会的一大特色。其中，较为重要的有：一是谷会（钱会），是穷人遇到灾祸或需要做好事（如生子需办酒席）时，在部分村民之间形成的一个互助组织。一般两担谷（200斤谷）一个会，有钱人可多出，以后其他谷会成员办谷会时归还；每年一次谷会，时间大概是11月割禾时；若一年有两家要办谷会，则采取竞标的形式，价低者得。二是月会和街会。据村中老人介绍，月会和街会都是一种类似赌博的形式。三是接官会。某户人家出了功名，若没钱接其回乡，则由大家集钱先接回来。四是耕种会。各家按田亩交公偿，所交谷物存于长安围的暖房，可用于救助贫困、助学、生意、发生争执打官司的费用等，但须经大家商议同意。此外，耕种会还组织联防队巡视田地。

第三节 海南典型传统村落

一、琼南汉族典型传统村落：三亚市崖城镇保平村

（一）村落概况

保平村位于三亚市崖城镇中心（崖州古城）西南4千米，地处宁远河下游海岸三角洲河口冲积平原，外缘面向大海。保平村属于

琼南汉族典型传统村落。

千年古村保平村，2008年，入选海南省十大文化名村；2010年，入选第五批中国历史文化名村；2012年，入选首批中国传统村落。广泛流行传唱在琼南地区（尤其是在宁远河流域）的三亚市民间音乐崖州民歌，于2006年入选第一批国家级非物质文化遗产名录。

（二）村落选址和格局

保平村属于海南本岛入海河流近岸型传统村落。宁远河是名列在南渡江、昌化江和万泉河之后的"海南第四长河"，为流经三亚市境内的"三亚第一大河"。

保平村的前身毕兰村历史悠久，沿革甚远，是古崖州的边关重镇、海防门户。因暴雨引起宁远河洪水频发，地势低平、河网密布的毕兰村经常受到洪水侵袭，因此村民相继移入黎族居住地安家落户。此后又有不断迁来的居民，聚居于毕兰村北部，形成规模较大的村庄区域，取名"保平村"，意为"保世代平安"。

宁远河是发源于海南保亭黎族苗族自治县西部毛感乡的仙安石林南麓，在三亚崖城镇港门村注入南海的河流。宁远河集雨面积1020平方千米，干流总长83.5千米，从保亭的毛感石林出发，上游流经崇山峻岭和原始密林，中游进入三亚北部的丘陵地区，到了三亚西北部的雅亮就开始进入了平缓的下游河谷平原，最后在三亚的崖城镇分两条支流环绕古城从大疍港和保平港入海。隋大业六年（610），因流经古宁远县治（今崖城）而得名，取名意含"安宁久远"。

(三)村落价值特色

1. 村落历史沿革

保平村保存比较完整的 70 余处院落（含有 210 多间明清民居的建筑群）主要位于国道海榆西线保平村段南侧。保平村作为中国历史文化名村，有 1 处省级文物保护单位，20 处市级文物保护单位，古建筑面积达 2 万平方米。保平村遗存的明清古宅、保平书院、保平桥、望阙亭、毕兰村遗址、保平港、九姓祠堂、关帝庙、天后庙、文昌庙、炮台墩和多条街道散发着阵阵古香，这些明墙清瓦、庙宇古巷记录着保平村的历史轨迹，见证了保平村的兴盛繁荣，赢得"文教昌盛、人才辈出"的美誉。如今，保平村委会已经建设绕村文化长廊，同时把革命公园、村东文化室等连接在昔日村落景观文化长廊上，建成一条绕村沿河景观大道，以供人们文化娱乐、休闲健身和旅游观光。

保平村中保存完好的明清古宅，是崖州古建筑最有代表性，又最集中的古代民居建筑群。古崖州现存多处四合院和三合院（格局）的明清民居建筑群，多数民居都具有古代天涯海角的地方风俗和审美情趣。保平村遗存的明清建筑突出了梁、柱、檩的直接结合，减少了斗拱这个中间层次的使用，不仅简化了结构，还节省了大量木材，从而达到了以更少的材料取得更大建筑空间的效果；同时，还大量使用砖石，促进了砖石结构的发展。

保平村四合院是封闭式的住宅，对外只有一个街门，由门楼、正室、横屋、正壁组成生态庭园四合院。四合院是保平古民居最具建筑艺术和布局特色的乡村古建筑院落，比如保平村陈氏宅院（陈氏古宅）。

保平村三合院由正房、两侧厢房三面包围，剩下一侧没有房屋，只有外墙；通常在墙的中间建造街门，街门以随墙式小门为主；院子只有一进，为结构简单的院落。保平村三合院又是古崖州民居中的独特建筑院落。

2. 村落建筑

保平村历来就重视教育，从明永乐年间到万历年间，保平村一共出了32位贡生（明代有岁贡、选贡、恩贡和细贡之别），其中18位贡生到全国各地为官任职。清代，保平村出了10位贡生（别称"明经"）。从前保平村很多人都是官宦子弟，享有名望或地望，建造民宅大院，有的村民家里还悬挂"国学儒人"的匾额。例如明代进士周世昭的居所"周家宅院"和何家宅院的"明经第"小门楼。

周家宅院为明代进士周世昭的居所。周家宅院面阔三间、进深九檩，后寝房屋主体两头靠山墙处采用以柱承檩的穿斗式木构架，部分使用抬梁式木构架，梁架上有弯曲近似新月的"月梁"，下为平直的"平梁"。有木隔板，柱下有鼓面形石柱础，屋坡上装饰的滴水莲花花纹，寓意如莲花一样虽微滴水却从不停留；后墙采用素面青砖垒砌，白灰勾缝，刷浆打点等。

何家宅院是崖州地区现存最为完整的传统民居。主屋坐西朝东，门楼坐南朝北，厢房坐北朝南。宅院由门楼、照壁（影壁）、主屋（明间、次间）、北厢房、书房、厨房、杂间和围墙组成。正屋脊檩和二伏椽下还留有升梁时的朱漆题字，内容为建筑年月日时辰，以及方位、朝向、吉祥祝词等。明代时特别流行的照壁（影壁或屏风墙）是中国古代传统建筑特有的部分，在四合院中通常用于遮挡视线、美化和突出大门。何家宅院小门楼的门楼额上中间为阴阳太极纹，左右两边为汉纹，额上题墨书"明经第"三字。何家宅院小门楼（明经第）是保平村保存至今较为完整的清代贡生（明经进士）宅居的小门楼，为研究崖州清代贡生的教育和人文环境，提供了实物依据。2015年11月，保平村何家宅院的"明经第"（小门楼）被海南省政府公布为第三批海南省文物保护单位之一。

3. 村落承载的非物质文化遗产

崖州民歌俗称客歌、崖歌，素有"南歌北剧""琼南民歌"之称。崖州民歌特点是即兴演唱，并以口传心授的方式传承。内容题材十分丰富，主要讲述古老传说、生产劳动、恋爱婚姻、社会生活和乡风民俗等，表达对美好生活的追求。千百年来，崖州民歌的歌本曲目的数量之多，犹如南海的螺贝、南天的繁星一样数不胜数。常见的曲目有《薛仁贵歌》《摇儿歌》《十送情郎歌》等。崖州民歌具有抒情娱乐、教育规范、指导生产生活和保存文化资料的功能。

2004年三亚市崖州民歌协会成立。该协会全面开展对崖州民歌的保护和传承，不定期举办崖州民歌培训，让崖州民歌重新登场。2006年5月，在海南岛西南部地区传诵千百年的"崖州民歌"经国务院批准列入中国第一批国家级非物质文化遗产名录。2008年5月，文化部非物质文化遗产督导组的专家在保平村看了崖州民歌文本展示和演唱展示，都给予了高度的评价。2016年11月，三亚市国家级非物质文化遗产项目"崖州民歌传习所"揭牌活动在崖州区保平村举行。保平村五个文化活动中心已经成为崖州民歌原生态演唱点。

二、琼北汉族典型传统村落：海口市玉仙东村

（一）村落概况

玉仙东村位于海口市琼山区云龙镇南渡江下游，毗邻海口美兰国际机场，与台达高尔夫大球场相连。

沿南渡江逆水而行的第一个往西南方向的小拐弯和河道最狭窄处，有两个隔江相望的同名村庄叫"玉仙村"。南渡江东岸的"玉仙村"今属海口市琼山区云龙镇云蛟村委会，因此东岸的玉仙村亦称"玉仙东村"；南渡江西岸的"玉仙村"今属海口市琼山区龙塘镇仁三村委会，因此西岸的玉仙村亦称"玉仙西村"。

玉仙东村有丰富的历史文化资源。光绪年间立下的两块禁碑、古石道及村民家尚存的木匾和"登科第"石牌坊印刻下村庄的悠悠历史；玉清泉和仙峒泉两口古井见证了村子的无数岁月；玉仙东村八音演奏队则传承着深厚的历史文化。

在琼崖革命史上，玉仙东村有两个琼崖革命的第一：1927年成立了"中共琼崖第一个南渡江渡口交通站"，即第一个联结琼东和琼西的南渡江渡口交通站；"琼岛抗日的第一枪"也在玉仙东村的潭口渡口打响。

创建文明生态村后，在几株近百年的大榕树下建成的"榕树广场"，成为村里又一道亮丽风景，这里举办过文艺、科技、法律、计生等活动，极大地丰富了村民的文化生活。

（二）村落选址和格局

江河自古是文明发源地，南渡江是琼北地区的母亲河。玉仙东村（海南本岛入海河流近岸型）自古水上交通便利，顺水北通琼山府城、海口，逆水行船可前往定安定城、澄迈金江。一条南渡江环绕西南，哺育着玉仙东村的世代人民；江埠渡口诉说着玉仙东村的古往今来，见证了一批又一批举家乘船逆水南渡深入海南岛的大陆移民。

玉仙东村坐北向南，临江依山而建。临江码头是水路的村口，上岸入村便是功名牌坊和冼氏宗祠，居民房舍庭院自然散落在山坡之上。

图 5-35
南渡江

（三）村落价值特色

1. 村落历史沿革

自古以来，玉仙东村的潭口渡口就是琼岛东西交通的重要驿站关口。玉仙东村中主要居住冼、周、朱、丁、黎氏后人，其中以冼氏为主。宋代时期，冼氏从福建来到海南，成为海南冼姓始祖，后在玉仙东村建起了冼氏宗祠。

《岭南冼氏宗谱》九卷洋洋数十万言，把先祖们为岭南的建设和发展做出的贡献进行了阐述。

2. 村落建筑

功名牌坊坐北朝南，是一座重修后的清代"一坊两人"的牌坊，为纪念冼氏家族的两位举人，即明嘉靖十年（1531）官升都察院经历的先祖冼讳沂公和清乾隆四十五年（1780）庚子科举人冼桂秀而立。在中国封建社会里，竖立牌坊是彰德显功，沐浴皇恩，顺应宫廷旨意，宣扬忠孝节义，流芳百世之举。

这座功名牌坊是一座冲天式（柱出头式）四柱三间（三门）榫卯的石牌坊。四根石柱并排直立支撑牌匾、额枋（横梁石条）等，南北两面石坊不用一钉一铆，全部使用多孔形"火山岩"（俗称浮石或多孔玄武岩）石构件榫卯（榫头卯眼）咬合组成，四根石柱两侧分别设立两根条石斜撑石柱，借以固定四根石柱。这座功名牌坊雕刻精细，造型逼真，古朴传神。最近重修的石坊也久经风雨，至今保存完好。

明清是琼北地区牌坊的全盛时期，现存石坊数十座。"一坊两人"的牌坊是玉仙东村崇高荣誉的象征，历朝多次重修，之前重修分别阴刻"科""洲"大字，落款处阴刻"道光十五年乙未年合族重修邑廪生裔孙凤翔书"的旧牌坊残石块被遗弃在今重修牌坊前四十余步开外的斜坡处，任凭风吹雨打，其他牌匾已不见踪影。见此情景，不禁自问，难道每次重修后都将旧牌坊遗弃沿袭成规？

"捷步瀛洲"牌坊南面牌匾正中位置横书阴刻"捷步瀛洲"四个大字，是纪念先祖冼讳沂公。北面正中位置横书阴刻"世科"两个大字，则是纪念冼氏家族的另一位举人冼桂秀。"捷步瀛洲"亦作"瀛洲捷步"，又称"青云捷步"。"瀛洲"是虚构的仙境之地，可以指古代中国神话传说中的东海仙山，最早见于《列子》。许多含有"瀛洲"的唐诗宋词，比喻士人获得殊荣，如入仙境。"捷步"亦称"捷足"，是指脚步快捷者。"捷步"含有"捷足先登"之意。"捷足先登"是指脚步快捷者最先登上高峰，比喻行事捷速能先人一步获得所求。或许"平步青云"更贴切一些，指人一下子轻易登上很高的官位。

石牌坊"捷步瀛洲"落款处阴刻"道光十五年乙未年合族重修邑廪生裔孙凤翔书"，即清道光十五年乙未年（1835）合族重修邑廪生裔孙凤翔书。"邑廪生"是指本县廪膳生员。"廪生"即"廪膳生员"，是中国明清两代称由府、州、县按时发给银子补助生活的生员。

冼氏宗祠坐北向南，临江依山而建。捷步瀛洲、世科牌坊正对冼氏宗祠。门厅上方正中悬一匾额，上书"冼氏宗祠"。冼氏宗祠殿堂面阔五间进深三间，是冼氏宗祠的主体建筑。祠堂石木结构，就地取材，用火山岩石浆砌山墙。厅堂楹联密布，悬挂古今名人题写的楹联匾额，显得庄严肃穆。祠堂供奉冼氏祖先的神主牌位，让子孙后代知道本族的来源，记起祖先的功德。每逢祭祀节日，族人

图 5-36
"捷步瀛洲"牌坊

入祠，鸣炮奏乐，上香进礼，崇先敬祖，缅怀先人，激励后代。冼氏宗亲历来有耕读文化传统，文脉源远，明清两代学风浓厚，人才辈出。修缮祠堂和重修宗谱家谱的善举自古有之，有三方冼氏祠堂修缮捐款的"功德碑"置于院落东墙内侧。可见众多族人踊跃参与，各尽其力。

3. 村落承载的非物质文化遗产

军坡节是海南俚人的传统节日，已有1300多年的历史，是海南的一种地方文化习俗，是一种年度的区域性祭神活动，主要集中在农历正月上旬至三月中旬之间。海南各个地方都会有属于自己的峒主公偶像，军坡节日期也都不同。军坡节时，全村人抬着神祖像在村中挨家挨户巡游，祈求平安。村民则举行祭祀仪式，备好供品向神像虔诚跪拜祈福，还杀鸡宰猪，备好酒菜，邀请亲朋好友聚餐。

军坡节的祭祀神主要是南北朝时期岭南圣母冼夫人。海南冯冼氏多是岭南圣母冼夫人直系的后代，居民多是当年从高凉迁来和居住本地的同族俚人的后人。冼夫人原名冼英，世称冼夫人。梁大同初年（535），冼英和高凉太守（亦有"罗州刺史"之说）冯宝结婚联姻。公元558年冯宝去世，岭南大乱，冼夫人平定乱局，被册封为"石龙郡太夫人"。冼夫人是梁、陈、隋三代时期岭南部落首领，史称"谯国夫人"，被奉为"岭南圣母"。隋代建立，岭南数郡共举冼夫人为主，尊为"圣母"。隋文帝赐冼夫人临振县（在今海南岛），汤沐邑1500户，追封冯宝为崖州总管、平原郡公。冼夫人是广东高凉郡人，高凉郡（今广东茂名、阳江一带）是冯冼氏的重要地望，阳春、石龙、宋康诸郡县，高、罗、崖三州及临振县，是梁、陈、隋三代先后对冯冼氏家族封官许愿的重地。中华人民共和国成立后，周恩来总理誉冼夫人为"中国巾帼英雄第一人"。

三、琼东汉族典型传统村落：定安县岭口镇皇坡村

（一）村落概况

皇坡村位于定安县岭口镇母瑞山北部区域，是海南一个著名的传统村落，又是一个著名的革命老区村庄。皇坡村有4个经济社，共有房屋306间，128户，总人口约656人。全村以种植槟榔为主，加工槟榔为辅。

2007年8月,在定安县委、岭口镇党委和红太阳公司的支持和帮助下,村民自发组织建设,使皇坡村成为定安县先进的文明生态村。皇坡村是定安县母瑞山革命老区"百里百村"文明生态村连片创建的重点村之一,又是海南知名的红色旅游示范点,经常有自驾的游客慕名而来旅游观光。2015年,皇坡村入选第四批中国传统村落名录。

如今,皇坡村属于岭口村委会的一个自然村。岭口村委会共有8个自然村,分别为皇坡村、深水朗村、沐朗村、岭口墟、旧地山村、东风坡村、西山村、山潮村。村域总面积约10.5平方千米。

(二)村落选址和格局

皇坡村属于海南本岛入海河流一级支流近岸型。村落往南不远处便是文曲河。文曲河环绕母瑞山北部和东南部,水道可以通达万泉河,沿万泉河顺流入海。文曲河亦称"封浩溪",属万泉河水系,是万泉河一级支流,全长35.93千米。文曲河发源于翰林镇的山峡岭。1958年至1963年,在文曲河发源地"良氏村"旧址河谷处筑坝建成的"良世水库"是定安县蓄水最多、效益最好的小型水利水库工程。良世水库坝顶高程146.08米,最大坝高23.10米,坝顶长度125米,坝顶宽度4.0米,总库容790万立方米,有效灌溉库容627万立方米。其主要用于农田灌溉,包括封浩洋、南雷洋、水尾洋、铁坡洋、石陆肚、文坡肚、众加肚等田洋。良世水库嵌镶在群山之中,山清水秀,风光无限。

(三) 村落价值特色

1. 村落历史沿革

皇坡村的历史可追溯至元代。相传元代第三位皇帝武宗孛儿只斤·海山的次子图帖睦尔曾经于第五位皇帝英宗至治元年（1321）五月，从元上都被放逐来到远方海南岛的琼州（今定安县一带）。

据《琼州府志》所载，图帖睦尔王子在出居海南的近三年期间，苦苦追求一位叫作"青梅"的海南民间女子，演绎了一则"白马王子追求灰姑娘"的爱情故事。那个传奇般的故事至今为人津津乐道，数十年以前被海南琼剧团搬上琼剧舞台，取名《青梅记》；琼剧《青梅记》每遇乡亲，都赢得阵阵掌声；外地游客虽然听不懂海南话，但还是看得有几分明白。

元代第六位皇帝泰定帝即位后，连年多灾多难，情场失意的图帖睦尔意外获得北归机会。泰定二年（1325）一月，泰定帝把图帖睦尔迁回建康（今南京）。不久，又迁至江陵（今湖北省荆州市）。后来，图帖睦尔被丞相燕帖木儿（1285—1333）在大都（今北京）拥立为天子，成为元代第八位皇帝，帝号文宗。文宗在位统治时间虽短，但其所提倡的文化治国策略影响深长久远。那个"白马王子追求灰姑娘"的爱情故事，增添了定安古城的传奇色彩。

文宗天历二年（1329），琼州军民安抚司突然接到三道圣旨，一道是改琼州军民安抚司为乾宁军民安抚司，一道是召青梅回琼为妃，一道是升定安县为南建州，封南坚峒主王官为世袭知州，佩戴金符，迁治到琼牙乡，隶属北海元帅府。这一突如其来的圣旨，出处有因。

当初图帖睦尔被贬来海南岛，寓居在陈谦亨元帅府，正好府中有一侍女青梅，能歌善舞，使图帖睦尔动了心，然而青梅并未钟情于他，他自我叹息："自笑当年志气豪，手攀银杏弄金桃，滇南地僻无佳果，问着青梅价亦高。"

此事被定安南坚峒主王官知道了，王官为媒，又资助图帖睦尔三百元为聘礼，娶了青梅。泰定元年（1324）十月图帖睦尔得召回京，封为怀王，天历元年（1328）登基当皇帝，念及前情，召青梅回京为妃，可惜青梅命薄，死在途中。青梅姓陈，文昌人，死后其兄陈乾富得到任用和提拔。为报答王官雪中送炭之恩，图帖睦尔封王官为世袭知州，南建州之"建"字来自南坚峒之"坚"，州址设在现在定安城南门外杨墩坡村之南边。

1329年图帖睦尔诏文封王官为南建知州，以报当年资助之恩，将"多河"命名"万泉河"，以报百姓"万全"相送之情。图帖睦尔回京后，日夜思念万泉河优美的自然生态与纯朴善良的人民，为此在北京命名了一条"万泉河路"，将今北京大学旁边的河流命名为"万泉河"。万泉河不仅是一条生态河，也是一条"御河"，更是一条文明河。后人为了纪念这段历史，在当年送太子登船之处，建起了中水庙祭拜王官，修起了乘船渡口，命名为"文宗渡口"。

明洪武元年（1368），明兵入琼，琼州守将陈乾富投降，未经交战，元代在海南岛的统治宣告结束。

然而，世袭享受元代福禄的南建州知州，王官之次子王廷金及其胞兄王廷燎，串通万宁黎酋王贤保、儋县峒主刘均胜，集结黎兵，洗劫南建州和万安军治所，然后遁兵母瑞山的南牛岭，企图东山再起。但是，不足三年，便被原潭榄翼千户总莫真成之嫡子莫宣宝和万宁峒主王丽珠覆灭。

洪武二年（1369），定安恢复县名，第一任知县为吴至善。从

图 5-37　海南古官道遗址

那时起至清末止,整整两个朝代,历时 542 年,定安有"三不变"——"定安县名不变,治所不变,版图不变",隶属琼州府也不变。

2. 村落历史文物

在皇坡村一位 70 多岁的村民家里收藏有一口古钟。古钟铸造于明崇祯十四年(1641),距今已有 370 多年的历史。这口古钟厚重敦实,通体高约 80 厘米,直径 60 厘米,厚近 8 厘米。钟体面上刻有 6 行文字,清晰可辨,钟体上和底部还刻有花纹。

从前，这口古钟挂在村里的王官祖庙里。鸣钟报时，古庙钟声飞扬，唤醒黎民众生，告知时辰，祈福平安。钟声悠扬，岁月匆匆，后来王官祖庙破败后，数十年来就一直放置在这位村民的家里代为保管。

3. 村落承载的非物质文化遗产

每年农历二月十七，是皇坡村传统军坡节。每到这一天，龙门当地数十个自然村，县内龙河、岭口等各个乡镇，乃至周边的屯昌等县所供奉的"公祖""婆祖"偶像，就会齐聚龙门圩上的"北帝庙"内，一齐进行祭祀仪式，由乡亲们供奉。北帝庙是当天龙门祭祀活动的中心，过火山、上刀梯、钢钎穿腮等富有神秘色彩的民俗活动都会在这里上演，父老乡亲们还纷纷带上爆竹到北帝庙前燃放，爆竹声响个不停，到处都是热闹的气氛。

午时，神祖巡游、舞龙舞狮还会走遍龙门圩上的大街小巷，人们抬着神祖像挨家挨户巡游，乡亲们则在家门口摆神案迎接神祖，祈求平安。当然，在这一天，好客的乡亲们还会杀鸡迎客，大摆宴席，遍邀亲朋好友来家饮酒聚餐。

定安是海南的"琼剧之乡"，军坡节当然少不了演琼剧来助兴。各家各户凑份子请戏班剧团来表演琼剧，连续几晚，让百姓大过戏瘾。

海南省定安县皇坡村是当地出了名的长寿村，有不少奇怪的生活方式，比如当地盖房子不是用砖块、水泥，而是用一种黑黑的如同被火烧过的石头，家家门前都建有一种造型奇特的黑炉子，女孩子们在林子里抓一种像鳝鱼般大小的蚯蚓为娱乐，男孩们却只能看不能抓。村子里八九十岁的老人随处可见，不仅手脚灵活而且还能下地干活。

第四节 台湾典型传统村落

一、汉族文化典型传统村落：鹿港古镇

（一）村落概况

鹿港古镇位于台湾彰化县，旧称"鹿仔港"，是台湾第一个由汉人移民建立的都会。作为清代中叶台湾重要对外经商口岸，在荷兰据台时期每年要从鹿港出口6000多张鹿皮，鹿仔港因此而得名。同时作为台湾曾经与大陆经商的最大港口，鹿港吸引众多泉州府士绅家族于此定居，过往曾因商业的发展而繁荣。当时台湾流传"一府二鹿三艋舺"，鹿港是台湾第二大城，到清道光年间由于港口淤积逐步没落。由于发展历史甚早，市区内留有不少古迹，形成重要观光资源。地方特产方面，则以虾猴、地方传统小吃、传统糕点、传统工艺最为人所知。如今鹿港以旧城区保留的古建筑及美食带动一股新的观光热潮。

（二）村落格局

鹿港老街主要由瑶林街与埔头街连接而成，包括意和行、新祖宫、桂花巷（鹿港城隍庙前）、鹿港公会堂，全长500余米，是台湾最早的老街。鹿港老街保存早期商店门牌建筑、长条形闽式建筑，结合一进房店面、二进房住家、三进房后院三大功能，房屋总长度从40米至70米不等，此为清代至民国初年建筑特色。

（三）村落价值特色

1. 村落建筑

鹿港龙山寺，创建于1653年，台湾五座龙山寺之一，是台湾传统建筑中最完整的具有艺术、建筑与工艺等历史价值的作品之一，大体保留清道光、咸丰年间重修时的旧貌。

古迹还包括兴安宫、天后宫、三山国王庙、城隍庙、文武庙、文开书院等。鹿港天后宫是鹿港地区的信仰中心，也是台湾最早奉祀天后的庙宇，至今400多年，是鹿港最负盛名的宗教地点。城隍庙旧称鳌亭宫，屋顶同时采用筒瓦与板瓦，在三川殿屋顶上的垂脊内外两侧设置一排瓦当与铺水的做法，在台湾仅有彰化孔庙大成殿用过，可说是庙宇的一大特色。

鹿港目前对游客开放的景点主要有：鹿港天后宫、龙山寺、城隍庙、桂花巷、鹿港老街、鹿港公会堂、半边井、鹿港艺术村、摸乳巷、九曲巷、鹿港第一市场、缎带王观光工厂、白兰氏、卷木森活馆、台湾玻璃博物馆、玻璃妈祖庙（台湾护圣宫）等。走在鹿港，可以很深切地感知到这里浓郁的闽南氛围。

图 5-38　龙山寺

图 5-39　文武庙

图 5-40
城隍庙

2. 村落承载的非物质文化遗产

传统工艺精良。鹿港木雕手工精良，木器用古法榫头衔接，牢固耐用，形态、规格全依古法。人物细雕，神态鲜活，运用典故多，手工细腻，内容古意盎然。台湾大木作名师施坤玉及其大儿子（台湾艺术木雕工艺大师）施振洋等均为鹿港人。佛像雕刻是闽南清代雕刻的延续，采取繁复镂刻的精工法。神像漆线衣饰之制法，以鹿港为最精致。因台湾盛产竹，鹿港一地的竹器业远盛于福建，技法虽也由大陆南方传入，但手艺更精巧细致。

传统习俗较多。包括除夕祈福点灯、迎财神、庆元宵、端午龙王祭等大众类民俗活动，也包括土地公生（农历二月初二）、三月疯妈祖（妈祖圣诞前后大规模进香活动）、四月疯王爷（农历四月十二奉天宫——苏府大王爷圣诞）、七娘妈生（即七巧节，早期每年于鹿港龙山寺中殿蓄水搭鹊桥，现每年于鹿港威灵庙旁封路搭台设立鹊桥）等沿海地区特有节事。

传统小吃独具特色。鹿港所在的彰化县以肉圆最为独特。弹牙的外皮，加上浓厚台湾味的五香和胡椒粉，是很多人最迷恋的鹿港味道。鹿港特有的炸虾猴酥，酥酥脆脆让人一口接一口。鹿港肉羹泉、龙山鱿鱼肉羹、面线糊也同样深受欢迎。本土美食的开发也大大带动在地居民的收益提升。

二、原住居民典型传统村落：兰屿野银旧部落

（一）村落概况

野银旧部落位于台湾兰屿岛东部，邻近东清湾，为达悟人保存最完整的传统聚落。达悟人也称雅美人，是台湾土著中最原始的一支。兰屿岛是一座火山岛，面积约45平方千米，次于台湾本岛、澎湖岛，为台湾第三大岛。全岛地势起伏，密布着热带雨林。岛屿的四周被隆起的珊瑚礁群环绕，长期受风蚀及海浪冲击，形成海蚀崖、海蚀洞等多样地貌。兰屿的主要村庄沿海而建。由于外界干扰较少，兰屿东岸不论人文、自然景观都处于较为原始的状态，尤其以野银旧部落最为知名。

（二）村落格局

部落靠海而建，左右两侧和后方森林是部落耕作区，右侧种植芋头，左侧种植地瓜、小米、山药等。部落前是采摘海藻、贝壳等

的潮间带以及部落出海的滩头。

(三) 村落价值特色

野银村的居民与岛上其他 6 个村落的居民均为达悟人，他们独立群居，长老及村长掌管村内一切公众事务。达悟人的祖先和菲律宾之间有着密切关系，他们是属于海洋的族人，一身黝黑的皮肤透露了长期与海洋为伍的身世。达悟人的生活简单，以农渔为主，地下屋、独木舟、飞鱼、丁字裤是野银村的四大特色。

兰屿是全世界著名的多风地区之一，夏季易受台风侵袭，为躲避风灾，族人巧妙地设计出一种半地穴式茅屋——地下屋。供睡眠及煮炊使用的主屋，建在人工挖掘的凹地，外围再垒石成墙，使得整个房屋比地面低。每家除了主屋，还有供工作及储藏使用的工作房，供乘凉及看海使用的凉台，这三个建筑体构成达悟人的家。"地下屋"大都有百年历史，住起来冬暖夏凉，极具特色。整体随地形缓坡兴建，都是背山面海，具有特别的视觉角度。野银旧部落是全岛唯一完整保存的传统地下屋聚落，体现出达悟人与自然融合的生活文化。目前，一些传统建筑也被改建为民宿，但大多数仍是本族人的住所。同时出现的还有部分现代水泥房，地下屋以老人居住为主，水泥屋则是年轻人的居住地，两者并存出现在聚落中。

以海维生的达悟人一生最大的梦想就是亲手造一艘船，但由于没有文字记录，所以造船技术是靠口耳相传的。这些色彩鲜艳的用拼板方式制造的独木舟分为一人舟、两人舟和十人舟三种。当地人家家户户几乎都有自己的独木舟，不少停靠在沙滩上，十分壮观。拼板舟并不是用一棵树的树干挖空建造的。达悟人会先上山找好木材,在木材上刻上父亲所传下来的记号,这样别人就不会再占有它。等到新船开工,族人就携带斧头把已经选好的木材砍回,然后一块块削平使用木钉接合,接缝中填上木棉。每艘独木舟结构大致相同,有龙骨、三层船板、鱼舱、木座椅、木钉、弯头、划桨和舀水工具等结构和设备。

飞鱼是达悟人最重要的动物性蛋白质来源之一,已经变成达悟传统文化的一部分。当地不产稻米,芋头是主食。芋头配飞鱼,是达悟人餐桌上的标配。每年3至6月为有名的"飞鱼季"。此时,飞鱼族群会随着黑潮来到兰屿附近海域。刚开始,仅限于在夜间以灯光诱捕,到夏季时才可在白天捕捉飞鱼,这段飞鱼水汛期内兰屿人通常不捕捉别的鱼类。到了夏季,兰屿人会再举行一次仪式,停止捕捉当年的飞鱼,改捉别的鱼种。按照兰屿的传统,中秋节后不能再食用飞鱼,要将未食用的飞鱼丢弃。鱼和芋头是达悟人的主食。达悟人吃鱼很讲究,尤其是他们视为圣鱼的飞鱼,必须在特别指定的炉灶烹煮,盛用的器具也有特定的规矩,譬如和芋头合煮的飞鱼要放在特定的容器里,和肉合煮的飞鱼也有一定的盛放容器,绝对不能混淆。

由于终年高温,当地男子往往赤裸上身,仅穿丁字裤,驾驶独木舟在太平洋上追捕飞鱼。所以兰屿也有"丁字裤小岛"之称。由于现代文明的入侵,不少达悟人在特别的节庆才穿这些传统服饰。然而清晨出海的时候,还是能看见不少上了年纪的达悟男子穿着丁字裤出海,还能看见其结实的臀部,没有半点赘肉,有一种男性豪迈的健康美。

第六章

中国传统村落文化抢救与研究
文化区系列

Chinese Traditional Villages

东南传统村落的保护与活化

第一节
福建传统村落的保护与活化

一、精准扶贫有门道：宁德市寿宁县下党乡下党村

下党村面朝修竹溪，依山而建，呈梯形分布，房子层层叠叠，交错有序。青山巍峨，绿水缠绵，山水之间，木拱廊桥横跨其间，形成了"廊桥、流水、人家"的美景。鸾峰桥是下党村的名片，也

图 6-1　鸾峰桥

是古时下党村民勤劳智慧的结晶，始建于明代，清嘉庆五年（1800）重建，是世界已知单拱跨度最大的贯木拱廊屋桥。从形式到内涵，都极具艺术魅力和实用价值。而修竹溪如项链一般将鸾峰桥周边的下党村及文昌阁、王氏宗祠、龙坑溪石拱桥、福山观音堂、马仙宫等历史文化建筑一一串联，将它们置于幽深的沟壑、繁茂的山林、青翠的溪涧中。2014年，下党村被列入第三批中国传统村落名录。

图 6-2　下党村传统建筑

寿宁县的下党乡曾经是福建省省定贫困乡、宁德地区四个特困乡之一，素有"寿宁的西伯利亚"之称。曾经，这个拥有309户家庭、1341人的下党村是个"无公路、无自来水、无照明电、无财政收入、无办公场所"的"五无"贫困村。村中没有产业，年轻人纷纷外出打工，1988年该村人均纯收入仅为186元，闭塞、落后、简陋是这个村当时最真实的写照。

随着古廊桥和传统村落民居的艺术魅力及历史文化价值被重新认识并深入挖掘，对下党村现存的历史文化建筑的保护和传承也愈益为政府和群众所重视。自从2006年鸾峰桥被列入全国重点文物保护单位，下党乡制定并公布了《关于鸾峰桥等历史文化建筑的保护管理办法》。下党村2014年入选中国传统村落名录后，下党乡政府成立下党乡传统村落保护领导小组，由书记和乡长作为传统村落及附属历史文化遗存保护的第一责任人，拨出专款开展保护和修缮，并派专人进行管理和维护。2014年12月，下党村修建了进村水泥公路，完成了对全村自来水设施的架设及污水管网的建设，实施了鸾峰桥文化公园先期项目的筹备和建设。目前，正积极着手申报创建国家AAA级景区，并通过创建活动，推进实施鸾峰桥维修加固、文昌阁修缮改造、古民居立面装修改造和建设景区管理楼、停车场、亲水乐园等工程，力争将其打造成为集红色文化、群众路线文化、廊桥文化、民俗文化于一体的生态宜居、休闲旅游、红色传承的综合型旅游区。

2014年11月，下党村委托南京大学博士、闽江学院教授朱高龙及福州市闽科勘测规划设计有限公司编制了《寿宁县下党生态文化旅游区总体规划》，通过以绿色生态资源为依托，以廊桥、古民居及红色传承为特色，实现对下党村历史建筑、传统文化、民俗风情的保护和开发。

下党村历史文化建筑及传统村落保护对象既包括历史文化建筑实体，也包括传统文化、民俗风情、历史氛围等非实体对象。主要措施有：保留村落街巷的空间结构、布局、建筑的原貌，对与原有建筑形式风格不协调的新建筑进行更新改造；适当发展旅游业提高村民收入和生活品质，并充分发挥文物的文化传承作用；通过制定《下党村古村落保护办法》及相关村规民约，积极宣传《文物保护法》《环境保护法》等法规，促进下党村传统村落的保护和文化传承。

1989年，寿宁县下党乡给时任福建省宁德地委书记的习近平留下了"异常艰苦，异常难忘"的印象。为了帮助下党乡摆脱贫困、加快发展，习近平在闽工作期间曾九赴寿宁，并三进下党乡现场办公，推动发展。近年来，在省市县三级党委、政府的帮助下，政策、项目、资金、人才全方位汇入了这个贫困山乡，使其面貌焕然一新：村村通公路、电网、手机和电视信号，基础设施全面完善，人均纯收入在28年内增长了57倍。现在置身下党村能够深刻体会到党的优良传统给世人带来的教育意义与不忘群众疾苦情系扶贫的精神。

过去的下党乡下党村是一个没有产业与稳定经济来源的落后贫困村，2014年，曾守福被福建省委组织部派驻到寿宁县下党村担任党支部第一书记。经多次调研，他萌生了开发经营茶产业的想法，然而这一想法在争取村民的支持上却遇到了阻碍。由于教育落后、思想保守，"经商"在下党村村民的心中仍旧是一项充满风险的活动，于是，这个不曾从商的干部开始自己买书学习相关知识，并利用免费提供有机肥、包销包售的方式，吸引村民共同加入进来。他总说："只有真正给老百姓实惠，他们才会相信我们，一起走上致富路。"在他的指导带领下,茶叶生产技术小组和茶叶种植专业合作社成立,配合注册的梦之乡农业开发有限公司,进行茶产业的运营和销售,并及时将部分收益补充进村财政收入中,确保村民和村集体在产业发展中持续受益。

2015年1月,通过在茶厂、茶山上架设30余个探头,开发可视化预订系统和农产品可追溯系统,中国第一个植入"消费扶贫"的品牌,同时也是第一个可视化扶贫定制茶园项目——"下乡的味道"诞生。茶园主通过APP客户端可以随时点击查看茶园种植管理和茶叶

图6-3 茶园的监测设备

生产加工状态，真正用创新技术实现了产品可追溯。依托该项目，茶农的收入翻番，达到了每亩 6000 元，村财政收入逾 20 万元，实现了零的突破。

"互联网 + TV"开启脱贫新渠道。渠道是产品的重要生命线，而这也一度是阻碍下党村发展的关键一环。曾守福还记得第一次来到下党村的情形：由于缺乏光纤和闭路，打开村中的电视，只有两个台可供选择，无论如何设置，屏幕上总是充满了雪花点，什么都看不到。那一晚，茫然的曾守福跑到廊桥上看着夜空，不断思考着应该如何让这个村庄一步步走向脱贫的道路。

为了丰富百姓的业余生活，让党的声音能传进下党村，曾守福便尝试主动向寿宁县广电网络公司争取项目支持。"互联网和物联网技术的应用能和其公司的主营业务很好衔接，依靠'互联网 + TV'的党媒精准扶贫更可以让广电公司走出一条运营创新之路。"面对合作方，他提出了这样的想法。最终，在曾守福的努力下，这一模式得到了福建省广电网络集团的大力支持。

如今，通过光纤闭路电视入户，村民不但可以随时通过电视接收到最新的资讯，还可以利用"互联网 + TV"平台实现茶叶管理加工和全程视频相结合、生态农副产品现期货线上销售与农超对接相结合、"下乡的味道"品牌打造与摆脱贫困相结合的扶贫发展之路。2016 年，"下乡的味道"生态农产品销售收入 800 多万元。

"产业 + 乡村旅游"造血扶贫有未来。"产业是旅游的生命之本，乡村旅游是我们的终极目标"，在经营茶产业的同时，曾守福不断地构想着下党村乡村旅游的发展之途。距今已有 700 多年历史的下党村依山而建，面朝修竹溪，木拱廊桥横跨在绿水间，形成了"廊桥、流水、人家"的美景。明代著名文学家冯梦龙在寿宁任职期间还曾多次途经此处。但长期以来，这些宝贵的历史自然资源却始终未得到良好的利用。经过实地调研，曾守福立足实际，因地制宜，在吸引村民共同打造扶贫定制茶产业品牌的同时，更发动全村人打造农家乐，通过乡村旅游扶贫。村民王明寿打造的农家乐"百口食堂"顺利开张了。这个自15岁就在外地打工的村民曾跑遍全国，忙碌却收入甚微。一听到家乡要发展旅游，王明寿便回到家，在书记的支持下开起了农家乐。"还是回家好啊！"他感慨道。他还要将房子改造为民宿，来接待更多前来参观家乡的游客们。沿街越来越多的传统手工艺、食品、民宿等经营项目开办了起来。

2016年，下党村被列为全国旅游扶贫试点村，收获了发展的新契机。据初步统计，2016年赴下党乡参观旅游人数累计达到10万人次，有效带动了民宿、农家乐等第三产业的发展，村民收入节节攀升。对于现在的村民来说，那片"穷山恶水"走远了，而那个中国梦、属于下党村的梦，正在一步步实现。

二、乡村振兴有妙招：三明市尤溪县洋中镇桂峰村

桂峰村位于福建省三明市尤溪县洋中镇，自北宋名臣蔡襄之九世孙蔡长于南宋淳祐七年（1247）肇基以来，迄今已770多年。它曾经是繁华的交通要道，有"山中理窟"之称、"云霞仙境"之誉，现存明清古建筑39座，是福建明清风格古建筑群保存最完整的村落之一。桂峰村于2007年被列入中国历史文化名村，2012年被农业部（现农业农村部）评为中国最有魅力旅游休闲乡村，2014年被列入第一批中国传统村落名录，2016年11月被评为国家AAA级旅游

图 6-4　桂峰景区大门
（图片来源：尤溪县洋中镇桂峰村旅游开发简报）

图 6-5　桂峰景区导览图

景区，2018年4月被评为国家AAAA级旅游景区，2019年5月入围福建省首批"金牌旅游村"宣传对象。

(一) 深厚的历史积淀

桂峰，曾名桂岭，又叫岭头、蔡岭，历史上曾被誉为"山中理窟""云霞仙境"，位于尤溪县洋中镇东北部，毗邻南平市樟湖坂镇，是国家级生态村和福建省二十佳旅游特色村之一。该村主要特点为：一是区位优势明显。桂峰曾在尤溪至福州的一条官道上，素有"小福

图6-6 桂峰古建筑群

州"之美称。现从福州到桂峰只有110千米，仅需一个半小时的车程，交通十分便利，与武夷山、将乐、泰宁等旅游景点均有高速公路互通。二是建村历史悠久。自南宋肇基以来，繁衍生息着清一色的蔡姓人氏，即始建于宋元，盛于明清。许多专家学者评价桂峰"厝厝均有文化，满街都是历史"。三是古建保存完整。整个村庄依山就势、层层叠叠、错落有致、曲巷通幽、满目皆古，有古道、古街、古树、古书斋、古碑刻、古画、古族谱等珍品，现存明清古建筑有蔡氏祖庙、蔡氏宗祠、石狮厝、楼坪厅等典型古建筑，是福建古建筑保存最完整

图 6-7 桂峰村里树龄 600 多年的丹桂

的传统村落之一。四是文化底蕴深厚。桂峰以耕读传家，尤其崇文尚学，历代儒风不衰，几乎厝厝有书斋、书房，讲述着"一房一故事"。亦儒亦官亦商的传统文化还在潜移默化地对后辈产生着影响，开"蒙"礼、蔡氏家训等传统文化延续至今。据记载，明、清两代中进士者3名、中举人者12名、中秀才者多达412名，为当地留下丰厚的文化积淀，形成桂峰独特的理学文化、建筑文化、姓氏文化、地理文化。

（二）旅游景区建设方兴未艾

走进桂峰似乎走进了水墨丹青画中，置身其间，又见四周酒肆作坊林立，商贾云集，酒香、肉香、花香沁脾，被誉为"小福州"。桂峰村的人文景观包括具象文化景观以及非具象文化景观，其中具象文化景观内容有山地聚落景观、农业景观（梯田等），非具象文化景观内容有民俗景观（节庆习俗、婚俗、食俗等），语言景观（书斋文化、戏曲文化等）、宗教景观（信仰文化、祭祖文化等）。桂峰最有名的地方特色是煮冬酒、打糍粑、鲜豆干、手工酸菜，这些美食的背后都有让人回味的民间故事。

2017年以来，桂峰古民居景区全面启动国家AAAA级旅游景区创建工作，当地政府加大旅游资源整合，挖掘本土旅游文化，建设游客中心，疏导景区交通，提高景区旅游从业人员服务水平，加强景区环境保护和宣传，规范经营单位经营行为。景区内已完善了游客中心、公厕、停车场、导览图等各项基础设施。

为升级AAAA景区，尤溪县除了县里高度重视外，洋中镇也相应成立镇党委书记詹明昭为组长、镇长郑长洪为第一副组长的创国家 AAAA 景区工作领导小组；同时，成立镇属"福建省古韵洋中旅游发展有限公司"，作为桂峰古民居国家 AAAA 级旅游景区的创建主体，全面负责全镇旅游资源开发运营、品牌创建等，进一步统筹旅游资源，更好地指导全镇景区融合发展，形成了环环相扣、层层落实的工作机制。通过推介开路、宣传先行的做法，委托福建朱子文化传媒有限公司拍摄《遇见桂峰》宣传片。结合现有资源及专家意见，将农业主题公园、尤溪北旅游集散中心等资源纳入桂峰古民居旅游景区中，通过扩大体量、丰富载体，来提升创 AAAA 品质。对进入景区沿线交通通道加强了环境整治和设施完善工作；另外进一步扩建和完善景区生态停车场，在桂峰古民居片区往坪坑方向路边建设接驳停车场，在原萧公庙公路对面拓宽出停车位，在农耕文化园片区整理出可同时容纳 10 辆旅游大巴车的停车场；投资 370 万元的电动大巴车充电桩项目落地，从尤溪县闽通公司租赁 10 部电动大巴车作为接驳车，景区交通和游客集散畅达。

完善了集电脑查询系统、影视厅、休息厅、售票厅、咨询和投诉接待处、导游联络处、邮政和纪念品服务、导览和游览信息服务、医务室、多语种语音导游服务等多功能于一体的游客服务中心建设；完善旅游标识系统，增加布局密度；修建沿途多处农耕文化雕塑景观和两处观景亭、步行廊，在游客集散中心广场建设总长近百米的 3D 画长廊，供游客驻足游览、观赏拍摄；加强景区厕所改造或扩建，进行规范管理，做到位置合理、数量充足、照顾残疾人，外形美观、与环境相协调，内有文化氛围、干净卫生无异味。

当地政府还加大了景区的旅游资源挖掘力度，充分展示桂峰人文、历史、生态、水体景观等旅游资源，提升桂峰景区资源吸引力和市场影响力。按照三大片区布局建设农耕文化园，如游客中心片区（主要为文化展示，采用声光电及景观小品等形式进行农耕文化宣传展示）、科技馆片区（以现有的三座农林大科技馆为核心，科普高质优质农产品、农业教育知识，作为农耕文化科普教育中心）、农耕体验片区（将农耕文化园外围片区进行改造设计，其内布置与农耕文化相关的体验设施、体验娱乐项目，如"分五谷""辨六艺"等），以丰富旅游文化内涵。

（三）旅游项目营造屡出奇招

"福建农信"2018 福建省"全民健身百村行"尤溪（洋中站）暨第三届桂峰晒秋文化节于 2018 年 9 月 30 日在桂峰村举行。本次百村行活动内容包括："漫游桂峰"之骑行、"漫游桂峰"之徒步行、探秘古民居、定向寻宝、"丹桂"象棋赛、桂峰晒秋文化节、桂峰村宴。其中最大亮点为探秘古民居、定向寻宝和桂峰晒秋文化节。

"探秘古民居、定向寻宝"活动以近年来火遍全国大中小城市的定向越野体育项目为载体，其中穿插趣味闯关寻宝内容，活动的地点放在桂峰村古民居中进行，传统与潮流的冲击又一次带动全民健身新高潮。

桂峰晒秋文化节已经成功举办四届，不用出省，在家门口就可以领略浓厚的秋收氛围。在深秋时节，忙碌了一夏的当地村民将自己收获的果实拿出来晾晒，以备入仓，并求来年再获丰收。同时晒秋也与饱经沧桑的明清民居一起相映成趣，构建出了桂峰历史文化名村的独特韵味。

如今的桂峰村已成为当地小有名气的旅游景点，吸引着不少慕名而来的游客。

图 6-8　桂峰的晒秋
（图片来源：尤溪县洋中镇桂峰村旅游开发简报）

　　2018 年 4 月，因桂峰当地整体旅游规划需要，原"福建农信　尤溪文化基地"所在地址另作他用，经过细致考察、多方商议，尤溪农信联社重新选取一处古民居，在最大程度保持原貌基础上，着手进行修缮，升级打造"福建农信　尤溪三有书屋"。

　　2018 年 6 月 26 日，位于桂峰村的原"福建农信　尤溪文化基地"升级为"福建农信　尤溪三有书屋"，以焕然一新的面貌重新开放。

三有书屋体现了福建农信人"有情怀、有责任、有担当"的"三有"企业精神。"福建农信 尤溪三有书屋"是尤溪农信联社按照福建农信"三有书屋"布局、"党建书苑"体系建设要求打造的，是助力乡村文化振兴、当好乡村振兴的金融主力军的重要平台。书屋设有农信故事、农信印象、农信书屋、党建园地四个区域，精选了党报党刊、红色经典、农信影集、农信书报、朱子文化、尤溪人文、中外名著、农业科学等各类书籍2500余册。

（四）对接企业入驻，进行旅游开发

中讯东方文化传媒有限公司于2016年12月与洋中镇桂峰村村委会（经桂峰村村民代表大会表决通过）签订了桂峰村古民居旅游投资开发协议，并于2017年5月与桂峰村村委会完成景区交接工作。公司拟投入1.23亿元资金分三个阶段进行桂峰景区的开发建设，并成功于2017年底完成桂峰景区升级"国家AAAA级旅游景区"第一阶段目标。投资建设主要以景区公共基础建设为主，已投入资金约4536万元，已修复14栋古民居，其中包括茶楼、酒吧、半月书斋、小布达拉宫、32大厝、店面等经营场所。还斥资修建了桂峰民俗馆、星级公共卫生间，进行了景区石板路铺设改造。为提升景区景观品质，在桂峰村打造夜景工程，公司投资建造由2000多盏光能灯、3800多米河道灯组成的桂峰夜景灯光带。

继2016年晒秋大获好评后，2017年公司增加投入，第二届桂峰晒秋节举办成果喜人。晒秋节举办期间获得了1000多家网络机构的推送，单以"桂峰晒秋"为标题的百度推荐链接达到1320多个，"福建桂峰"的搜索链接增加到200多万个，开幕当日官方公众号

图 6-9　桂峰夜景灯光与晒秋景观

转发浏览量达到 14000 次以上，并配合省内电视、报纸等传媒报道 300 余篇；公司充分利用传媒资源优势，与全国各大媒体、网络宣传对接，多渠道大力宣传推广桂峰景区（包括景区书刊出版，如 2017 年金砖会议国家领导人礼品画册《你好，福建》、高铁《时代列车》杂志专辑广告刊登、《时代三明》专刊等），提高桂峰景区在国内的知名度。

为丰富景区的经营业态，公司不但打造了桂峰花海景观，还引进了九月民宿投资有限公司进行景区民宿建设，提升景区住宿条件；

积极开展景区经营推广工作，与省市各级摄影家协会合作，目前有12家摄影家协会入驻景区；与福州大学、闽江学院签订了校企合作协议，建立大学生创业基地，并与福建省共青团合作，在桂峰设立青创培训基地。

第二阶段为完善旅游配套设施，为增加游客消费资金沉淀做准备。在做好第一阶段公共建设后续开发投入的同时，于2018—2019年投入1184万元逐步建设完善集餐饮、住宿、会务、娱乐为一体的基础旅游商业配套设施。新建商业配套业态共分三期建设：第一期以餐饮与住宿业态为主，主要投入建设"桂峰蘑菇坊生态餐厅""桂峰机器人酒店"；第二期以会务、室内娱乐业态为主，建设"桂峰综合活动中心""桂峰网咖"；第三期完善桂峰景区便捷服务需求，建设"桂峰空中停车场"方便旅客。

第三阶段公司将转入开发投资主体基础工程收尾阶段，并将投资重心转向景区服务及商业运营，预计投入2878万元用于景区的整体运营、市场营销及商务开发宣传等。

桂峰村通过当地政府积极投入建设，吸引企业入驻开发营销，与农村信用社、高校、媒体、交通等单位密切合作，从融资、文创、道路、农业等领域获得发展支持，开创了政府支持、企业开发经营、村民积极参与的传统村落活化发展模式。桂峰村的活化发展对激发村落的活力，振兴村落经济，吸引村民回流，加强村落基础设施建设，保护传统乡村文化，具有很大的借鉴意义。①

---

① 中讯东方文化传媒有限公司．尤溪县洋中镇桂峰村旅游开发简报．

第二节
广东传统村落的保护与活化

佛山市拥有一大批传统特色鲜明、历史文化厚重、民俗活动丰富的传统村落，不仅是佛山人乡愁的依托，更传承着岭南文化的底蕴与魅力，是广东省岭南文化保留最丰厚的地方。为更好地保护活化这些百年传统村落，自 2014 年至今，佛山市已从市级层面牵头完成 40 座传统村落的活化。本小节将对佛山传统村落的活化模式、活化内容、活化成效和典型活化传统村落进行介绍。

一、活化模式

2014 年，佛山市政府出台《佛山市百村升级行动计划建设方案》，按照"差异化、大格局、可持续活化"的工作思路，遵循"筑巢、引凤、谋发展"的工作路径，通过"市级统筹指导、区级协调督促、镇街组织实施、村庄主体建设"的四级联动工作机制全面推进"宜居乡村示范、公共服务完善、环境生态优美、岭南文化传承、乡村休闲旅游"五位一体的传统村落示范点。截至目前，已活化完成三批共计 40 座传统村落。在传统村落活化的过程中，采取了四级分工。

（一）市级统筹指导

市住房和城乡建设局会同市文化广电旅游体育局、旅游局负责市级统筹工作。其中市住房和城乡建设局负责总体统筹督导建设推进，包括组织编制传统村落"一村一品"策划指引，发挥规划示范引领作用打造各村特色文化品牌，制订《推进古村落活化升级工作监督检查方案》，每两个月现场督导，印发《佛山传统建筑修建技术指引》等工作。市文广新局负责统筹文物保护、历史要素的提炼、文化品位的打造等工作，组织设计古村标识和导视系统，出版《佛山古村落文化导览图册》，牵头举办传统村落讲解员"醉美古村之出彩十三叔（淑）"评选活动，借助深圳文博会平台，集中展示佛山传统村落活化升级成果和招商需求，组织开展传统村落主题艺术创作，举办主题讲座和展览等。市旅游局负责统筹旅游产业开发、旅游平台搭建等工作；将传统村落旅游开发纳入全市旅游规划框架内，制作传统村落宣传手册和折页，通过与新媒体公司合作对传统村落进行推介和实现旅游产品在线销售；组织"探寻古村落，领略佛山味"佛山传统村落活动，主打本地特有的岭南水乡文化，组织传统村落参展（广东）国际旅游博览会以及2016香港·佛山节。市国土、规划、环保、农业、水务、财政、民政、消防等部门根据部门工作职责，对应项目库具体项目，进行垂直指导、协调、服务。

（二）区级协调督促

各区牵头部门会同区相关部门负责本区项目建设的指导、协调、督促、服务工作。

（三）镇街组织实施

各镇街为主组织实施，可以直接组织建设，也可以指导村集体自行建设。具体负责梳理各项规划、制订行动计划、构思项目策划、调配扶持资金，与村集体敲定项目库并推进项目落实等工作。

（四）村庄主体建设

村集体根据自身实际，组织查漏补缺，与镇街沟通明确实施项目库，配合镇街组织项目建设，或在镇街的领导下担当建设主体。使用财政配套资金的项目，如达到招投标要求，需在镇街交易中心上网招标。

二、活化内容

首次在全市层面形成一个传统村落品牌，制定"一村一品"。这是全国传统村落活化以来的首次总体统筹、总体包装。40座传统村落整体打包构建一个佛山品牌，形成合力与品牌效应，破解长期以来传统村落重复定位所导致的资源浪费，统筹明确各传统村落的定位与发展特色，建立基于本地资源的品牌发展模式，以形成各自独特的竞争力。个体与整体统筹，解决上位指导弱的问题。

佛山传统村落存在的主要问题包括：一是物质遗存与非物质遗存面临消失、破败、城市化侵蚀等；二是以往以"美化、靓化、硬化"的标准开展古村活化，现代建筑元素与材质过多；三是重物质

图 6-10 首批"一村一品"品牌

环境设计,轻文化与价值观保存。针对这些问题,佛山提出多要素、全方位活化,从重空间走向物质与非物质双重活化。

围绕品牌制订传统村落活化方案所必需的三大维度:风貌活力、人居活力和文化活力。

风貌活力。风貌作为外界对传统村落最直观的感知来源,任何地方,凡传统环境还存在,就必须保护。

人居活力。传统村落非文物保护单位,而是村民生产和生活的基地。其核心应是人及其背后所代表的生产、生活。

文化活力。传统村落兼有物质与非物质

文化遗产特性，文化传承与活化是古村持续发展的本质。

目前传统村落消失更多是因当地居民价值观、行事准则等的改变，佛山也将传统村落价值观与村民共同遵守的准则和信仰纳入文化活力中。最终围绕三大维度八大指标，顺利有效地完成"宜居乡村示范、公共服务完善、环境生态优美、岭南文化传承、乡村休闲旅游"五位一体的传统村落活化升级目标。

表6-1　佛山传统村落三个维度八大指标的活化内容一览

活力维度	活力指标
风貌活力（E）	E1 古建、古巷、古井、古树、古河等物质遗存的保留、活化 E2 山、水、田、植被等自然环境的保留、活化 E3 村落原址、格局等整体风貌的保留、活化
人居活力（P）	P1 农耕、织补、祭祀、餐饮、血缘与地缘关系等生产生活方式的保留、活化 P2 居住、集会、活动、权利等公共空间功能的保留、活化 P3 交通、医疗、文化、接待等基础设施与公共服务设施的发展
文化活力（C）	C1 传统手工艺、习俗、艺术、节事、传说等非物质文化的保留、活化 C2 村民价值观、行事准则、村规民约等治理秩序的保留、活化

1. 物质遗存保护与新旧协调项目

古祠堂、庙宇、民居、古巷、古牌坊等修复项目、协调项目、提升项目。

2. 自然环境保育利用项目

河涌景观提升及水环境提升项目、农田整理项目、村公园建设项目、村乡土绿化项目等。

3. 生产生活方式活化项目

生产生活体验项目，餐厅、旅馆、民宿、酒店等项目。

4. 公共空间功能提升项目

祠堂、庙宇、广场、榕树下空间等的环境与功能提升项目。

5. 基础设施与公共服务设施项目

道路美化与硬化、码头、绿道、公厕、三线入地、污水处理、停车场、市政设施、公共服务设施项目等。

6. 非物质文化活化项目

村史馆、名人馆、非遗馆等的建设，节事项目，传统手工艺活化项目，艺术、地方美食活化项目。

7. 治理秩序提升项目

村史村志、村规民约、社区营造等。

三、活化成效

（一）活化升级促进产业招商，实现以保护促发展，以发展强保护

曾经因开发成本高、难度大而沉寂多年的百年传统村落三水区大旗头村，在活化升级中，以"产业、文化、旅游"三位一体为理念，以"广府文化体验基地"为重要支撑，打造广府特色小镇，重

获新机。大旗头村广府文化体验基地项目成功签约，计划总投资约20亿元，打造传统村落旅游文化创意区，实现"筑巢、引凤、谋发展"的目标。产业是形成传统村落自我造血、城乡协同发展的出路，是长效保护的关键。南海区平东村，是传统村落活化升级与产业发展相结合的一个独特标本与样板，走出了一条"文产融合、特色旅游"的发展之路，正在致力打造成为中国南部特色珠宝产业集群及以玉文化为主题的旅游胜地。

（二）政府高度认可

首批传统村落活化完成后，文化部部长雒树刚于2015年底来到佛山，专程考察传统村落，赞叹"记住了乡愁、传承了文化"。佛山市委书记、市长等主要领导多次前往传统村落调研考察，高度称赞"一村一品"活化传统村落的佛山模式。2016年5月，佛山市市长在全省改善人居环境电视电话会议上，介绍了传统村落活化的佛山模式。

（三）助力多条传统村落获国家级荣誉称号，传统村落品牌形成市场知名度

包括深水村、长岐村、烟桥村、沙滘村、逢简村在内的12个传统村落入选中国传统村落名录，松塘村、烟桥村登上央视大型纪录片《记住乡愁》，逢简村、松塘村分别获得"2015年中国最美村镇榜样奖""2016年中国最美村镇传承奖"，紫南村和逢简村入选住

建部"美丽宜居村庄示范"名单。在"一村一品"带动下,各村风貌特色更加鲜明,文化定位更加明确。如"碧江古祠,文乡雅集"的碧江村在大规模修缮古建筑的同时,按照规划要求,引入民间艺术家、艺术团体进驻古祠堂,打造一批兰花馆、陶瓷馆、武术馆等,在周边配套建设公园、休闲娱乐设施,带动了整个传统村落活化;以"温泉温情,长寿长岐""明理养德,翰林松塘""书香水韵,逢简水乡"等品牌为导向的传统村落活化,已得到市场的广泛认可。

(四)多家媒体宣传报道,已发行基于本规划的佛山传统村落邮册

佛山传统村落活化以来,得到了《人民日报》《经济日报》《南方日报》以及中央电视台、广东电视台、佛山电视台等多家媒体宣传报道。《南方日报》专题报道《推动城市升级向乡村延伸,让市民"记住乡愁,传承文化"——佛山投资8亿活化升级30传统村落》,宣传介绍佛山传统村落活化升级工作。《光明日报》刊登了题为《广东佛山:传统村落文化活化升级》的报道。新华社发表《广东佛山:传统村落"活起来",乡愁"有寄处"》一文,报道了佛山传统村落活化升级产生的旅游效益,称赞道:"看似无生命,实则有生机,传统村落活化,让乡愁'不愁'。"《人民日报》刊登了以"佛山活化传统村落文化"为主题的报道《村落人气升,村民实惠增》,并挂上了"乡村文明巡礼"的栏花,对佛山的传统村落活化助推乡村文化升级和区域升值给予充分肯定。佛山市与中国邮政一同推出佛山传统村落邮册,公开发行10张传统村落邮票。由此,引发市民探寻传统村落的热度不断上升,高明区榴村,很多住在城里的村民纷纷回村修缮自家老宅;三水区长岐村,以文化开路,通过

图 6-11 佛山古村有约

对传统村落环境再造、历史建筑保护和文化环境营造，焕发原生态文化，引来国内收视率颇高的大型户外电视节目落地，声名鹊起之时也带来大批市民探寻传统村落"乡愁"文化。

（五）开通"佛山古村有约"微信公众号

每周以"一村一品"的形式推出特色村落介绍，包括规划制订的品牌定位、空间布局、发展策略与项目库建设情况。定期推送"一村一品"活化进程，开展"行摄古村、旅游攻略、寻味古村、传统民俗"等最美古村互动分享。

四、典型活化村落

（一）温泉温情，长寿长岐：三水区长岐村活化

1. 村落简介

广东省首批传统村落中的佛山市三水区芦苞镇长岐村，距广州约 60 千米，距广州国际机场约 40 千米。传统村落始建于明清时代，全村分卢、黄、何、钟四大姓，至今已有 600 多年历史。村落是传统的农业村，村集体收入和村民收入主要来源于渔业、畜牧业和种植业，村民仍保留较为原生态的生活方式。1987 年开发新村，传统村落现今保留完好，村民已整体迁入新村。

文化方面，村落荟萃了岭南的古风水文化和宗族文化，是芦苞镇近期发现的规模最大、保存最好的传统村落。村落十二巷，青石板路连通连片百多栋明清建筑，保存完好，大多数为一厅四室、一厕一天井的四合院落格局，古屋栋栋雕梁画柱、刻檐飘脊，砖雕、石雕、木雕、壁画样样俱全，山水人物、花鸟栩栩如生，适合整体改造为精品度假屋。私塾文化较为独特，目前有两个保存较为完好的私塾——"丽泉书舍"与"以楷家塾"。村庄是公认的长寿之乡，每年重阳之际，村中都在大榕、古祠下大办"千人宴"，传承敬老爱老美德。得天独厚的环境和生态，常年的温泉水，原生态的生活方式，是长寿文化的奥秘。自然方面，长岐村依山而建，背靠文笔山，傍倚九曲河，有农用地 2500 多亩。传统农业以种植冬瓜、白菜、芋头和水稻为主。"芦苞河鲜"远近闻名。辖区内有我国目前发现的第三个氡温泉——三水温泉。

2. 村落活化做法

（1）以"温泉温情，长寿长岐"为理念，深度整合，推动"长岐古村—三水温泉"捆绑发展

整合本地特色资源，联手三水温泉酒店打造"泛温泉旅游区"。泛温泉旅游区的提出，实现了两大旅游景区的版图扩容，提升了游客体验感，为进一步开发村落提供了广阔的空间，具有客源互补、配套补齐、硬件互补的特点。

图 6-12 文笔山上山道路改造前后对比（上为改造前，下为改造后）

（2）以"复古、活化"为原则，倾力改造，实现古屋片区的保护开发融合

为了推动传统村落的保护利用，确立了"复古和活化"的原则，大胆探索创新，吸引村民广泛参与，打造特色浓郁的新时期岭南古村。一是打造文化展馆。在贞健家塾打造长寿文化展馆，分设粤曲、龙舟、竹编等展区。利用耀唐书舍打造私塾展馆，并建设村

图6-13
贞健家塾修缮建设成为长寿文化展馆
（上为活化前，下为活化后）

史馆、名人馆等。利用半山旧屋建设成农耕文化展馆，展示旧时长岐村民的生产生活方式。二是建设书画创作基地。将丽泉书舍进行改造，打造成为艺术创作服务场所。目前已经有3家创作机构入驻。三是实施村文化大楼提升工程，进行内部改造装修，设置图书室、网络室、棋牌室等。

（3）以环境改造为重要抓手，精选项目，建设现代岭南传统村落

为实现"筑巢引凤"，夯实招商引资的坚实基础，实施了六大传统村落环境改造工程，谋篇布局传统村落的长远发展，推动村容村貌与人居环境的改善提升。一是新上山道路工程，二是村面绿化提升工程，三是道路绿化提升工程，四是长岐大道标志性景观工程，五是六角亭工程，六是旅游厕所改造工程。

（4）以文化体育事业建设为驱动，加强宣传，提升传统村落吸引力

为了提升传统村落的旅游体验，全力做强做细文化、体育文章，实行两轮驱动，不断提升传统村落的吸引力。在文化方面，邀请多批艺术家到村创作，通过艺术大家的口碑与引导作用，吸引更多的艺术爱好者到村创作。全年吸引约500名艺术创作人员到村创作。举办"古村寻幽"书画写生活动与作品展。恢复传统习俗，举办千叟宴等活动。成立长岐曲艺私伙局，长期在村训练与演出。完善旅游导视系统，建设风景墙，并出版村史书册。在体育方面，成功争取"2015佛山绿色骑迹"骑行活动终点站设立在"长岐古村—三水温泉"片区，并于7月、8月举行了2场骑行活动。

（二）书香水韵，逢简水乡：顺德区逢简村活化

1. 村落简介

逢简村，气候宜人，文风鼎盛，自西汉起就有人在此生息，是顺德最早有人聚居的村落之一。逢简村是极具岭南水乡风貌的历史文化名村，素有"顺德周庄"之称。2005年，佛山市"十一五规划"把逢简纳入全市重点旅游资源项目，并成为顺德新十景之一；2013年，逢简村获得"发现2013中国最美村镇"最高奖项"典范奖"，成为华南地区唯一获此殊荣的村镇；2015年，逢简获批国家AAA级旅游景区。目前旅游开发已初具规模，年游客量达百万人次。目前，逢简重点打造绿道古街的陆上游线和特色游船的水上游线。

文化方面，小小村落出了不少进士、举人，据说曾有一家出了8个秀才、3个翰林的佳话。岭南传统村落格局犹存。古屋有百余间，石桥有30多座，古树遍布，石板古道纵横。拥有明远桥（顺德有记载的最早三孔石拱桥）、刘氏大宗祠两处省级文物保护单位，金鳌桥（相传康熙御赐所建）、巨济桥（宋宝庆年间所建，保留有28个石狮子，代表二十八星宿）、宋参政李公祠三处区级文保单位。御赐金桂、明代八景，也印证了昔日顺德逢简之繁华。拥有一千多年丝绸文化和蚕农、织工文化以及自梳女、鬼女等风俗文化。自然方面，水资源及水环境优越。辖区水道达28千米以上。村中四面环水，是典型的小桥流水人家，呈现水光接天、碧波荡漾、绿树成荫、鸟语花香的诗情画意。全村农耕鱼塘4000多亩，目前村庄大做"水"文章，力争打造为文化乐活家园与生态休闲水乡的岭南书香水韵第一村。

2. 村落活化做法

（1）规划先行

在政府主导下，依托"一村一品"规划，先后编制了《杏坛镇逢简村公共空间整治概念规划与重要节点概念设计》和《佛山市顺德区杏坛镇逢简村名村建设规划》，进一步为逢简村今后的发展明确方向。

图 6-14
逢简河道改造前后
（上为改造前，
下边为改造后）
（图片来源：逢简村）

（2）环境再造

水环境净化工程：狠抓水环境治理，进行河涌疏浚，提升水质，改善居住环境，推进农村污水分片治理工程，购置特色游船并提供水上导游服务。垃圾收运体系建设：运用BOT[①]模式建设逢简村垃圾压缩中转站，实现生活垃圾无害化。休闲绿道工程：在逢简村建设贯穿各特色景点的休闲绿道，在各生产小组配套建设绿色休闲公园。推进自然环境改造与历史环境要素修复：对巨济桥、金鳌桥等主要景观节点进行改造，建设游客服务中心、景区导览图、指路牌、停车场等设施，以仿古建筑风格改造逢简市场和文化舞台，通过建章立制，将景区划分为一般和严格控制区。

沿着河，利用铜制品打造了十几处鸡公榄、磨豆腐、赶集、称物品的小品景观，真实地记录了逢简人旧时的生活状态，既凸显了地方特色，又传承了当地的水乡文化。老人在此有忆处，孩童在此有乐趣，游客在此有想处。这是一种值得鼓励的现代设计与乡土文化有机结合的做法，注重文化传承，结合村民文化需求，升华了当地的乡间特色。

图6-15　逢简乡土小品

---

① Build-Operate-Transfer 的缩写，通常译为"建设—经营—转让"。

（3）文化引领

硬件建设方面。逢简村不仅对村内的祠堂、古庙、古桥等历史、传统建筑进行了修缮活化，还通过水乡进士牌楼、岭南文化艺术馆等文化景观设施的新建，进一步丰富本村的休闲娱乐功能和文化古韵。如重建、扩建有200多年历史的胜休庵（现为觉妙净院），修复了距今600余年的刘氏大宗祠以及和之梁公祠、明远桥和金鳌桥。成功活化和之梁公祠为杏坛书画院，常态化开展书画艺术等展

图6-16
昔日供销社（上）活化
为存璞茶仓（下）
（图片来源：逢简村）

览；活化刘氏大宗祠为杏坛非物质文化遗产展示馆，传承逢简村历史文化，提升水乡逢简人文环境软实力。盘活逢简村旧供销社，招商建设存璞茶仓。

软件提升方面。镇宣文办联合逢简村完成历史文化普查工作，出版《走进逢简》，借助"水乡文化节""杏坛镇非遗文化活动日"等一系列文化艺术活动的举办，宣传推广本土文化。依靠"一室一站一会一基金"基层治理模式，开设由残障人士自主创业的花语作坊。

图 6-17
和之梁公祠（上）
重修活化为杏坛书画院（下）

多个社区经济项目。水乡豆腐坊合作社、杏坛书画院（活化和之梁公祠）、觉妙净院、存璞茶仓（活化旧公销社）等旅游项目。成功举办逢简"水乡文化节""杏坛镇非遗文化活动日""逢简圩"等各类文化活动。每到"水乡文化节"，"说唱龙舟""人龙舞""锣鼓柜""永春拳"尽显眼底，目不暇接。

（三）明理养德，翰林松塘：顺德区松塘村活化

1. 村落简介

文翰者，若皋鸡，文翰松塘是西樵镇松塘村最显著的特征。松塘村有悠久历史沉淀，据《古名胜纪》载，本族来脉，由肇庆石龙过海，耸起大尧山为始祖，迤逦下递至金钟岗为少祖，由金钟岗至我乡老东岗、大塘岗之处，化为飞燕展翅，正对樵山，以结住场。前有雄旗指引，旁有牛马狮龙为辅，复有廓舟仙迹以补虚空，咸推三台，立不败之局。且燕头正向樵峰古地，签语有"燕子傍岗飞，代代着朝衣"之说。一方圣土，钟灵毓秀，素有"南海衣冠推望族，西樵灵秀萃吾门"之美誉。

自宋以来，励学之风源远流长，学子负笈四海，科甲蝉联。村人向来崇文尚学，耕读文化兴盛，一直秉承着崇文尚学、读书积德的祖训。读书修身，养性，养德，是松塘人的处世之道。据史料考证，仅在明、清两代，考取了进士6人，其中翰林4人。行伍出身而晋升府台者1人，连考中举人以及获颁优贡者近20人。村内遗迹保存完好。长街深巷，清幽古朴；宗祠序列，庄严肃穆；书舍家塾，鳞次栉比；名人府邸，遍布村中；村中镬耳大屋群落、夹板泥墙古屋等传统古建筑完好程度达到80%。其中，拥有区级

文物保护单位 13 处，传统特色民居区包括梦觉故居、太史第、司马第、翘秀园等。民俗方面，村民仍保持了传统的风俗习惯，注重春节、元宵节、三月三、清明、鬼节、乞巧节、中秋节、孔子诞、冬至等传统民俗节日，烧番塔、出色巡游、关帝诞、孔圣诞、重阳敬老等活动每年举行，是一个富有浓厚地方民俗民风的传统村落。近年来，推出翰林文化节备受村民与游客推崇，仅去年的翰林酒宴就卖出 500 多桌。

图 6-18
月池清淤前后对比
（上为清淤前，
下为清淤后）
（图片来源：松塘村）

图 6-19
大夫家塾修复前后对比
（上为修复前，
下为修复后）
（图片来源：松塘村）

松塘村三面环山，七个池塘从东向西延伸，构成了松塘的中轴线，村居环塘而建。鱼戏莲动，莺鸣榕荫。拥有耕地400余亩、鱼塘300余亩。

2. 村落活化做法

围绕"明理养德，翰林松塘"，松塘村举办了第四届松塘翰林文化节，书画曲艺、纪念孔子诞辰的祭祀、翰林旅游文化体验等一系列精彩活动，让游客尽情体验传统村落文化特色。

形成"三书+三礼+三店"的商业模式。"三书"为私塾、书舍、书院，"三礼"为开笔礼、成年礼、状元礼，"三店"为翰林文化商品店、翰林餐饮店、翰林民宿店。将文学艺术、历史遗迹、岭南古建筑、民俗风情、休闲设施融为一体。

符合R—P共生模式。其资源与产品共生情况比较好，资源品位高，具有较强吸引力，

图6-20 松塘创意纪念品店
（图片来源：松塘村）

第六章 | 东南传统村落的保护与活化

图 6-21　松塘旗杆石
（图片来源：松塘村）

图 6-22　翰林出色巡游
（图片来源：松塘村）

不需要大规模开发，就可由资源转化为旅游产品，由内部入手，加强管理，做好规划，挖掘资源，优化资源保护与开发。在保护与活化过程中重视当地居民的利益，发挥历史文化、民俗风情和自然资源优势，创造性地开发丰富多样的旅游项目，最大限度为旅游者提供参与体验的机会。深度开发传统村落旅游产品与商品，整合旅游资源，形成高度密集的产品序列，有利于游客在短时间内享受高品位、多样化旅游产品。根据村落的文化精髓和文化主脉，分清产业与村落之间的关系主次，促进村落文化旅游与文化产业的协调发展。商业模式方面可以采用"培训班+特色项目+商业+餐饮+民宿"的模式。

第三节
海南传统村落的保护与活化

一、"渔村+旅游"：三亚西岛渔村（海南本岛离岛型）

三亚市西岛是海南本岛南部近海的第二大离岛。西岛坐落在三亚市西南 8 海里的三亚湾海域，全岛面积约 2.8 平方千米。西岛属热带边缘性海洋季风气候，全年阳光充足，长夏无冬，是我国最大的热带休闲度假海岛。

三亚西岛海洋文化旅游度假区由西岛海上游乐世界、牛王岭游览区和肖旗港三个部分组成，是汇聚了海上运动、潜水观光、天然浴场、沙滩娱乐、椰林休闲的立体海岛景区；齐集沙滩、礁石、珊瑚礁、椰林、渔村、崖壁、岩洞等多种旅游资源，是一个大型海岛休闲度假和观光景区。2011 年 11 月，三亚西岛海洋文化旅游度假区荣膺国家 AAAA 级旅游景区。

（一）岛上居民

　　三亚市西岛渔村属于海南本岛离岛型海岛传统村落。西岛自有居民至今已有 400 多年历史，据考证，西岛人的祖先是福建省莆田甘蔗园村人氏。明代时村民为了谋生，整个村落迁往海南岛。他们在海上遇到了台风的袭击，一部分漂泊到三亚的港门村，另一部分漂泊到西玳瑁洲（岛）即今天的西岛，成为原住居民。

　　岛上还有一部分是崖州即三亚人，他们多为捕鱼而短暂地居住在岛上，另外还有一部分是为了躲避海盗而流浪到西岛上，慢慢地，他们一边捕鱼，一边发展生产形成了村庄。

　　目前，岛上分东、西、中、新 4 个小渔村，居民 700 多户，近 4000 人，都是汉族，有麦、陈、谢等 10 个姓氏。村民世代以打鱼为生。西岛人与三亚港门村人有着很近的血缘关系，村民婚丧嫁娶的习俗和港门村人相同。

　　大海养育了西岛世世代代善良的村民，村民也在用自己的辛勤劳动努力地建设着自己的家园，岛上的一些年代久远的房子就是用珊瑚石修葺而成的，具有很高的艺术价值。制作旅游纪念品是岛上主要的加工业，渔家小院会堆放一些珊瑚石和彩贝，村民用它们做出各式的手链、耳环等饰品。

（二）政要足迹

1952年10月，西岛开始驻军，隶属中国人民解放军海南省军区榆林指挥部管辖。著名的西岛女民兵曾受刘少奇、叶剑英等党和国家领导人的检阅，40多年来86次为党和国家领导人及外宾进行了实弹射击表演。"八姐妹炮班"一度名扬全国。

西岛和东岛在地理位置上遥相呼应，成为进入三亚的门户，地理位置相当重要。岛上的村民具有尚武的风俗，尤其是西岛的女民兵，为保护祖国的南大门和发展生产做出卓越贡献，多次受到国家领导人的嘉奖。1958年2月，叶剑英元帅视察西岛，为守备营题词："持枪南岛最南方，苦练勤操固国防。不让敌机敌舰逞，目标发

图6-23
西岛风光

现即消亡。"1959年8月1日，为加强西岛作为南海国防前哨的防御力量，西岛组建第一个民兵炮班，即后来被广为传颂的"八姐妹炮班"。1959年11月，刘少奇和夫人王光美视察西岛，并给守备部队和岛民题词："你们要发展生产，改善生活，把海岛建设成为南海上的一朵花。"1961年2月，全国人大常委会副委员长郭沫若视察西岛，并题词："小豆夹花树树黄，珊瑚处处砌为墙。榆林港内东西瑁，睁大眼睛固国防。"1964年春，中国人民解放军原总参谋长罗瑞卿视察三亚，并到西岛看望部队。1972年5月，中央军委副主席叶剑英14年后第二次到西岛视察。1973年2月，徐向前元帅到西岛视察，并与娘子军炮班民兵合影。2002年1月，中共中央政治局委员、国务院副总理钱其琛视察西岛。2005年1月，全国人大常委会副委员长姜春云视察西岛。

（三）地理环境

西岛又名西玳瑁岛，与毗邻的东岛（东瑁洲岛）恰似在碧波中鼓浪而行的两只玳瑁，"波浮双玳"自古便是三亚的一道胜境。

西岛位于西太平洋地壳构造不同发展阶段的大陆边缘区，它的底层构造与三亚市的底层构造是一致的。峰峦变岛屿，平地卷波涛。与三亚的大陆架原本紧紧相连在一起的西岛，历经沧桑变迁，几经浮沉才变成了今天这么一个"孤悬海外、四无毗连"的海岛。东岛和西岛是一对脉脉相连的峰峦海岛。西岛的地形地貌大致分为南中北三部分，南高北低，北部为平沙地，由珊瑚、贝壳、砂粒组成，地势低平；中部为草林坡地，为渔村所在地；南部为突兀峻峭的丘陵，由花岗岩构成，最大标高为122.5米。

西岛属热带边缘性海洋季风气候，年平均气温为25.4摄氏度，全年阳光充足，长夏无冬，秋春相连，素有"阳光海岛"之称。

远远望去，西岛全岛被绿色覆盖，植被多为台湾相思树、小叶桉及少量的麻黄、椰树等热带乔木，以及相思豆、三角梅、草海桐、仙人掌等灌木。西岛南部山上，有野生猕猴几十只，以食虾蟹为生；有省级保护动物金丝燕，盛产海岛珍品——燕窝。

玳瑁岭，海拔121米，山上郁郁葱葱，生长着数十种热带树木，这里不仅是岛上的绿肺，还是岛上特有的野生动物食蟹猴的家园。玳瑁岭生长着100多只野生的食蟹猴，每当夜幕降临，食蟹猴便从山上下来，跑到牛王岭周围的巨石之间灵巧地捕食石间不断出没的螃蟹，吃饱之后，再一边嬉戏一边幸福满足地回到山林中。西岛形似玳瑁，盛产玳瑁，和玳瑁有着不解之缘。

牛王岛生态公园是位于西岛西南方，与西岛几近相连的袖珍小岛。牛王岛拥有最原始的海岛风光，可以欣赏到壮阔的海天一色、鬼斧神工的礁石景观、雄浑的日出日落景象。牛王岭奇峰怪石耸立于海滩，高山峡谷间浪花激涌，非常适合初级攀岩者，攀上高峰可以俯瞰脚下巨浪拍岸，感受海风呼啸。进入牛王岭，首先映入眼帘的是巨大的后羿射日和女娲补天的雕塑，那个巨大的牛，就是牛王岭的标志——"牛王雕塑"。牛王岭位于西岛的西南部，因为形状酷似牛鼻子，所以也叫作牛鼻岭。在西岛没有建成景区之前，牛王岭与西岛之间是不相连的，只有在退潮的时候，才能看到依稀的碎石凌乱地洒落在西岛与牛王岭之间。现在的牛王岭经过能工巧匠的细心雕琢，已经成为西岛的一颗明珠，是眺望三亚湾的绝美地点。

（四）交通运输

从三亚湾专用码头乘快艇，不到 10 分钟便可登陆西岛。这个宽阔的空地是直升机降落的机场。2005 年台风"达维"侵袭了整个海南岛，给海南人民的生产生活造成了严重的损失。台风期间，村里有一位孕妇难产，两条生命危在旦夕，必须将这位孕妇送往三亚的医院，然而西岛与三亚的水上交通受台风的影响根本就无法通航。这时村领导打通了三亚海上救助队的电话，讲明情况；救助队领导决定派直升机前来救助。直升机带来了村民的希望，也传来了母子平安的幸福声音。

（五）海洋文化旅游区

西岛被誉为"海上桃源，动感天堂"，令人心生向往。西岛是三亚近海最大、最南、离岸最远的海岛，地处三亚国家级珊瑚礁保护区，堪称潜水运动的天堂；是齐集沙滩、珊瑚礁、椰林、岩石、渔村、崖壁、岩洞、山体等多样地貌的热带风情海岛；是海上运动、潜水观光、天然浴场、沙滩娱乐、椰林休闲的立体海岛开心地；是三亚城市风光及日出日落绝佳观景地；是三亚出游最便捷的海岛景区，旅游专线巴士经亚龙湾、大东海、三亚湾、市区直达景区。

1989 年建立海南三亚珊瑚礁国家级自然保护区，1990 年批准为国家级海洋自然保护区。保护区总面积 8500 公顷。三亚珊瑚礁自然保护区属于三亚市沿海区，以鹿回头、大东海海域为主，包括亚龙湾、野猪岛海域，以及三亚湾东西玳瑁岛海域，保护对象为珊瑚礁及其生态系统。三亚西岛海洋文化旅游度假区是主要依托西岛辖旎的自然风光、独特的生态资源和浓郁的岛屿风情开发建设的大型海岛休闲度假胜地和观光景区。

西岛海洋文化旅游度假区自2001年开业迎宾，历经多年打造初具规模，目前总体空间构成和核心吸引物大致可以概括为"一港两岛，五部十景"。"一港两岛"是西岛海洋文化旅游度假区的总体空间构成，即肖旗港客运码头、西岛游乐世界、牛王岛生态公园。"五部十景"是西岛海洋文化旅游度假区的核心吸引物，"五部"即潜水、海上运动、拖伞、海钓、沙滩五大休闲运动俱乐部，"十景"即海角金沙、金牛望海、海誓山盟、开天辟地、灵龟奇石等十大核心景观。

1. 肖旗港：西岛门户

17千米的三亚湾椰梦长廊西端，凯宾斯基酒店和天涯海角之间，便是西岛之旅的启航点，西岛旅游专用码头——肖旗港。肖旗港陆域占地面积为267亩，拥有85000平方米内挖式港池、通透大气的游客中心、宽敞的购物大厅，堪称一流的旅游专用码头。在这里乘快艇，不到10分钟便可登陆西岛。

2. 鹦鹉螺

西岛的标志——鹦鹉螺，它同唐冠螺、大法螺、万宝螺统称为"海南四大名螺"。

3. 展示厅

珊瑚是海底花园的主要"建设者"，是热带海洋中的一种独特的腔肠动物，珊瑚虫死后留下的外骨骼堆砌在一起，形成珊瑚礁。

西岛四周水域水温常年保持在 25 摄氏度左右，非常适合珊瑚生长，所以环岛生长着大量姿态各异、颜色绚丽的珊瑚，如扇子珊瑚、鹿角珊瑚、葵花珊瑚等，珊瑚中又聚集着各种各样、五彩斑斓的热带海洋鱼类，宛如一个美丽的海底花园。

4. 潜水项目

西岛的西面海域是专设的潜水海域，水深 10 至 20 米，海水清澈湛蓝，能见度高。海底生物种类繁多，可以观赏到美丽的鹿角珊瑚、冠状珊瑚和五彩斑斓的狮子鱼、小丑鱼、青衣、神仙鱼等热带鱼以及海星、海葵、海胆、海螺等种类繁多的海洋生物。在西岛可以体验潜水、船潜、海底漫步、海底摩托，可以用多种不同的方式潜入海底，观赏迷人的珊瑚，亲身领略海底世界的神奇和美妙。西岛潜水项目有：水肺体验潜水、岸礁潜水、堡礁潜水、远海潜水、精品船潜、海底漫步、海底摩托等。

5. 回馈社会

三亚西岛海洋文化旅游度假区在发展的同时，不忘回馈社会，将对社会的帮助也作为企业责任的一部分。2013 年 9 月 17 日，为了让更多的孩子能够圆大学梦，公司拿出善款资助了西岛社区当年应届录取大学生 13 名，其中本科生 3 名，每人资助 5000 元；专科生 10 名，每人资助 3000 元。另外，西岛社区也分别给予了本科生每人 3000 元、专科生每人 2000 元的补助。受资助的学生接受资助款时都非常激动，表示"非常感谢企业的爱心资助，在大学里一定会好好学习，回报社会"。

（六）愿景

2013年10月，三亚西岛海洋文化旅游度假区在由中国旅游电视协会主办、北京电视台承办的第四届"中国最令人向往的地方"评选活动中喜获佳绩。三亚西岛海洋文化旅游度假区在活动中表现十分抢眼，第一阶段网络投票评选中，在全国上千家旅游景区中以排名第五的总成绩脱颖而出，入围第二轮评选，并毫无悬念地在第二轮专家评选团的评选中一举夺得"中国最令人向往的地方"这一实至名归的荣誉称号。

西岛人希望把三亚西岛海洋文化旅游度假区建设成为国内最大的综合性高端海岛休闲度假胜地和旅游观光景区。

二、"渔村+邮轮"：三沙市永乐群岛传统村落

西沙群岛由北部的宣德群岛、西部的永乐群岛及华光礁、东岛、中建岛等构成，共有22个岛屿、7个沙洲，另有10多个暗礁暗滩。

永乐群岛由金银岛、全富岛、甘泉岛、珊瑚岛、晋卿岛、琛航岛、广金岛和中建岛等8个主要岛屿组成，有"西八岛"的说法。因此，当地渔民用"东七西八十五岛"的传统习惯来称呼西沙群岛。

（一）概况

永乐群岛位于中国西沙群岛的西部，永兴岛西南约40海里处，

是西沙群岛里两组群岛之一，在宣德群岛的西边。为了纪念明永乐至宣德年间郑和船队在南海诸岛的活动，中国政府在1947年公布西沙群岛西面的一群岛屿为"永乐群岛"。

永乐群岛附近海域，海产资源丰富。群岛主要由6个部分的岛屿礁滩及其海域构成："永乐环礁"及其"永乐潟湖"（永乐群岛的主体和中心）、北部的"北礁"、中部偏南的"华光礁"、东部的"玉琢礁"、南部的"盘石屿"、西南部的"中建岛"。潟湖亦称环礁湖、咸水湖，是指海岸与滨岸坝之间，有水道与外海相通的浅水区。"永乐环礁"上的岛屿礁滩呈圆形分布，发育形成"永乐潟湖"，潟湖平均水深40米。如果潟湖中心位置停泊一艘邮轮，恰似罗盘与时钟（时间罗盘）。永乐群岛是南海诸岛中环礁最多的岛屿。羚羊礁是一个小环礁，也由小潟湖和小礁环所组成，筐仔沙洲就发育在羚羊礁礁环上，附近海产资源丰富，地处航海要冲。在"永乐环礁"广大的礁盘上，各岛礁间沟通大海的水道（门）很多，主要有六个水道（门）（狭窄的水道），即晋卿门、甘泉门、老粗门、全富门、银屿门、石屿门与大海沟通。

永乐群岛共有10个岛屿有人居住，其中9个在"永乐环礁"的晋卿岛、鸭公岛、甘泉岛、银屿、羚羊礁、琛航岛、金银岛、珊瑚岛等，另一个是中建岛。永乐群岛"永乐环礁"的晋卿岛、鸭公岛、甘泉岛、银屿、羚羊礁有渔民常住。

2014年春，西沙旅游航线开通以来，"永乐环礁"作为旅游岛屿已接待了很多游客。为配合旅游产业发展，将在"永乐环礁"5个岛礁打造5个特色：晋卿岛提供住宿休闲，鸭公岛提供餐饮服务，羚羊礁主推珍珠养殖文化，甘泉岛建唐宋文化遗址文博馆，银屿则主打潜水游泳。

（二）鸭公岛

鸭公岛位于西沙群岛内西边的永乐群岛的北部，大致处于"永乐环礁"的12点钟位置，在全富岛东南方约1.5海里处，银屿西南500米（银屿门区）处。鸭公岛由珊瑚礁石、贝壳堆积而成，海拔3米，是一个陆地面积约0.01平方千米的弯钩形小岛，岛屿呈鸭子模样的新月形，体现出东北风对珊瑚礁体发育的影响。

自古以来我国的渔民和渔船就是保卫南海的一支重要力量。鸭公岛居民大部分来自海南省琼海市潭门镇，潭门与南海之间有着千丝万缕的联系。

通常，鸭公岛环礁是环绕着两个潟湖，即双潟湖型的珊瑚礁石岛屿。海风将珊瑚礁石和贝壳吹到潟湖边堆积起来。由于季节海风影响，鸭公岛会形成两个海水潟湖，一个面积较小的海岸潟

图 6-24
鸭公岛石碑

湖处于鸭公岛鸭脖子的位置，被称为"鸭脖子潟湖"，另一个面积略大的珊瑚潟湖处于鸭公岛鸭腹腔（腹部）的位置，被称为"鸭腹腔潟湖"。

鸭公岛的滨岸坝是由波浪堆积而成的"珊瑚礁石—贝壳坝"，相应地分为两种类型：海岸潟湖和珊瑚潟湖。鸭公岛的两个潟湖都位于珊瑚和贝类丰富的区域与清澈的浅海水域。海岸潟湖亦称沿海环礁湖，是海岸地带由堤岛或沙嘴与外海隔开的平静的浅海水域。鸭公岛"鸭脖子潟湖"（属于海岸潟湖）和外海

图 6-25　鸭脖子潟湖

图 6-26
鸭腹腔潟湖

之间常由一条或几条水道相连沟通。海岸潟湖地处海陆相交的特殊地带，受海风和海水的共同影响，因而在水文特征和沉积作用上都具有特殊性。"鸭脖子潟湖"水深一般不足 2 米，在西南内侧滨海低地，常有盐沼分布，珊瑚礁石、贝壳堤坝内侧为平缓潮滩。在潮流入口处，珊瑚礁石和贝壳随潮而入，水道内侧形成涨潮三角洲，在水道外侧形成落潮三角洲。

珊瑚潟湖（亦称珊瑚湾湖）由环状珊瑚礁环绕或由坝状珊瑚礁相隔而成，水域呈圆形或不规则形状。这个珊瑚潟湖就是前面提到的鸭公岛"鸭腹腔潟湖"。珊瑚潟湖形成后与水体连通性的差异，导致其水体盐度出现差异，据此可分为淡化潟湖和咸化潟湖。尽管有海水淡化的淡水排放流入，但鸭公岛"鸭腹腔潟湖"仍然属于咸化潟湖。

鸭公岛之所以叫鸭公岛是因为这个岛屿的地貌轮廓形似一只鸭子，并且岛上最早的居民只有几位男性渔民，因此称之为"鸭公岛"。"鸭公"的"公"及"阿公"和"公爹",在海南话中是对上了年纪的男性的一种尊称。

鸭公岛可谓"珊瑚贝壳岛"。鸭公岛与西沙其他的沙洲不同的是,全岛是由细小、零碎的珊瑚礁石和贝壳堆砌而成,大小砗磲"铺天盖地","铺天"指的是屋顶压重的大砗磲,"盖地"说的是散落覆盖在岛屿地面上的小砗磲。

砗磲在中国古代已被认为是一种吉祥宝物,颜色漂亮的砗磲手珠,除了可做装饰外,佩戴在身上也可辟邪保平安。海上风大,尤其是遇到台风天,岛上渔民为了保护自家房屋的安全,将一些较重的珊瑚礁石和砗磲放在屋顶,企求自家的屋顶不被海风掀翻。这虽然为我们游人展示了一道亮丽的风景线,但设身处地想一想,岛上居民在艰苦的环境中所获得的某种安全感和归属感是多么来之不易。

图 6-27
大小砗磲"铺天盖地"景观

"台风天"如果用海南话，可以说成"风台天"。"风台天"涨潮的时候，鸭公岛周边海浪滔天，海水自然会涌入潟湖。湖边上有一段破旧的铁轨连接着潟湖与外海，这又是为什么呢？原来每逢台风天，渔民就通过这一段破旧的铁轨，将渔船推到潟湖内，享受"避风港"的庇护。每次"风台天"过后，鸭公岛及其潟湖似乎又换了一个模样。

2012年三沙设市后，展开岛礁"五所合一"综合楼建设。"五所合一"综合楼兼顾居委会办公楼、居民活动中心、避风避险所、民兵哨所、战时指挥所五种功能。2016年10月，在强台风"莎莉嘉"袭击中，各岛礁"五所合一"综合楼发挥作用，成为渔民的避风港。

在这之前，海岛渔民抵抗台风全靠运气。往后不难想象，使用砗磲铺天的房屋将逐步成为历史。如同海南本岛防台风在自家屋面上"铺稻草、搁竹木、压石块"的情景早已无影无踪那样，到时想必会引起好多人的怀旧情结，因此有人提议适度保留一些承载特定历史的"临时建筑"以满足游客的好奇心理。

水母分布于全球各地的海洋水域里，鸭公岛周边水域就是"水母天堂"。水母身体外形就像一把透明伞，伞状体的直径有大有小。伞状体边缘长有一些须状的触手，有的触手可长达20至30米。水母虽然长相美丽，其实是"美丽杀手"。在水母触手的上面布满了刺细胞，像毒丝一样，能够射出毒液，猎物被刺螫以后，会迅速麻痹而死。被邮轮公司精心选定并清障布场的"游客泳区"是为游客提供的安全游泳区域，不但驱赶和防范"美丽杀手"，而且岸上还配备了"泳区观察哨"和"帅哥救生员"。

有时，这里的潟湖会有一些出乎意料的不速之客，比如海胆。海胆别名刺锅子、海刺猬，是生长在海洋里的一种棘皮动物，其半

图 6-28
鸭公岛"鸭腹腔潟湖"景观
（图片来源：余旭航 摄）

球形的外壳由带有棘刺的坚硬石灰质构成，因而有人称它为"海底刺球""龙宫刺猬"。某些海胆的棘刺末端更有毒囊，所以不要赤脚步入潟湖里面去游玩。在这里，清蒸海胆鸡蛋是最受欢迎的一道海鲜料理。海胆外壳包裹的体腔内有五小块黄色的"海胆黄"，有人将海胆黄视作海味中的上等补品，誉为"海之精"。岛上还有渔民自己晒制的鱼类干货，销售给游客。

2012年，三沙市领导鼓励岛上居民植树造林。2013年3月，来自琼海潭门的岛上居民从家乡运来400棵步麻树在鸭公岛上种植。鸭公岛基本没有沙土，地表绝大部分都是珊瑚礁碎石和贝壳，为把这些树种活，三沙市组织船运来了大量的沙土和淡水。

椰子树、木麻黄、步麻树和大叶榕树、麻风桐、羊角树、银毛树、榄仁树等都是耐高温、耐高盐、抗风性能好的树种。鸭公岛上还生长有少数草本植物，是海鸟的季节性栖息地。

淡水资源紧缺一直是困扰海岛居民生产及生活的主要因素。2014年，鸭公岛潟湖岸边安装了一套"每天15吨海水淡化设备"。这套设备每天可以淡化10多吨海水，海水淡化水质符合国家生活饮用水水质标准，可以直接饮用，满足130个人生活用水要求。居民使用海水淡化水煮饭、洗澡，浇灌房前屋后的蔬菜瓜果、花草树木。

图6-29
鸭公岛步麻树林石碑

第四节
台湾传统村落的保护与活化

一、九份

（一）村落简介

九份是个自清代前期即已知名的金矿村落，位于台湾新北市瑞芳区，早期因为盛产金矿而兴盛，矿藏挖掘殆尽后没落。九份的房屋顺应山势，鳞次栉比地盖在一起，狭窄的街道和陡直的石阶，高高低低，弯弯曲曲，是九份最具特色的景观，行走时，感觉像是走在住家的屋顶上。街道纹理是隐性的格子结构，虽有垂直等高线与平行等高线两种道路，但是同一

图 6-30 九份依山而叠的建筑风貌

图 6-31
沥青黑屋顶

地点却可透过不同的格子路径到达。沿着等高线兴建的房屋,屋前的空地留下过道及平台,平台的门口庭院经常是极佳的观景点,居民经常在此种树、设座椅、设凉棚,作为邻里交流空间。越垒越高,看起来像一面用乐高插满的扇形坡面居住区。

除了依山而叠,九份建筑的另一大特色是黑屋顶、黑墙。因为地处山区,阴雨较多,九份传统房屋以沥青涂顶,整个村落呈现黑油皮屋顶的肃静景观。随着都市现代化,当地居民逐渐以水泥屋顶取代沥青。

(二)活化做法

1. 电影取景点带来旅游热

由于金矿开采殆尽,很长一段时间,九份陷入低迷。1990年后,因电影《悲情城市》在九份取景,九份的独特旧式建筑、老街那上上下下的台阶有种别致的美感，令人再次留意到这个特别的小镇。这部获得威尼斯大奖的电影，也为小镇重新带来生机，九份自此成为一个很受欢迎的观光景点。很多怀旧的人来这里追忆过去。除此之外，还有另外一部日本动漫让许多日本人也前来旅游，由于独特的旧式建筑、坡地与《千与千寻》中的神秘之城非常相似，针对日本市场的宣传打出了"宛如《千与千寻》里的小镇"的口号，一传十，十传百，逐渐演化成"《千与千寻》就是在九份取景的"。九份以"《千与千寻》取景地"的招牌吸引了不少年轻人，最后，宫崎骏也不得不站出来辟谣。但不得不说这是一次非常精准到位的旅游营销。类似的电影带动旅游兴盛的例子在台湾也非常多见，如《海角七号》让恒春半岛的垦丁热火朝天，《一页台北》让台北的诚品书店成为网红书店。

2. 本土美食提升旅游特色

《悲情城市》电影票房暴涨之后，可以看到游客提着相机，四

图 6-32
九份老街商业氛围

处探头探脑的情景。然而此时旅游接待资源却极度匮乏。不久后，一位来自台北的商人在竖崎路与基山街交口，将彼时服务于矿工的茶楼饭馆设计为九份茶坊。茶坊的服务人员都穿上古色古香的唐装，茶坊还找来一些艺术家发展创意陶瓷茶具。而村民利用自己种植的芋仔地瓜，开发出了多口味的九份芋圆，成为九份最热卖的小吃。现在，在最热闹的基山街，街两边是百余家小店面，传统小吃店、饮食店、民艺店，吃喝玩乐住应有尽有。

3. 复兴采矿文化丰富旅游体验

在城乡基金会的支持下，九份矿村与金瓜石结合，仿日本"佐渡金山"建造了金瓜石"金矿博物馆"，保留了轨道、机车、送风机等采矿设备，展出矿石、采矿工具，更现场示范炼金过程，展示

图 6-33
金矿博物馆摸金体验

图 6-34　九份阴阳海

矿石碾碎后，用摇金槽将沙分离出来的情景。博物馆诉说着金瓜石矿业的历史与文化，让游客体验到昔日的繁荣与光彩。通过与博物馆、黄金瀑布、阴阳海等景点连接，一座本已坐吃山空的小城，因其独特的风土而衍生了精神世界的千金矿脉。

二、澎湖西屿乡二崁村

（一）村落简介

澎湖西屿乡二崁村是西屿乡著名的古聚落，在康熙五十九年（1720）《台湾县志》所附舆图中，就已出现二崁的地名。明代末年，陈延益先生从金门渡海来到澎湖，成家立业，传宗接代，于清道光年间逐渐发展成一个聚落，所以这里基本也都是陈氏家族的成员。二崁村是澎湖历史建筑十景之一、台湾历史建筑百景之一。二崁原有300户人家，由于耕地有限，聚落人口外流，聚落因此没落。

（二）活化做法

1. 政府主导古建修复，村民参与活化

二崁古昔闻名，聚落老房子都以就地取材的澎湖玄武岩及咾咕

图6-35　二崁村古民居

石为材料，打造出很有澎湖渔村特色的聚落风貌。1989年，二崁被政府定位为"澎湖民俗村"，1993年，开始进行全区性整体规划，划出须修复的地方、须重建的地区、须改善修景的地方，通过示范性修复、寻访地方传统匠师参与修复，让传统工艺得以传承，传统匠师有生计。

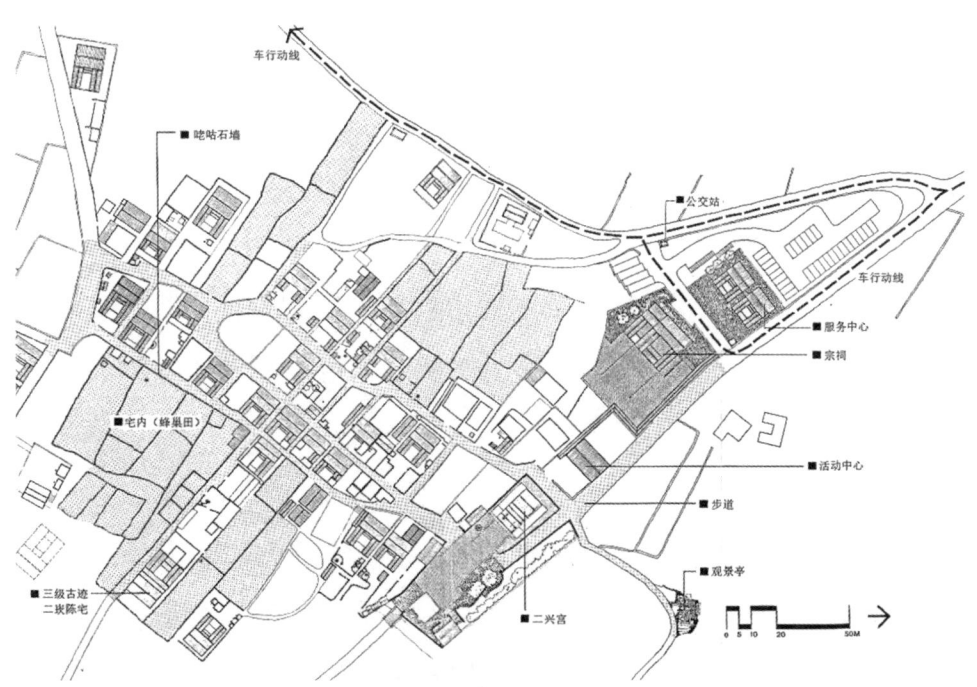

图6-36　二崁村古厝群修复分类图[1]

---

[1] 台湾淡江大学米复国团队规划，叶乃齐提供。

图 6-37
二崁汉药馆

  重新整修完成的传统闽南合院建筑群，保持传统聚落风貌，再利用改建为各式各样博物馆，有专门的传统生活摆设，如汉药馆、童趣馆等，展示这里以前生活的人靠着布行或药材为生。"二崁社区博物馆"内展示着二崁数百年来的聚落社区文化，村民将昔日古人生活的文物、器具等全部捐出在此展览；"二崁潮间带馆"展示二崁昔日的潮间带工具、石沪模型、照片等，可以通过这些物品了解当地人的生活模式。

2. 在地力量激发真实的在地文化，带动传统村落重获新生

  1994年，澎湖县政府承办"台湾文艺季"，策划"菊岛古迹颂"系统活动，将二崁村作为在地文化展示重点。每家每户主动提供不同食材，做出各种糕粿、炸枣、土豆粿等，组织康乐队演练晚会节目，包括戏剧和歌唱表演，打造热情的二崁之夜，让人们再次了解二崁。

在此鼓舞下，二崁人开始尝试挖掘本土文化进行活化。二崁协进会理事长陈荣一为每一户人家在其门口用褒歌写成解说牌。褒歌用闽南语的律诗绝句或对联写出来，雅俗共赏，又十分贴切。如装炸枣的牛皮纸包装袋上书有"金光蹦蹦丸，唐山过台湾，着靠这两丸"。涉及本村名人、传统药材、本土产业等故乡故事，逗趣又不俗，让二崁成为参观澎湖必到的景点。

有游客就有财源，二崁本地妇女开发本土美食，如花菜干、土豆粿等。二崁陈姓宗亲会统筹成立公司募资开发本土文化创意产品作为游客伴手礼：一是二崁传香，一是杏仁茶。二崁传香是由天人菊、艾草和海芙蓉等草药制成的蚊香，有一个船形香盘，蚊香熏完须关门窗，因为它只能熏昏蚊子，杀不死蚊子，所以是一种环保蚊香。杏仁茶则是用祖先的方子研发而成，风味特别。招募村内老人们、无手艺的村民从事产品制作。

如今，每天有20至40辆游览车来二崁村参观，村落里晾晒的药材，远远地就可以闻到味道。村民靠民宿、餐饮、文化展示等过上了富裕生活。

图6-38
二崁传香

参考文献

REFERENCES

[1] 李乾朗. 台湾建筑史 [M]. 台北：雄狮图书股份有限公司，1979.
[2] 司徒尚纪. 海南岛历史上土地开发研究 [M]. 海口：海南人民出版社，1987.
[3] 司徒尚纪. 广东文化地理 [M]. 广州：广东人民出版社，1993.
[4] 陈正祥. 台湾的人口 [M]. 台北：南天书局有限公司，1997.
[5] 李乾朗，俞怡萍. 古迹入门 [M]. 台北：远流出版公司，1999.
[6] 戴志坚. 闽台民居建筑的渊源与形态 [M]. 福州：福建人民出版社，2003.
[7] 刘新中. 海南闽语的语音研究 [M]. 北京：中国社会科学出版社，2006.
[8] 福建博物院. 福建北部古村落调查报告 [M]. 北京：科学出版社，2006.
[9] 林万亿. 台湾的社会福利——历史经验与制度分析 [M]. 台北：五南图书出版股份有限公司，2006.
[10] 杨卫平，王辉山，王书磊. 海南古村古镇解读 [M]. 海口：海南出版社，2008.
[11] 丘刚. 海南古遗址 [M]. 海口：南方出版社，2008.
[12] 余英. 中国东南系建筑区系类型研究 [M]. 北京：中国建筑工业出版社，2001.
[13] 陆琦. 广东民居 [M]. 中国建筑工业出版社，2008.
[14] 戴志坚. 地域文化与福建传统民居分类法 [J]. 新建筑，2000（2）：21-24.
[15] 韩强. 岭南区域文化构成及特色 [J]. 岭南文史，2007（4）：17-22.
[16] 冯亚芬，俞万源，雷汝林. 广东省传统村落空间分布特征及影响因素研究 [J]. 地理科学，2017，37（2）：236-243.
[17] 王钦峰. 雷州文化的基本类型和发展脉络 [J]. 岭南文史，2013（2）：15-19.
[18] 符玉川. 海南古代移民与海南方言 [J]. 海南大学学报（社会科学版），1996（2）：19-23.
[19] 刘传飞，陈栋，华林甫. 海南省澄迈县火山岩古村落群的文化价值 [J]. 中国文化遗产，2015（5）：83-89.
[20] 何绵山. 试论台湾村落文化 [J]. 广播电视大学学报（哲学社会科学版），2004（4）：101-104.
[21] 王仲. 两百年来台湾文化变迁概述——兼论两岸文化交流的对策 [J]. 上海师范大学学报（哲学社会科学版），2012，41（3）：130-136.
[22] 王元刚，严子文. 台湾社区考察引发的思考 [J]. 社区，2012（18）：10-11.
[23] 苏丽琼，田基武. "新故乡社区营造计划"与"社区营造条例草案"的介绍 [J]. 社区发展季刊（台湾），2004（107）：5-21.
[24] 刘东兰. 台湾省彰化县社区营造的经验及启示 [J]. 福建教育学院学报，2011（4）：37-40.
[25] 陈锦煌，翁文蒂. 以社区总体营造推动终身学习、构建公民社会 [J]. 国家政策季刊（台湾），2003（3）：63-90.
[26] 陈振华，闫琳. 台湾村落社区的营造与永续发展及其启示 [J]. 中国名城，2014（3）：17-23.
[27] 朱雪梅，林垚广，范建红，等. 广东省古村落现状与保护利用模式研究 [J]. 华南理工大学学报（社会科学版），2016，18（6）：105-113.

[28] 庄伟光，林平凡.古村落的保护与旅游开发——以广东为例[J].企业经济，2014：1119—123.
[29] 袁少雄，唐光良，张虹鸥，等.广东传统村落空间分布格局及其民系特征[J].热带地理，2017，37（3）：318-327.
[30] 郭焕宇.广东三大汉族民系民居表征的宗族结构[J].人民论坛，2013（32）：178-179.
[31] 张富强，丁旭光.潮汕文化特质散论[J].广东史志，1994（1）：53-58.
[32] 陈中，沈陆澄.潮汕传统村落空间的生产与保护规划研究——以汕头市沟南村名村建设规划为例[J].南方建筑，2015（4）：30-35.
[33] 林俏凌，王轶.海口琼山大致坡镇谭门村居住形态调查研究[J].科技信息，2011（12）：41-42.
[34] 张铁骊.海南传统村落居住环境景观营造研究——以海口三卿村为例[J].大众文艺，2017（8）：116-117.
[35] 秦健，陈小慈，张纵.黎族传统村落形态与住居形式研究[J].广东园林，2012（1）：32-36.
[36] 苏儒光.黎族传统民居建筑类型与演变[J].中央民族大学学报，1994（3）：52-53.
[37] 张鹏."美孚黎"民居建筑的变迁——基于海南省西方村的田野考察[J].海南大学学报（人文社会科学版），2014，32（5）：119-124.
[38] 凌秋月.探究黎族装饰风格在规划设计中的应用[J].大众文艺，2014（4）：104-105.
[39] 戴志坚.福建土堡与福建土楼建筑形态之辨异[J].中国名城，2012（4）：50-55.
[40] 曾艳.广东传统聚落及其民居类型文化地理研究[D].广州：华南理工大学，2016.
[41] 胡静.基于GIS的福建中国传统村落空间格局与文化特征研究[D].福州：闽江学院，2018.
[42] 傅晓羚.寿宁下党村："产业＋旅游"，精准扶贫有门道[N/OL].中国青年报·中青在线.http：//www.ce.cn/xwzx/gnsz/gdxw/201701/15/t20170115_19607787.shtml.
[43] 邱慧敏，严士冬.尤溪新增一处国家AAAA级旅游景区[N].福建日报，2018-04-09.
[44] 下半年，尤溪全面启动桂峰古村落群创建国家AAAA级旅游景区工作[N/OL].（2017-07-07）.https://www.sohu.com/a/155210768_660119.
[45] "福建农信"2018福建省"全民健身百村行"尤溪（洋中站）暨第三届桂峰晒秋文化节活动[N/OL].福建省体育局.http://tyj.fujian.gov.cn/zwgk/xwzx/sjyw/201809/t20180919_4507377.html.
[46] 尤溪县洋中镇六举措扎实推进国家AAAA级景区创建[N/OL].尤溪县政府网站.http://www.fjyx.gov.cn/zjyx/wjzjq/lydt/201708/t20170818_981394.html.
[47] 国家4A景区尤溪桂峰古民居三有书屋重新开放[N/OL].闽南网.http://www.mnw.cn/news/sm/2021569.html.
[48] 吴晟炜.探访福建尤溪桂峰村：明清古居古意浓浓[N/OL].中国新闻网.http://www.chinanews.com/m/cul/shipin/cns/2018/07-27/news779650.shtml.

附录：东南传统村落名单

表 7-1　东南传统村落福建部分

序号	批次	名称
1		福州市马尾区亭江镇闽安村
2		福州市长乐市航城街道琴江村
3		三明市清流县赖坊乡赖安村
4		三明市大田县济阳乡济阳村
5		三明市建宁县溪源乡上坪村
6		三明市将乐县万全乡良地村
7		三明市明溪县胡坊镇肖家山村
8		三明市明溪县夏阳乡御帘村
9		三明市尤溪县台溪乡盖竹村
10		三明市尤溪县台溪乡书京村
11		三明市尤溪县西滨镇厚丰村
12		三明市尤溪县新阳镇双鲤村
13	第一批	三明市尤溪县洋中镇桂峰村
14	（2012-12-17）	三明市泰宁县新桥乡大源村
15		泉州市晋江市金井镇福全村
16		泉州市永春县岵山镇茂霞村
17		漳州市平和县大溪镇庄上村
18		漳州市平和县霞寨镇钟腾村
19		漳州市南靖县书洋镇田螺坑村
20		南平市武夷山市武夷街道下梅村
21		南平市武夷山市兴田镇城村
22		南平市顺昌县大干镇上湖村
23		龙岩市连城县庙前镇芷溪村
24		龙岩市连城县宣和乡培田村
25		龙岩市连城县莒溪镇壁洲村
26		龙岩市连城县四堡乡务阁村
27		龙岩市长汀县馆前镇坪埔村

续表

序号	批次	名称
28		龙岩市长汀县三洲镇三洲村
29		龙岩市长汀县红山乡苏竹村
30		龙岩市上杭县太拔乡院田村
31		龙岩市新罗区适中镇中心村
32		龙岩市永定县湖坑镇洪坑村
33		龙岩市漳平市双洋镇东洋村
34		宁德市福安市溪潭镇廉村
35		宁德市福鼎市磻溪镇仙蒲村
36		宁德市福鼎市店下镇巽城村
37		宁德市福鼎市管阳镇西昆村
38	第一批 (2012-12-17)	宁德市福鼎市太姥山镇潋城村
39		宁德市古田县吉巷乡长洋村
40		宁德市古田县平湖镇富达村
41		宁德市古田县杉洋镇杉洋村
42		宁德市屏南县长桥镇柏源村
43		宁德市屏南县长桥镇长桥村
44		宁德市屏南县双溪镇双溪社区
45		宁德市屏南县棠口乡棠口村
46		宁德市屏南县棠口乡漈头村
47		宁德市屏南县甘棠乡漈下村
48		宁德市霞浦县溪南镇半月里村
49		三明市明溪县城关乡翠竹洋村
50		三明市永安市燕西街道吉山村
51		三明市永安市小陶镇八一村
52	第二批 (2013-08-26)	三明市永安市青水乡沧海畲族村
53		泉州市永春县岵山镇塘溪村
54		泉州市永春县岵山镇铺上村
55		泉州市永春县岵山镇铺下村
56		泉州市南安市官桥镇漳州寮村
57		漳州市芗城区天宝镇洪坑村

续表

序号	批次	名称
58		漳州市漳浦县旧镇镇石牛尾村
59		漳州市平和县芦溪镇芦丰村
60		南平市延平区峡阳镇峡阳村
61		南平市顺昌县元坑镇槎溪村
62		南平市浦城县水北街镇观前村
63		龙岩市新罗区万安镇竹贯村
64		龙岩市武平县岩前镇灵岩村
65	第二批	龙岩市连城县四堡乡中南村
66	（2013-08-26）	龙岩市漳平市双洋镇城内村
67		龙岩市漳平市赤水镇香寮村
68		宁德市霞浦县崇儒畲族乡上水村
69		宁德市屏南县双溪镇北村村
70		宁德市寿宁县犀溪镇西浦村
71		宁德市周宁县浦源镇浦源村
72		宁德市周宁县纯池镇禾溪村
73		宁德市福鼎市管阳镇金钗溪村
74		福州市罗源县中房镇深坑村
75		福州市永泰县嵩口镇月洲村
76		福州市永泰县嵩口镇中山村
77		福州市永泰县盖洋乡盖洋村
78		福州市福清市南岭镇大山村食菜厝村
79		平潭综合实验区平潭县苏澳镇斗魁村
80	第三批	平潭综合实验区平潭县流水镇东美村
81	（2014-11-17）	平潭综合实验区平潭县流水镇山门村
82		平潭综合实验区平潭县敖东镇青观顶村
83		平潭综合实验区平潭县白青乡白沙村
84		莆田市仙游县石苍乡济川村
85		三明市三元区岩前镇忠山村
86		三明市大田县桃源镇东坂村
87		三明市大田县广平镇万宅村

续表

序号	批次	名称
88		三明市永安市小陶镇新西村
89		泉州市泉港区后龙镇土坑村
90		泉州市德化县国宝乡佛岭村
91		泉州市晋江市金井镇塘东村
92		泉州市晋江市龙湖镇南浔村
93		漳州市漳浦县湖西镇赵家城村
94		漳州市诏安县西潭乡山河村
95		漳州市长泰县马洋溪生态旅游区山重村
96		漳州市东山县西埔镇梧龙村
97		漳州市东山县樟塘镇古港村
98		漳州市南靖县书洋镇河坑村
99		漳州市平和县秀峰乡福塘村
100		漳州市华安县马坑镇和春村
101		漳州市龙海市东园镇埭尾村
102	第三批	南平市延平区茫荡镇宝珠村
103	（2014-11-17）	南平市政和县镇前镇镇前村
104		南平市政和县杨源乡坂头村
105		南平市政和县杨源乡洞宫村
106		南平市政和县杨源乡杨源村
107		南平市政和县岭腰乡锦屏村
108		南平市邵武市金坑乡金坑村
109		南平市武夷山市吴屯乡红园村下山村
110		南平市建瓯市迪口镇郑魏村
111		南平市建瓯市东游镇党城村
112		龙岩市长汀县南山镇中复村
113		龙岩市永定县下洋镇初溪村
114		龙岩市永定县湖坑镇南江村
115		龙岩市永定县高头乡高北村
116		宁德市蕉城区虎贝乡文峰村
117		宁德市屏南县代溪镇北乾村

续表

序号	批次	名称
118	第三批 （2014-11-17）	宁德市屏南县屏城乡后龙村
119		宁德市屏南县屏城乡厦地村
120		宁德市屏南县路下乡芳院村
121		宁德市屏南县寿山乡寿山村
122		宁德市寿宁县下党乡下党村
123		宁德市福安市潭头镇南岩村
124		宁德市福安市社口镇坦洋村
125		宁德市福安市溪柄镇楼下村
126	第四批 （2016-12-09）	福州市罗源县中房镇岭兜村
127		福州市罗源县飞竹镇塔里洋村
128		福州市闽清县梅溪镇桥东村
129		福州市闽清县坂东镇新壶村
130		福州市永泰县嵩口镇溪口村
131		福州市永泰县嵩口镇月阙村
132		福州市永泰县嵩口镇道南村
133		福州市永泰县嵩口镇芦洋村
134		三明市三元区莘口镇龙泉村龙安自然村
135		三明市明溪县夏坊乡苎畲村
136		三明市宁化县泉上镇延祥村
137		三明市大田县建设镇建国村
138		三明市大田县华兴乡杞溪村
139		三明市大田县吴山乡张坑村
140		三明市大田县梅山乡香坪村
141		三明市尤溪县洋中镇浮洋村武洋自然村
142		三明市尤溪县西城镇新坑村
143		三明市尤溪县汤川乡黄林村豪峰自然村
144		三明市沙县凤岗街道水美村
145		三明市将乐县大源乡肖坊村
146		三明市永安市贡川镇洋峰村
147		三明市永安市小陶镇石丰村

续表

序号	批次	名称
148		泉州市晋江市灵源街道灵水社区
149		泉州市晋江市新塘街道梧林社区
150		泉州市晋江市龙湖镇福林村
151		泉州市德化县三班镇三班村
152		泉州市德化县三班镇桥内村
153		泉州市德化县三班镇泗滨村
154		泉州市德化县龙门滩镇碧坑村
155		泉州市德化县上涌镇曾坂村
156		泉州市南安市眉山乡观山村
157		漳州市云霄县火田镇菜埔村
158		漳州市漳浦县湖西乡城内村
159		漳州市南靖县书洋镇塔下村
160		漳州市南靖县书洋镇石桥村
161		漳州市南靖县书洋镇下版寮村
162	第四批 （2016-12-09）	漳州市南靖县书洋镇南欧村
163		漳州市南靖县奎洋镇上洋村
164		漳州市华安县马坑乡福田村
165		漳州市长泰县岩溪镇珪后村
166		漳州市龙海市港尾镇城内社村
167		南平市延平区峡阳镇江汜村
168		南平市延平区巨口乡村头村
169		南平市顺昌县洋墩乡洋坑村
170		南平市光泽县止马镇亲睦村
171		南平市政和县星溪乡九蓬村
172		南平市政和县澄源乡前村村
173		南平市政和县澄源乡赤溪村
174		南平市政和县杨源乡禾洋村
175		南平市政和县澄源乡上榅洋村
176		南平市邵武市和平镇坎头村
177		南平市邵武市和平镇和平村

续表

序号	批次	名称
178		南平市邵武市桂林乡横坑村
179		南平市武夷山市上梅乡茶景村
180		南平市武夷山市上梅乡上梅村
181		南平市建瓯市徐墩镇伍石村
182		南平市建瓯市小桥镇阳泽村
183		南平市建阳区莒口镇长埂村小源
184		南平市建阳区崇雒乡后畲村
185		龙岩市新罗区万安镇梅村村
186		龙岩市永定区下洋镇中川村
187		龙岩市永定区高陂镇西陂村
188		龙岩市永定区湖坑镇实佳村
189		龙岩市永定区古竹乡大德村
190		龙岩市永定区洪山乡上山村
191		龙岩市永定区陈东乡岩太村
192	第四批（2016-12-09）	龙岩市上杭县中都镇罗溪村
193		龙岩市上杭县中都镇田背村
194		龙岩市上杭县中都镇兴坊村
195		龙岩市长汀县古城镇丁黄村
196		龙岩市长汀县四都镇汤屋村
197		龙岩市连城县曲溪乡白石村
198		宁德市蕉城区八都镇猴盾村
199		宁德市蕉城区八都镇洋头村
200		宁德市蕉城区八都镇闽坑村
201		宁德市蕉城区九都镇贵村村
202		宁德市蕉城区霍童镇石桥村
203		宁德市蕉城区霍童镇外表村
204		宁德市蕉城区霍童镇邑坂村
205		宁德市蕉城区赤溪镇赤溪村
206		宁德市蕉城区赤溪镇夏村村
207		宁德市蕉城区赤溪镇桃源村

续表

序号	批次	名称
208		宁德市蕉城区赤溪镇官岭村
209		宁德市蕉城区洋中镇代都村
210		宁德市蕉城区洋中镇东山村
211		宁德市蕉城区三都镇松岐村
212		宁德市蕉城区三都镇斗帽村
213		宁德市蕉城区金涵乡后溪村
214		宁德市蕉城区洪口乡吴峰村
215		宁德市蕉城区虎贝乡梅鹤村
216		宁德市古田县城东街道桃溪村
217		宁德市古田县大桥镇瑞岩村
218	第四批 （2016-12-09）	宁德市古田县杉洋镇岭里村
219		宁德市古田县杉洋镇白溪村
220		宁德市古田县卓洋乡前洋村
221		宁德市周宁县咸村镇洋中村
222		宁德市周宁县咸村镇川中村
223		宁德市周宁县纯池镇桃坑村
224		宁德市周宁县礼门乡陈峭村
225		宁德市屏南县代溪镇忠洋村
226		宁德市屏南县寿山乡降龙村
227		宁德市屏南县岭下乡岭下村
228		宁德市寿宁县下党乡碑坑村
229		宁德市福安市潭头镇龙井坑村

表 7-2　东南传统村落广东部分

序号	批次	名称
1		广州市番禺区石楼镇大岭村
2	第一批 （2012-12-17）	韶关市仁化县石塘镇石塘村
3		深圳市龙岗区大鹏镇鹏城村
4		汕头市澄海区隆都镇前美村

续表

序号	批次	名称
5		佛山市南海区西樵镇松塘村
6		佛山市三水区乐平镇大旗头村
7		佛山市顺德区北滘镇碧江村
8		江门市开平市塘口镇自力村
9		江门市恩平市圣堂镇歇马村
10		湛江市雷州市白沙镇邦塘村
11		湛江市雷州市龙门镇潮溪村
12		湛江市雷州市南兴镇东林村
13		湛江市遂溪县建新镇苏二村
14		肇庆市端州区黄岗街道白石村
15		肇庆市封开县罗董镇杨池古村
16		肇庆市广宁县北市镇大屋村
17		惠州市博罗县龙华镇旭日村
18		惠州市惠城区横沥镇墨园村
19	第一批	梅州市梅县水车镇茶山村
20	（2012-12-17）	梅州市梅县南口镇侨乡村
21		梅州市梅县桃尧镇桃源村
22		梅州市梅县雁洋镇桥溪村
23		梅州市梅县雁洋镇石楼村
24		梅州市梅县雁洋镇松坪村
25		梅州市丰顺县埔寨镇埔北村
26		梅州市蕉岭县南礤镇石寨村
27		梅州市兴宁市罗岗镇柿子枰村
28		汕尾市陆丰市大安镇石寨村
29		河源市和平县林寨镇林寨古村
30		清远市佛冈县龙山镇上岳古围村
31		清远市佛冈县高岗镇社岗下村
32		清远市连南瑶族自治县三排镇南岗古排
33		清远市连南瑶族自治县三排镇三排村
34		东莞市企石镇江边村

续表

序号	批次	名称
35	第一批 (2012-12-17)	东莞市茶山镇南社村
36		东莞市石排镇塘尾村
37		中山市南朗镇翠亨村
38		潮州市潮安县古巷镇古一村象埔寨
39		潮州市潮安县龙湖镇龙湖古寨
40		云浮市云城区腰古镇水东村
41	第二批 (2013-08-26)	广州市荔湾区冲口街道聚龙村
42		广州市海珠区琶洲街道黄埔村
43		广州市海珠区华洲街道小洲村
44		广州市番禺区沙湾镇沙湾北村
45		广州市花都区炭步镇塱头村
46		广州市萝岗区九龙镇莲塘村
47		广州市增城市正果镇新围村
48		广州市从化市太平镇钟楼村
49		韶关市翁源县江尾镇湖心坝村
50		韶关市南雄市乌迳镇新田古村
51		佛山市南海区桂城街道茶基村
52		湛江市雷州市纪家镇周家村
53		湛江市雷州市南兴镇关新村
54		湛江市雷州市调风镇调铭村
55		湛江市雷州市英利镇青桐村
56		茂名市信宜市镇隆镇文明村
57		肇庆市怀集县凤岗镇孔洞村
58		肇庆市怀集县大岗镇扶溪村
59		肇庆市怀集县中洲镇邓屋村
60		惠州市惠阳区秋长街道茶园村
61		惠州市惠阳区秋长街道周田村
62		惠州市龙门县龙华镇绳武围村
63		梅州市梅江区城北镇玉水村
64		梅州市梅县松口镇铜琶村

续表

序号	批次	名称
65		梅州市大埔县三河镇汇城村
66		梅州市大埔县百侯镇侯南村
67		梅州市大埔县西河镇车龙村
68		梅州市丰顺县汤南镇新楼村
69		梅州市丰顺县埔寨镇埔南村
70		梅州市丰顺县建桥镇建桥村
71		梅州市丰顺县丰良镇璜溪村邹家围
72		梅州市平远县东石镇凉庭村
73		梅州市平远县上举镇畲脑村
74		梅州市蕉岭县蓝坊镇大地村
75		梅州市蕉岭县蓝坊镇高思村
76		梅州市蕉岭县南磜镇南磜村
77	第二批	梅州市兴宁市石马镇刁田村
78	（2013-08-26）	梅州市兴宁市叶塘镇河西村
79		梅州市兴宁市新陂镇上长岭村
80		梅州市兴宁市刁坊镇周兴村
81		汕尾市陆丰市潭西镇大楼村
82		阳江市阳东县雅韶镇西元村阳江雅韶十八座
83		清远市清新县龙颈镇凤塱村
84		清远市连州市西岸镇冲口村
85		清远市连州市西岸镇马带村
86		东莞市茶山镇超朗村
87		东莞市寮步镇西溪村
88		揭阳市榕城区仙桥街道西岐村
89		揭阳市揭西县东园镇月湄村
90		揭阳市普宁市洪阳镇德安里村
91		揭阳市普宁市梅塘镇溪南古村
92	第三批	广州市花都区花东镇港头村
93	（2014-11-17）	广州市增城区新塘镇瓜岭村
94		广州市从化区太平镇钱岗村

续表

序号	批次	名称
95		江门市蓬江区棠下镇良溪村
96		江门市台山市斗山镇浮石村
97		湛江市遂溪县河头镇双村村
98		湛江市遂溪县岭北镇调丰村
99		湛江市雷州市杨家镇北劳村
100		湛江市雷州市北和镇鹅感村
101		肇庆市德庆县官圩镇金林村
102		肇庆市德庆县永丰镇古蓬村
103		肇庆市德庆县悦城镇罗洪村
104		惠州市惠东县稔山镇范和村
105		惠州市惠东县多祝镇皇思扬村
106		梅州市梅县区松口镇大黄村
107		梅州市梅县区松口镇梅教村
108		梅州市梅县区松口镇南下村
109	第三批	梅州市梅县区松口镇小黄村
110	（2014-11-17）	梅州市梅县区南口镇谢响塘村
111		梅州市大埔县高陂镇银滩村
112		梅州市大埔县西河镇北塘村
113		梅州市丰顺县汤南镇龙上古寨
114		梅州市五华县岐岭镇凤凰村
115		梅州市五华县横陂镇夏阜村
116		梅州市兴宁市径南镇星耀村
117		梅州市兴宁市龙田镇鸡公侨村
118		梅州市兴宁市龙田镇龙盘村
119		清远市连南瑶族自治县三排镇油岭村
120		清远市连州市连州镇沙坊村
121		清远市连州市龙坪镇元壁村
122		清远市连州市西岸镇石兰寨
123		清远市连州市保安镇卿罡村
124		清远市连州市东陂镇白家城村

续表

序号	批次	名称
125	第三批 （2014-11-17）	东莞市塘厦镇龙背岭村
126		中山市三乡镇古鹤村
127		韶关市仁化县扶溪镇古夏村
128		珠海市斗门区斗门镇南门村
129		珠海市斗门区斗门镇八甲村委排山村
130		佛山市禅城区南庄镇罗格村委孔家村
131		佛山市南海区九江镇烟南烟桥村
132		佛山市顺德区乐从镇沙滘村
133		佛山市顺德区杏坛镇逢简村
134		佛山市顺德区杏坛镇马东村
135		佛山市三水区白坭镇岗头村
136		佛山市三水区芦苞镇长岐村
137		佛山市高明区明城镇罗稳村委深水村
138		江门市台山市斗山镇浮月村
139		江门市开平市百合镇马降龙村
140	第四批 （2016-12-09）	江门市鹤山市鹤城镇田心村
141		肇庆市高要区回龙镇黎槎村
142		惠州市惠东县铁涌镇溪美村
143		惠州市龙门县永汉镇鹤湖围村
144		惠州市龙门县龙华镇功武村
145		梅州市梅县区松口镇圳头村
146		梅州市梅县区白渡镇峰溪村委石溪村
147		梅州市梅县区松源镇横坊村委横江村
148		梅州市丰顺县黄金镇清溪村
149		梅州市平远县石正镇南台村
150		梅州市平远县泗水镇梅畲村
151		河源市和平县东水镇大坝村
152		清远市佛冈县汤塘镇汤塘村
153		清远市佛冈县迳头镇土仓下村
154		清远市连南瑶族自治县大坪镇大掌村

续表

序号	批次	名称
155	第四批 （2016-12-09）	清远市连南瑶族自治县三江镇石泉村
156		清远市连州市丰阳镇丰阳村
157		潮州市潮安区浮洋镇井里村
158		潮州市饶平县所城镇所城居委大城所村
159		云浮市郁南县大湾镇五星村
160		云浮市郁南县连滩镇兰寨村

表7-3 东南传统村落海南部分

序号	批次	名称
1	第一批 （2012-12-17）	海口市龙华区新坡镇文山村
2		海口市龙华区遵谭镇东谭村
3		海口市琼山区国兴街道上丹村
4		三亚市崖城镇保平村
5		文昌市会文镇十八行村
6		东方市江边乡白查村
7		定安县龙湖镇高林村
8	第三批 （2014-11-17）	海口市秀英区石山镇三卿村
9		澄迈县金江镇大美村
10		澄迈县金江镇美朗村
11		澄迈县金江镇扬坤村
12		澄迈县老城镇龙吉村
13		澄迈县老城镇罗驿村
14		澄迈县老城镇石礜村
15		澄迈县老城镇谭昌村
16		澄迈县永发镇道吉村
17		澄迈县永发镇儒音村
18		昌江黎族自治县王下乡洪水村
19		乐东黎族自治县佛罗镇老丹村

续表

序号	批次	名称
20		海口市秀英区永兴镇冯塘村
21		海口市秀英区石山镇美社村
22		海口市秀英区永兴镇美孝村
23		海口市琼山区旧州镇包道村
24		海口市琼山区红旗镇昌文湖村
25		海口市美兰区灵山镇道郡村
26		海口市美兰区三江镇罗梧村
27		海口市美兰区大致坡镇美篆村
28		海口市桂林洋农场迈德村
29		琼海市中原镇仙寨莲塘村
30		琼海市博鳌镇留客村
31		文昌市东阁镇富宅村
32		文昌市文城镇松树下村
33	第四批	文昌市文城镇义门二村
34	（2016-12-09）	定安县定城镇春内村
35		定安县新竹镇三滩村
36		定安县新竹镇卜效村
37		定安县雷鸣镇龙梅村
38		定安县雷鸣镇仙坡村
39		定安县岭口镇皇坡村
40		澄迈县永发镇美傲村
41		澄迈县永发镇美墩村
42		澄迈县永发镇美楠村
43		澄迈县永发镇那雅村
44		澄迈县永发镇南轩村
45		澄迈县永发镇秀灵村
46		乐东县黄流镇黄流村
47		琼中县湾岭镇金妙朗村

注：本附录根据住房城乡建设部、文化部（现文化和旅游部）、财政部等政府部门公布的前四批中国传统村落名录整理而得，不含第五批中国传统村落名录。

后记

AFTERWORD

中国传统村落作为中华文化遗产的重要载体，承载着中华民族的历史记忆，是人类农耕文明的重要见证，也是中华民族认同的根源，具有重要的文化价值、生态价值和经济价值。但在快速城镇化、现代化的冲击下，中国传统村落正在面临生存的挑战。传统村落的消失不仅意味着村落建筑的消亡，更意味着传统村落所蕴含的文化价值的消亡。近几十年来，随着经济的大发展以及城镇化的推进，大量青壮年走出乡村，定居城市，传统村落面临着"空心化"的窘境。如今，国家已经充分意识到传统村落保护的重要性，采取了一系列的保护措施。

"中国传统村落文化抢救与研究"系列丛书于2016年入选了"十三五"出版规划。本套丛书从文化区、物质文化、非物质文化三个方面全方位阐释中国传统村落文化。其第一辑文化区系列于2020年付梓，项目从策划到出版历时近5年。

一本书的诞生，包含着主编、编写者、编辑、校对、审读专家等众多参与者的心血。为了保证图书的如期出版，每个人都奉献和付出了许多。

感谢每一位编写者的勤勉，在繁重的教学和科研任务压力之下，他们利用每一个休息的空隙，孜孜不倦地书写着中国传统村落的过去、现在和未来，用朴实真挚的文字记录着村落的每一次成长与新生。

本书还配有大量精美图片帮助读者解读内容，但由于信息的更迭和转换，仍然有个别图片找不到原始版权的所有人。希望读到这本书，或者通过其他途径获取到这个信息的版权人，发送邮件至459202365@qq.com，主动与我们取得联系，我们感谢您的理解和支持。

我们本着保护和弘扬村落文化的初心，试图对中国传统村落进行一次科学的梳理、抢救性记录和提出保护建议，通过深度挖掘传统村落的价值，重新唤起社会关注，重振乡居生活方式。让越来越多的人通过阅读，了解传统村落文化的美好与珍贵，从而加入到保护者的行列。

2020年，突如其来的新冠肺炎疫情打乱了每个人的生活工作节奏，但是大家克服了自身的困难和心里的不安，携手走到了最后。再次感谢参与这套丛书出版的每一个人，大家的努力与付出，才促成了图书的成功付梓。我们撒下关爱村落的种子，期待在不久的未来它将长成参天大树，将传统村落文化扎根于每一位读者心间，愿这套丛书为传统村落文化的传承贡献一份微薄的力量。

丛书编委会
2020 年 12 月